Windows 10 kompakt für Dummies

W0062786

Windows 10 kompakt für Dummies – Schummelseite

Neue Tastenkombinationen in Windows 10

Seit Ewigkeiten kann man in Windows ganz bequem zwei Fenster nebeneinander anordnen. Windows 10 geht hier einen Schritt weiter. Sie können nun in jeder Bildschirmecke ein Fenster andocken, also insgesamt vier Fenster.

Aufgabe	Tastenkombination
Fenster rechts oben andocken	⊞ + → , ↑
Fenster rechts unten andocken	⊞ + → , ↓
Fenster links oben andocken	⊞ + ← , ↑
Fenster links unten andocken	⊞ + ← , ↓

In Windows 10 können Sie virtuelle Desktops erstellen. Sie ordnen zum Beispiel alle Apps auf dem Desktop an, mit denen Sie echte Arbeit verrichten. Das ist dann Desktop 1 für die Arbeit. Dann generieren Sie einen neuen, leeren Desktop und füllen ihn mit Ihren Lieblingsspiele-Apps. Das ist dann Desktop 2 für den Spaß.

Aufgabe	Tastenkombination
Neuen Desktop erstellen	⊞ + Strg + D
Aktuellen Desktop schließen	⊞ + Strg + F4
Alle erstellten virtuellen Desktops unten in einer Leiste anzeigen	⊞ + ⇆
Zwischen virtuellen Desktops hin und her schalten	⊞ + Strg + ← oder ⊞ + Strg + →

Windows 10 und Touchscreens

Windows 10 eignet sich ausgezeichnet zum Arbeiten mit dem Touchscreen von Tablet-PCs, Notebooks und auch PCs. Hier erfahren Sie, wie Sie am besten mit den Fingern, aber auch mit Maus- und/oder Tastatur klarkommen:

✔ **Wischen Sie vom rechten Bildschirmrand nach innen, um das Info-Center einzublenden.** Dort werden die Betreffs eingegangener E-Mails, anstehende Termine und Benachrichtigungen anderer Programme angezeigt. Außerdem können Sie hierüber den Tabletmodus ein- und ausschalten.

Alternative mit der Maus: Klicken Sie rechts unten in der Taskleiste auf die Schaltfläche, die wie eine Sprechblase aussieht.

Windows 10 kompakt für Dummies – Schummelseite

✔ **Wischen Sie vom linken Bildschirmrand nach innen, um Miniaturansichten der geöffneten Fenster anzuzeigen.** Wenn Sie virtuelle Desktops erstellt haben, werden diese unten in einer Leiste angezeigt.

Alternative mit der Tastatur: Drücken Sie ⊞+⇥.

✔ **Tippen Sie auf ein Element und halten Sie den Finger gedrückt.** Damit werden zusätzliche Informationen oder ein Kontextmenü zum Element eingeblendet.

Alternative mit der Maus: Zeigen Sie mit der Maus auf ein Element, um Informationen anzuzeigen, oder klicken Sie mit der rechten Maustaste auf ein Element, um ein Kontextmenü einzublenden.

✔ **Tippen Sie auf ein Element, um eine Aufgabe auszuführen.** So starten Sie eine App, folgen einem Link oder führen einen Befehl aus.

Alternative mit der Maus: Klicken Sie auf ein Element, um eine Aufgabe auszuführen.

✔ **Ziehen Sie mit gedrücktem Finger in eine Richtung,** um in Listen zu blättern oder ein Objekt an eine andere Position zu verschieben oder zu zeichnen beziehungsweise zu schreiben.

Alternative mit der Maus: Ziehen Sie mit gedrückter Maustaste das Bildlauffeld in einer Bildlaufleiste, um in einer Liste zu blättern, oder ein Objekt, um es zu verschieben.

✔ **Führen Sie Daumen und Zeigefinger zusammen beziehungsweise auseinander,** um die Darstellung des Bildschirminhalts zu verkleinern beziehungsweise zu vergrößern.

Alternative mit Maus und Tastatur: Halten Sie die Strg-Taste gedrückt und drehen Sie das Mausrad.

✔ **Drücken Sie mit zwei Fingern auf ein Element und drehen Sie die Finger.** Das Element wird in die entsprechende Richtung gedreht.

Alternative mit Maus und Tastatur: keine

✔ **Wischen Sie vom unteren Bildschirmrand nach oben.** Damit wird in manchen Apps eine App-Leiste mit Befehlen und Schaltflächen eingeblendet. Wenn Sie von ganz oben bis nach ganz unten wischen, wird die aktuelle App geschlossen.

Alternative mit der Maus: Klicken Sie mit der rechten Maustaste auf einen leeren Bereich in der App, um ein Kontextmenü einzublenden.

Andy Rathbone

Windows 10 kompakt für Dummies

Bearbeitet von Geesche Kieckbusch

WILEY

WILEY-VCH Verlag GmbH & Co. KGaA

**Bibliografische Information
der Deutschen Nationalbibliothek**
Die Deutsche Nationalbibliothek verzeichnet diese
Publikation in der Deutschen Nationalbibliografie;
detaillierte bibliografische Daten sind im Internet
über http://dnb.d-nb.de abrufbar.

1. Auflage 2016

© 2016 WILEY-VCH Verlag GmbH & Co. KGaA, Weinheim

Printed in Germany
Gedruckt auf säurefreiem Papier

Coverfoto: Designer things/shutterstock.com
Korrektur: Isolde Kommer, Großerlach
Satz: inmedialo Digital- und Printmedien UG, Plankstadt
Druck und Bindung: Media Print, Paderborn

Print ISBN: 978-3-527-71175-8

Über den Autor

Andy Rathbone ist seit 1985 von Computern besessen, als er sich einen fast 20 Kilogramm schweren tragbaren CP/M Kaypro 2X zulegte. Wie alle Computerfreaks dieser Zeit begann er bald, mit Null-Modem-Adaptern herumzuspielen und Mailbox-Foren anzuwählen. Die übrige Zeit verbrachte er als Teilzeitkraft bei Radio Shack.

Andy Rathbone schrieb Artikel für verschiedene Zeitschriften, bevor er sich 1992 dem Verfassen von Computerbüchern zuwandte. Seitdem hat er mehrere Bücher über Windows in der ... *für Dummies*-Reihe und viele andere Computerbücher veröffentlicht. Seine Bücher sind in mehr als 15 Millionen Exemplaren erschienen und in mehr als 30 Sprachen übersetzt worden. Sie können mit ihm unter www.andyrathbone.com Kontakt aufnehmen.

Danksagung

Ich möchte mich besonders bei Dan Gookin, Matt Wagner, Tina Rathbone, Steve Hayes, Colleen Diamond, Virginia Sanders und Ryan Williams bedanken.

Und natürlich auch ein herzliches Dankeschön an alle Damen und Herren im Korrektorat, Lektorat, Satz, Vertrieb, Marketing, in der Herstellung, der Grafikabteilung ... Kurz, an alle, die daran beteiligt waren, dieses Buch erfolgreich auf den Markt zu bringen.

Cartoons im Überblick
von Christian Kalkert

Seite 21

Seite 91

Seite 123

Seite 191

Internet: www.stiftundmaus.de

Inhaltsverzeichnis

Kapitel 3
Der traditionelle Desktop   57

Kapitel 4
Speicherorte – intern, extern und über den Wolken   73

Teil III
Die Windows-Werkstatt 123

Einführung

Willkommen bei *Windows 10 Kompakt für Dummies*, einem der beliebtesten Bücher über dieses Betriebssystem. In diesem Buch finden Sie kurze und prägnante Informationen, um Ihre Arbeit mit Windows und Ihrem Computer so effektiv wie möglich zu erledigen. Dieses Buch wird Ihnen weiterhelfen und Sie werden Ihr Wissen bezüglich Windows beträchtlich erweitern. Aber es wird definitiv nicht versuchen, Sie in einen Windows-Freak zu verwandeln, sondern Sie lediglich dabei unterstützen, Ihre Arbeit noch effektiver zu erledigen, damit Sie sich schnell wieder den angenehmeren Dingen des Lebens widmen können.

Über dieses Buch

Versuchen Sie nicht, dieses Buch in einem Stück zu lesen; das ist weder hilfreich noch notwendig. Benutzen Sie es stattdessen lieber wie ein Wörterbuch oder wie ein Lexikon. Schlagen Sie die Seite mit den benötigten Informationen auf und sagen Sie:»Aha, das ist es also, worüber die anderen die ganze Zeit reden.« Dann klappen Sie das Buch wieder zu und machen weiter.

Sie müssen nichts auswendig lernen. Lesen Sie einfach bei Bedarf auf der richtigen Seite nach, und zurück geht's an die Arbeit. Hochtechnischer Firlefanz, langatmige Monologe und unnötiger Detailballast haben in diesem Buch nichts zu suchen.

Wie Sie mit diesem Buch arbeiten

Bestimmte Elemente im Buch sind besonders gekennzeichnet. So werden Befehle, Menüs, Schaltflächen und alles, was es sonst noch so in Apps, Programmen und Dialogfeldern gibt, in KAPITÄLCHEN geschrieben, zum Beispiel:»Wählen Sie im Kontextmenü den Befehl HERUNTERFAHREN.«

Wenn Sie etwas selbst eingeben müssen, wird der einzugebende Text in `Listingschrift` dargestellt, zum Beispiel:»Geben Sie `Windows Media Player` in das Suchfeld ein.«

Und wenn Sie aufgefordert werden, eine Tastenkombination zu drücken, wird das folgendermaßen dargestellt:»Drücken Sie Strg + C.«

Törichte Annahmen über den Leser

Also, ich gehe einfach mal davon aus, dass Windows 10 auf Ihrem Rechner installiert ist oder dass Sie über ein Upgrade auf diese neue Betriebssystemversion nachdenken.

Sie wissen, was Sie mit dem Computer machen wollen. Das Problem besteht eher darin, den Computer dazu zu bringen, das zu machen, was Sie wollen. Dieses Buch kann Ihnen in Zeiten der Not den Computerguru ersetzen.

Wie dieses Buch aufgebaut ist

Dieses Buch besteht aus fünf Teilen. Manchmal finden Sie das, was Sie suchen, in einem der grauen Kästen, manchmal in einem Tipp und manchmal müssen Sie sich durch einen ganzen Abschnitt oder gar ein ganzes Kapitel kämpfen. Das hängt von Ihnen und von der Komplexität der Aufgabe ab, die Sie gerade lösen wollen.

Teil I: Windows 10-Grundlagen

In diesem Teil lernen Sie das neue Startmenü kennen, aus dem heraus Sie Apps und Programme starten, und Sie erfahren, wie Sie auf dem Desktop und mit seinen Fenstern werkeln. Außerdem lernen Sie hier den Explorer kennen, den digitalen Aktenschrank für Ihre Dokumente. Aber auch der virtuelle Onlinespeicher OneDrive wird vorgestellt. Über diese Dinge sollten Sie Bescheid wissen.

Teil II: Ab ins Internet

Hier erfahren Sie, wie Sie mit der Mail-App E-Mails senden und empfangen und zusammen mit den Apps Kalender und Kontakte Ihre digitalen Kontakte von zentraler Stelle aus pflegen. Außerdem stellt dieser Teil den neuen Webbrowser Microsoft Edge vor und zeigt, wie Sie sich zwanglos auf verschiedensten Websites tummeln können.

Teil III: Die Windows-Werkstatt

Wenn Windows nicht so mag, wie es sollte, geben Sie ihm einen kleinen Schubs und legen Sie den einen oder anderen Schalter in der Einstellungen-App oder in der Systemsteuerung um. Und selbst wenn Windows wie am Schnürchen funktioniert, sollten Sie hin und wieder Wartungsarbeiten durchführen lassen, um den gegenwärtigen guten Zustand zu erhalten.

Erfahren Sie in diesem Teil außerdem, wie Sie sich den Computer mit anderen teilen, ohne dass sich die Benutzer gegenseitig in die Karten schauen können.

Teil IV: Musik, Fotos und Filme

Wenden Sie sich vertrauensvoll an diesen Teil, wenn Sie Spaß haben wollen. Hier erfahren Sie, wie Sie Musik sowie Songs und Filme auf dem Computer oder aus dem Internet abspielen. Und Sie erfahren, wie Sie die Fotos von Ihrer Kamera auf den Computer bringen, sie anzeigen und übersichtlich in Ordnern verwalten.

Teil V: Der Top-Ten-Teil

Dieser Teil enthält die Top Ten der nervigsten Windows-Funktionen (und wie man sie in den Griff bekommt).

Symbole, die in diesem Buch verwendet werden

Die folgenden Symbole finden Sie am Rand neben dem Text. Sie sind strategisch günstig platziert, damit Sie auf einen Blick sehen können, was Sie lesen sollten und was Sie vielleicht überspringen wollen.

Hier erhalten Sie eine kleine Extraportion Informationen zu einem Thema. Oder es wird eine weitere Vorgehensweise vorgestellt. Oder Sie erfahren irgendetwas Neues, das Ihnen das Leben mit Windows erleichtert.

Hier stehen Informationen, die Sie sich merken sollten. Sie werden sie bestimmt bald wieder brauchen. Vielleicht machen Sie ein Eselsohr in die Seite?

Hier wird es ernst! Lesen Sie die Informationen, wenn Sie eine Katastrophe verhindern wollen.

Hier erwarten Sie eher technische Ausführungen, die Sie lesen können oder auch nicht.

 Hier können Sie auf einen Blick erkennen, dass es sich um eine brandneue oder eine überarbeitete Funktion in Windows 10 handelt.

 Für alle, die ohne Maus und Tastatur mutig mit den Fingern auf dem Touchscreen tippen, drücken, wischen und streifen.

Wie es weitergeht

Jetzt kann's losgehen! Blättern Sie schnell die Seiten durch und überfliegen Sie vielleicht schon mal ein paar Abschnitte, von denen Sie wissen, dass Sie sie später brauchen werden. Oh, und das ist übrigens Ihr Buch – markieren Sie hilfreiche Absätze, kleben Sie Notizzettel auf die Seiten und malen Sie Smileys an den Rand.

 Je mehr Sie in diesem Buch markieren, kleben, kritzeln und malen, desto einfacher wird es für Sie sein, nützliche Informationen schnell wiederzufinden.

Teil I

Windows 10-Grundlagen

In diesem Teil ...

✔ Windows 10 verstehen lernen

✔ Das neue Startmenü erforschen und anpassen

✔ Dateien auf dem Computer und in der Cloud auf OneDrive speichern

Was genau ist Windows 10?

In diesem Kapitel

- Windows 10 kennenlernen
- Die neuen Funktionen von Windows 10 unter die Lupe nehmen
- Auf Windows 10 upgraden
- Passt Ihre Rechnerkonfiguration zu Windows 10?
- Welche Variante von Windows 10 passt zu Ihnen?

Auf die eine oder andere Weise haben Sie wahrscheinlich schon von Windows gehört. Fast alle neuen Computer werden bereits mit einem vorinstallierten Windows angeboten – und so werden Sie von Windows gleich fröhlich begrüßt, wenn Sie den Computer zum ersten Mal einschalten.

Dieses Kapitel soll Ihnen näherbringen, warum Sie Windows brauchen, und es stellt Ihnen Microsofts neueste Windows-Version vor, Windows 10. Es zeigt auf, wodurch sich diese von den früheren Windows-Versionen unterscheidet und ob Sie auf Windows 10 aktualisieren sollten. Und natürlich erkläre ich auch, was es Neues in Windows 10 gibt.

Was ist Windows und warum benutzen Sie es?

Windows, das von der Firma Microsoft entwickelt und vertrieben wird, ist eigentlich kein Programm – etwas, womit man Seminararbeiten schreiben oder verärgerte E-Mails an Versandhändler schicken kann. Nein, Windows kann man getrost als *Betriebssystem* bezeichnen. Denn Windows steuert und beeinflusst, wie Sie mit Ihrem Computer arbeiten. Es existiert seit nunmehr 30 Jahren und seine neueste Version heißt Windows 10.

Windows ist dazu da, Ihren Computer zu steuern und Ihre Programme in Schach zu halten. Aber daneben bietet Windows auch eine ganze Reihe kostenloser Programme an – in Windows 10 heißen sie *Apps*, was so viel wie »Application« bedeutet, was wiederum in der Übersetzung »Anwendung« oder »Programm« heißt. »App« klingt cool, also verwenden Sie diesen Begriff, wo immer es geht. Sie können mit diesen Programmchen, äh, mit diesen Apps, die unterschiedlichsten Dinge bewerkstelligen: Briefe schreiben und drucken, das Internet durchsuchen, Musik abspielen, Fotos verschicken und vieles mehr.

Und warum benutzen Sie Windows? Wie die meisten anderen Menschen haben Sie wahrscheinlich gar keine andere Wahl. Wenn Sie sich nach dem 29. Juli 2015 einen neuen Rechner gekauft haben – egal ob PC, Notebook oder Tablet –, ist da einfach Windows 10 drauf, ob Sie wollen oder nicht. Ein paar Menschen fliehen vor Windows, indem sie Apple-Computer kaufen (das sind diese gut aussehenden, aber nicht gerade preiswerten Computer). Die Wahrscheinlichkeit ist aber extrem hoch, dass Sie, genau wie Ihre Nachbarn, Ihre Vorgesetzten, Ihre Kinder in der Schule und Millionen Menschen auf der ganzen Welt mit Windows, arbeiten.

Werbung und Funktionen auseinanderhalten

Microsoft mag Ihnen Windows als einen hilfreichen Begleiter ans Herz gelegt haben, der nur Ihr Bestes im Sinn hat, doch das ist nicht wirklich wahr. Denn Windows ist in erster Linie den Interessen von Microsoft verpflichtet. Sie werden das feststellen, sobald Sie Microsoft um Hilfe bitten, wenn Windows nicht so funktioniert, wie es sollte. Nichts auf dieser Welt ist umsonst.

Microsoft verwendet Windows auch, um seine eigenen Produkte und Dienste an den Mann oder an die Frau zu bringen. So präsentiert Microsoft Edge – das ist der neue Webbrowser von Windows – nach dem Start stolz die Microsoft-eigene Website MSN. Die Favoritenleiste des Browsers, in der Sie normalerweise Ihre bevorzugten Webziele bereitlegen, ist mit Microsoft-Websites überfüllt.

Und in Windows 10 gibt es in jedem Ordner einen Link auf OneDrive, den Microsoft-eigenen Speicherdienst in der Cloud. Eine ganz nette Sache. Was Sie aber nicht erfahren, ist die Tatsache, dass Microsoft Sie sofort zur Kasse bittet, wenn Sie Ihr Speicherlimit überschreiten.

Vielleicht sehen Sie auch Werbung für bekannte Apps auf dem Windows-Sperrbildschirm. Das ist der Bildschirm, der immer dann angezeigt wird, wenn Sie mal länger abwesend waren.

Die Karten-App verwendet das Kartenmodul der Microsoft-Suchmaschine Bing.

Microsoft möchte auch gerne, dass Sie anfangen, *Apps* statt herkömmlicher Programme zu kaufen. Denn diese Käufe werden ausschließlich über den Windows Store abgewickelt. Und davon profitiert natürlich Microsoft.

Ich könnte diese Liste ewig fortsetzen.

Windows steuert also nicht nur Ihren Computer, sondern fungiert auch als eine riesige Werbetrommel im Dienste von Microsoft. Behandeln Sie die eingebauten Werbeinformationen wie das Klopfen eines Vertreters an Ihrer Tür.

✔  Windows 10 läuft auf PCs, Notebooks, Tablets und Smartphones. (Es sieht auf allen Geräten fast gleich aus und funktioniert auch fast gleich.) Und genau deshalb gibt es in Windows 10 so viele große Schaltflächen, damit man sie auf dem Touchscreen besser mit den Fingern treffen kann. Mit Windows 10 können auch *Apps* ausgeführt werden, kleine Programme, die in der Regel auf Smartphones und Tablets zu finden sind.

✔ Und um auch wirklich jeden zu verwirren, hat Microsoft nie eine Version 9 von Windows auf den Markt gebracht, sondern ist einfach von Windows 8.1 zu Windows 10 gesprungen.

✔ Und hurra! Das beliebte Startmenü, das viele von uns so schmerzlich in Windows 8 und Windows 8.1 vermisst haben, ist wieder da. Sie können es an Ihre Wünsche anpassen. Außerdem listet es im rechten Bereich Ihre Apps auf. (Mehr zu dieser freudigen Überraschung in Kapitel 2.)

Was ist neu in Windows 10?

Windows 10 funktioniert auf allen Geräten quasi identisch. (Es läuft sogar auf Ihrem Fernseher, und zwar mithilfe der Microsoft-Spielekonsole Xbox One.) Das bringt einen enormen Vorteil: Sie können die sogenannten universellen Apps auf Windows 10-Smartphones, -Tablets, -Notebooks, -PCs und auf der Xbox One einsetzen.

 Abgesehen davon, dass Windows 10 auf jedem Gerät einsetzbar ist, kann ich Ihnen von folgenden Neuerungen berichten:

✔ **Die Schaltfläche Start und das Startmenü:** In Windows 8 wie vom Erdboden verschluckt und in Windows 8.1 halbherzig integriert, kehren die Schaltfläche Start und das Startmenü im Triumphzug in die Taskleiste von Windows 10 zurück. Das wiederauferstandene Startmenü enthält im rechten Bereich eine Reihe von ziemlich großen Kacheln, mit denen Sie per Fingerdruck die entsprechenden Apps starten können.

✔ **Apps auf dem Desktop:** *Apps*, diese kleinen Programme aus der Welt der Smartphones und Tablets, nahmen in Windows 8 und Windows 8.1 rücksichtslos den gesamten Bildschirm in Anspruch. In Windows 10 dürfen Sie entscheiden, ob eine App den Bildschirm ausfüllt oder in einem Desktopfenster läuft.

✔ **Continuum:** Seltsame Bezeichnung. Sie bedeutet aber einfach, dass Windows 10 »spürt«, wie Sie ein Gerät einsetzen, und sich dementsprechend anpasst. Angenommen, Windows 10 läuft auf einem Tablet. Dann vergrößert Continuum das Startmenü und die Apps, um den Bildschirm mit bunten Kacheln zu füllen, die Sie problemlos mit Ihren Fingern treffen können. Sobald Sie aber eine Maus und eine Tastatur an Ihr Tablet anschließen, schaltet Windows in den Desktopmodus, das Startmenü schrumpft auf seine Standardgröße und die Apps tummeln sich in Desktopfenstern. Wow. Mein Tablet kann sich also blitzschnell in einen Desktoprechner verwandeln und später wieder zurück in ein Tablet.

✔ **Cortana:** Das ist der neue digitale Assistent in Windows 10. Ich glaube, es ist eine »Sie«. Cortana unterstützt Sie in Ihrem Computeralltag, findet verloren gegangene Dateien, füllt Ihren Kalender mit Terminen und holt Ihnen jede Info aus dem Internet – und das entweder über von Ihnen gesprochene oder über die Tastatur eingegebene Befehle. Cortana »wohnt« im Suchfeld rechts neben der Schaltfläche START.

✔ **OneDrive:** Früher SkyDrive genannt. Microsofts Speicherdienst in der Cloud hat seinen festen Platz auf dem Desktop von Windows 10. Aber im Unterschied zu früher speichert OneDrive Ihre Dateien nicht mehr sowohl auf Ihrem PC als auch im Internet (in der »Cloud«). Stattdessen fragt OneDrive nach, welche Dateien und Ordner nur auf OneDrive gespeichert und welche sowohl in der Cloud als auch auf Ihrem Rechner abgelegt werden sollen. Wenn Sie sich das erste Mal bei Windows 10 anmelden, fragt Microsoft ab, ob Sie Ihre Dateien automatisch auf OneDrive ablegen wollen. (In Kapitel 4 zeige ich Ihnen, wie Sie die OneDrive-Optionen einstellen können.)

✔ **Noch mehr Apps:** Die Regale des Windows Store wurden weiter aufgefüllt und die Angebotspalette vergrößert.

✔ **Weniger Redundanz:** Windows 8 und Windows 8.1 sorgten bei vielen Anwendern für Verwirrung, weil es einige Elemente doppelt gab, zum Beispiel zwei Systemsteuerungen, zwei Webbrowser und zwei Apps zum Anzeigen von Fotos. Windows 10 ist hier eindeutiger und verlangt nicht von Ihnen, dass Sie zwischen zwei Orten hin und her springen, um eine einzige Aufgabe zu erledigen.

✔ **Mehrere Desktops:** Unter Windows 10 können Sie mehrere Desktops einrichten, zwischen denen Sie per Mausklick oder Fingertippen hin und her wechseln können. Sie können sich zum Beispiel einen Desktop für Ihre Arbeit einrichten und einen zweiten für Spaß und Spiel. Sie können dieses Feature aber auch komplett ignorieren.

Im Unterschied zu Windows 8 und Windows 8.1 wirkt Windows 10 nicht mehr wie ein Betriebssystem, das zwei verschiedene Welten in sich vereinen will. Es ist »erwachsen« geworden und zeigt sich als Einheit, die das Beste aus Tablets und PCs herausholt.

Im ersten Jahr nach seinem Erscheinen können Sie Ihren Rechner völlig kostenlos auf Windows 10 aktualisieren, wenn auf Ihrem Rechner bisher Windows 7 oder Windows 8.1 gelaufen ist. Es kommt noch besser. Beim Upgrade bleiben alle Dateien, Apps und Programme an Ort und Stelle. Besitzer älterer PCs müssen für ein Upgrade auf Windows 10 bezahlen. Und es kommt noch schlimmer: Alle Dateien und Programme werden dabei entfernt. Sie müssen sie alle mühsam über ein Backup erneut einrichten. (Wenn Ihr alter Rechner eine Schnecke ist, wird er auch unter Windows 10 eine Schnecke bleiben. Sie sind dann wahrscheinlich besser beraten, wenn Sie einen neuen PC mit bereits installiertem Windows 10 kaufen.)

Windows 10 gibt es nicht länger als Windows RT-Version. Sollten Sie ein Windows RT-Tablet wie Surface RT oder Surface 2 besitzen, können Sie nicht auf Windows 10 upgraden.

Was ist nun wirklich dran an Windows 10?

Heutzutage fallen die meisten Anwender in eine von zwei Kategorien – die Macher und die Konsumenten. Die *Macher* schreiben Dokumente, senden E-Mails, bereiten die Einkommensteuer vor, aktualisieren Blogs, bearbeiten Videos oder tun sonst was, was ihr Chef gerade von ihnen will.

Die *Konsumenten* sind meist nicht am Desktoprechner zu finden. Sie ziehen unterwegs ihr Smartphone aus der Hosentasche oder ihr Tablet aus dem Rucksack, um E-Mails zu lesen, Videos anzuschauen, Musik zu hören oder im Web zu browsen.

Das Problem liegt auf der Hand. Desktop-PCs, Handys und Tablets funktionieren verschieden – unterschiedlich große Bildschirme sowie andere Programme und Befehle. Was gut mit den Fingern funktioniert, klappt nicht unbedingt auch gut mit Maus und Tastatur. Der Austausch von Dateien unter den verschiedenen Gerätschaften kann zum Albtraum werden.

Das Ziel von Windows 10 ist es, diese Probleme zu beseitigen. Ein einziges Betriebssystem funktioniert, egal auf welchem Gerät. So macht es sowohl Macher als auch Konsumenten glücklich. Und wie schafft Windows 10 das? Es stellt zwei verschiedene Modi zur Verfügung:

✔ **Tabletmodus:** Für die Informationskonsumenten, die mit Touchscreen-Tablets unterwegs sind, füllt Windows 10 den ganzen Bildschirm mit großen, bunten Kacheln, deren Inhalte ständig aktualisiert werden, damit Sie stets über die neuesten Aktienkurse, die zuletzt eingetroffenen E-Mails, wichtige Facebook-Neuheiten und sonstigen Kram informiert sind. Und diese Informationen werden einfach angezeigt, ohne dass Sie auch nur einen Finger krumm machen müssen. »Finger« ist übrigens genau das richtige Stichwort. Am besten lässt sich das bildschirmfüllende Startmenü mit den Fingern bearbeiten, was wiederum einen Touchscreen-Bildschirm oder einen Tablet-PC voraussetzt.

✔ **Desktopmodus:** Und wo bleiben die Macher? Wem es um das wirkliche Arbeiten geht, der findet sein Paradies auf dem traditionellen Windows-Desktop mit seinen leistungsstarken und detaillierten Menüs.

Die einen schätzen es, die Bequemlichkeiten aus beiden Welten zur Verfügung zu haben, zum Beispiel mit einem Touchscreen-Notebook oder mit einem Tablet mit Dockingstation, an die im Handumdrehen Maus und Tastatur angeschlossen werden können. Die anderen finden, dass die beiden Welten einfach nicht zusammenpassen.

✔ Wenn Sie die anfängliche Verwirrung überstehen, kann Ihnen Windows 10 wirklich das Beste aus beiden Welten bieten: Wenden Sie sich vertrauensvoll an das bildschirmfüllende Startmenü, wenn Sie unterwegs schnell etwas nachschauen möchten. Und wechseln Sie zu Hause zum Desktop, wenn Sie vorhaben, mit traditionellen Windows-Programmen echte Arbeit zu verrichten.

✔ Wenn Sie vor einem Desktop-PC sitzen, sollte Windows 10 automatisch mit dem Desktop starten.

✔ Wenn Sie mit einem Tablet-PC arbeiten, sollte Windows 10 Ihnen sein bildschirmfüllendes Startmenü präsentieren. Sollte dies nicht der Fall sein, klicken Sie unten in der Taskleiste auf die Schaltfläche Info-Center (sieht aus wie das Symbol hier am Rand) und schalten Sie im gleichnamigen Fenster in den Tabletmodus um.

✔ Die Spielekonsole von Microsoft Xbox One läuft im Tabletmodus. Der Spielecontroller übernimmt die Rolle Ihres Fingers. Das heißt, Sie drücken die Pfeiltasten des Controllers und können so von Kachel zu Kachel wechseln. (Falls Sie einen Kinect-Controller angeschlossen haben, können Sie die Xbox One sogar mit Ihren Händen bedienen.)

✔ In Kapitel 2 erfahren Sie mehr über das neue Startmenü. Und in Kapitel 3 erzähle ich Ihnen alles, was Sie über den Windows-Desktop wissen müssen.

Läuft Windows 10 auf Ihrem Computer?

Wenn Sie Ihren Computer auf Windows 10 aktualisieren wollen, wird er sich wahrscheinlich nicht beklagen. Windows 10 läuft in der Regel auf jedem Computer, auf dem aktuell Windows 7, Windows 8 oder Windows 8.1 installiert ist.

Sie haben einen Windows Vista- oder Windows XP-Rechner? Ich weiß nicht. Selbst wenn Windows 10 darauf laufen sollte, wird es mit Sicherheit nicht optimal laufen. Ich kann es jedenfalls nicht empfehlen.

 Sollten Sie einen Technikfreak in Ihrer Familie haben, lassen Sie sich doch von ihm Tabelle 1.1 übersetzen. Sie enthält die Windows 10-Hardwareanforderungen.

Hardware	x86 (32 Bit)	x86 (64 Bit)
Prozessor	1 GHz oder schneller	1 GHz oder schneller
Arbeitsspeicher (RAM)	mindestens 1 GB	mindestens 2 GB
Grafikkarte	DirectX 9-Grafikkarte mit WDDM-Treiber	DirectX 9-Grafikkarte mit WDDM-Treiber
Freier Festplattenspeicher	16 GB	16 GB
Firmware	Unified Extensible Firmware Interface (UEFI) 2.3.1, Secure Boot muss aktiviert sein	Unified Extensible Firmware Interface (UEFI) 2.3.1, Secure Boot muss aktiviert sein

Tabelle 1.1: Die Hardwareanforderungen von Windows 10

Frei übersetzt bedeutet Tabelle 1.1, dass quasi jeder Rechner, der in den letzten fünf Jahren gekauft wurde, auf Windows 10 aktualisiert werden kann.

Nahezu alle Programme, die unter Windows Vista, Windows 7, Windows 8 und Windows 8.1 laufen, funktionieren auch unter Windows 10. Selbst ein paar Windows XP-Programme sind mit von der Partie. Vorsicht ist bei Virenschutz-, Firewall- und sonstigen Sicherheitsprogrammen geboten. Hier sollten Sie sich an den Hersteller wenden und nach einer für Windows 10 aktualisierten Version fragen.

Die verschiedenen Varianten von Windows 10

Es gibt verschiedene Versionen von Windows 10. Wahrscheinlich interessiert Sie einzig und allein die in Tabelle 1.2 mit »Home« bezeichnete Version. Für kleine Unternehmen dürfte die Version »Windows 10 Pro« und für große Firmen die Version »Windows 10 Enterprise« interessant sein. Um die Verwirrung etwas zu mildern, werden die unterschiedlichen Versionen kurz in Tabelle 1.2 beschrieben.

Windows 10-Version	Beschreibung
Home	Für Leute wie Sie und mich. Diese Version stellt ein Startmenü, Apps sowie einen Windows-Desktop mit vollem Funktionsumfang zur Verfügung, auf dem die meisten traditionellen Programme laufen.
Pro	Für kleine Firmen. Diese Version kann alles, was die Home-Version kann. Dazu kommen Features, die für kleine Unternehmen interessant sind: Verschlüsselung, zusätzliche Netzwerkfunktionen und so weiter.

Windows 10-Version	Beschreibung
Mobile	Diese Version kann man nicht einfach so bekommen; Es gibt sie zusammen mit bestimmten Geräten, meist Handys und winzigen Touchscreen-Tablets. Sie wurde speziell im Hinblick auf lange Akkudauer entwickelt. Sie bietet das Startmenü und Apps, verzichtet aber auf den Desktop. Das heißt, Sie können unter dieser Version keine herkömmlichen Programme starten. Windows Mobile macht das aber wieder wett, indem es kostenlose Microsoft Office-Apps anbietet.
Enterprise/Mobile Enterprise	Für große Firmen. Microsoft verkauft diese Businessversion nur in großen Mengen an Geschäftskunden. (Microsoft bietet zusätzlich eine Mobile Enterprise-Version für Großunternehmen an, die Windows-Phones oder Mini-Tablets in rauen Mengen kaufen.)
Education	Diese Version kann von Schulen per Lizenz erworben werden, nicht aber von einzelnen Schülern oder Studenten.
Internet der Dinge	Diese ganz spezielle Windows-Version werden Sie wahrscheinlich nie zu Gesicht bekommen. Denn sie läuft auf mit dem Internet verbundenen Geräten wie Geldautomaten und sonstigen elektronischen Gadgets.

Tabelle 1.2: Die verschiedenen Varianten von Windows 10

Wenn auf Ihrem Rechner Windows 7 oder Windows 8.1 läuft, ist das Upgrade auf Windows 10 kostenlos, und zwar ein Jahr lang ab Erscheinungstermin. Und wie kommen Sie zu dem Upgrade? Ganz einfach – Mit *Windows Update*! Das Programm, das Sie und Ihren Computer regelmäßig mit den nächsten Sicherheitspatches versorgt. Keine Sorge: Alle Ihre Daten bleiben dabei erhalten.

Wenn Sie mehr Informationen über den Upgradeprozess auf Windows 10 brauchen, besuchen Sie die Microsoft Windows-Website unter www.windows.com.

Wir starten mit dem Startmenü

In diesem Kapitel

➤ Windows starten

➤ Sich in Windows anmelden

➤ Das Startmenü kennenlernen

➤ All Ihre Apps und Programme anzeigen

➤ Neue Apps im Windows Store downloaden

➤ Das Startmenü an eigene Vorstellungen anpassen

➤ Den Computer ausschalten

Die gute Nachricht gleich zu Anfang: Das Startmenü ist zurück! Die schlechte Nachricht gleich hinterher: Es hat nicht viel Ähnlichkeit mit dem Startmenü, das Sie vielleicht aus Windows 7 kennen.

Bei einem Touchscreen-Tablet füllt das Startmenü den gesamten Bildschirm aus. Dank seiner riesigen Kacheln ist es überhaupt kein Problem, eine App mit dem Finger auszuwählen. Auf einem Desktoprechner, ausgestattet mit Tastatur und Maus, zieht sich das Startmenü dagegen in die linke Ecke Ihres Bildschirms zurück und Sie können mit der Maus auf seine winzigen Schaltflächen und Menüs klicken.

Aber egal, ob Sie mit einem Tablet oder einem Desktoprechner arbeiten, im Folgenden zeige ich Ihnen, wie Sie dafür sorgen, dass das Startmenü seinen Job erledigt, nämlich Apps und Programme zu starten.

 Wenn Sie mit einem Touchscreen-PC arbeiten, denken Sie sich bitte das Wort *tippen*, wenn Sie *klicken* lesen. Tippen Sie zweimal, wenn von *doppelklicken* die Rede ist. Und beim Terminus technicus *rechtsklicken* drücken Sie den Finger auf den Touchscreen und nehmen ihn erst dann wieder vom Bildschirm, wenn das jeweilige Kontextmenü aufklappt.

Willkommen in der Welt von Windows

Das Starten von Windows ist so einfach wie das Einschalten des Computers. Windows begrüßt Sie zunächst recht freundlich. Aber wenn Sie meinen, jetzt geht es los, erwischt Windows Sie eiskalt: Die Tür ist verschlossen, wie in Abbildung 2.1 zu sehen ist.

Abbildung 2.1: Der Sperrbildschirm

Der Sperrbildschirm kam mit Windows 8 ins Spiel. Er wird angezeigt, bevor Sie sich bei Ihrem Rechner mit Kontonamen und Kennwort anmelden können. Und wie sperrt man auf? Wie kommt man rein? Das hängt davon ab, ob Sie mit der Maus, der Tastatur oder im Fall eines Touchscreens mit den Fingern arbeiten:

✔ **Maus:** Drücken Sie einfach irgendeine Maustaste.

✔ **Tastatur:** Drücken Sie eine beliebige Taste.

✔ **Touchscreen:** Berühren Sie die Oberfläche und streifen beziehungsweise wischen Sie mit dem Finger auf dem Bildschirm nach oben.

Jetzt sind Sie drin! Windows bittet Sie, sich anzumelden (siehe Abbildung 2.2). Wählen Sie Ihren Namen aus und geben Sie Ihr Kennwort ein.

Abbildung 2.2: Klicken Sie auf Ihr Konto, um sich anzumelden.

Je nachdem, wer Ihren Rechner wie eingerichtet hat, mag der Anmeldebildschirm etwas anders aussehen. Wenn auf der Anmeldeseite kein Konto angeboten wird, haben Sie folgende Optionen:

✔ **Wenn Ihr Name und Ihre E-Mail-Adresse aufgelistet sind, geben Sie Ihr Kennwort ein.** Windows gewährt Ihnen dann Zutritt und zeigt das Startmenü so an, wie es zuvor verlassen wurde.

✔ **Wird Ihr Name nicht angezeigt und Sie verfügen auf diesem Computer über ein Konto, werfen Sie einen Blick in die linke untere Ecke des Bildschirms.** Windows zeigt dort eine Liste mit allen Konten an.

✔ **Wenn der Rechner nagelneu ist, verwenden Sie das Konto, das Sie beim ersten Einschalten des Rechners eingerichtet haben.** Beim Einrichten des Rechners führt Windows Sie durch den Prozess der Kontoeinrichtung.

Sie wollen mehr über Benutzerkonten erfahren? Wie man neue erstellt oder bereits bestehende verwaltet? Dann sollten Sie Kapitel 9 lesen.

Sie wollen sich nicht auf der Anmeldeseite von Windows anmelden? In diesem Fall sind die beiden Schaltflächen rechts am unteren Rand des Bildschirms zuständig:

✔ **Über diese kleine Schaltfläche** (siehe auch Abbildung 2.2 und das Symbol am unteren Rand) können Sie Windows für Benutzer anpassen, die nicht so gut hören, sehen oder tippen können (mehr dazu in Kapitel 7). Sollten Sie einmal versehentlich auf diese Schaltfläche kommen, klicken oder tippen Sie einfach auf einen anderen Bereich des Bildschirms.

✔ ⏻ **Über diese kleine Schaltfläche** (siehe auch Abbildung 2.2 und das Symbol am unteren Rand) fahren Sie den Computer herunter beziehungsweise lassen Sie ihn ein energiesparendes Nickerchen machen oder führen Sie einen Neustart durch. (Sollten Sie Ihren Computer einmal versehentlich herunterfahren, keine Panik. Drücken Sie einfach auf den Startknopf am Computergehäuse und er wird zu diesem Bildschirm zurückkehren.)

Windows kann noch vor dem Anmelden aktuelle Informationen in der unteren linken Ecke des Bildschirms anzeigen. Je nach Konfiguration sehen Sie dort das Datum und die Uhrzeit, die Signalstärke der kabellosen Internetverbindung (je mehr Balken, desto besser), den Zustand der Batterie (je mehr Farbe, desto besser), Ihren nächsten Termin, die Anzahl der ungelesenen E-Mails und vieles mehr.

Mit einem Microsoft-Konto anmelden

Wenn Sie sich in Windows zum ersten Mal anmelden oder wenn Sie versuchen, auf eine App zuzugreifen oder eine Einstellung zu ändern, kann es passieren, dass Sie aufgefordert werden, sich mit Ihrem Konto anzumelden. In diesem Fall bekommen Sie einen ähnlichen Bildschirm wie in Abbildung 2.3 zu sehen.

Sie können sich entweder mit einem *Microsoft-Konto* oder mit einem *lokalen Konto* anmelden. Jedes Konto erfüllt andere Anforderungen:

✔ **Lokales Konto:** Dieser Kontotyp ist für alle geeignet, die mit herkömmlichen Windows-Programmen auf dem Windows-Desktop arbeiten. Als lokaler Benutzer können Sie keine Dateien auf OneDrive ablegen und viele der Apps von Windows überhaupt nicht ausführen. Hierzu gehören auch die Apps Mail, Kontakte und Kalender. Außerdem können Sie dann auch keine Apps aus dem Windows Store herunterladen.

✔ **Microsoft-Konto:** Dieser Kontotyp basiert auf einer E-Mail-Adresse und einem Kennwort. Damit können Sie Dateien auf OneDrive im Internet speichern, Apps aus dem Windows Store herunterladen und Windows-Apps wie Mail, Kalender oder Kontakte ausführen.

Sie können sich mit einem Microsoft-Konto folgendermaßen anmelden:

✔ **Verwenden Sie ein vorhandenes Microsoft-Konto.** Wenn Sie mit Hotmail, MSN, Xbox Live, Outlook.com oder Windows Messenger arbeiten, verfügen Sie bereits über ein Microsoft-Konto und ein Kennwort. Geben Sie die entsprechende E-Mail-Adresse und das Kennwort ein (siehe Abbildung 2.3) und klicken Sie anschließend auf die Schaltfläche Anmelden.

Ihr Microsoft-Konto hinzufügen

Melden Sie sich mit Ihrem Microsoft-Konto an. Sie können dieses Konto mit anderen Apps auf diesem Gerät verwenden. Weitere Informationen.

E-Mail oder Telefon

Kennwort

Ich habe mein Kennwort vergessen.

Kein Konto vorhanden? Erstellen Sie ein Konto!

Datenschutzbestimmungen von Microsoft

Anmelden

Abbildung 2.3: Für den Zugriff auf eine Reihe von Windows-Funktionen benötigen Sie ein Microsoft-Konto.

✔ **Melden Sie sich für ein neues Microsoft-Konto an.** Klicken Sie auf ERSTELLEN SIE EIN KONTO! (siehe Abbildung 2.3), geben Sie Ihre Wunsch-E-Mail-Adresse ein (Sie können jede beliebige E-Mail-Adresse für Ihr Microsoft-Konto verwenden), definieren Sie ein Kennwort und füllen Sie einen Wust an persönlichen Daten aus.

Wenn Sie sich bei Windows das erste Mal anmelden und kein Microsoft-Konto erstellen möchten, klicken Sie in der linken unteren Ecke auf den Eintrag zum Überspringen dieses Schrittes. Dann zeigt Ihnen Windows auf seinen nächsten Seiten, wie Sie ein lokales Konto einrichten, das ganz auf Ihren Rechner beschränkt ist.

Aber solange Sie nicht mit einem Microsoft-Konto angemeldet sind, wird Sie der Bildschirm aus Abbildung 2.3 verfolgen, sobald Sie versuchen, auf ein Windows-Feature zuzugreifen, das ohne Microsoft-Konto nicht läuft. (In Kapitel 9 erfahren Sie, wie Sie ein lokales Konto in ein Microsoft-Konto umwandeln können.)

Das Startmenü erforschen

In Windows startet alles mit der Start-Schaltfläche und dem Startmenü. Egal, ob Sie Ihre Steuer erledigen, Nachrichten lesen oder Ihre Mails beantworten wollen, Sie klicken links unten auf dem Bildschirm auf die Schaltfläche Start. Das Startmenü wird daraufhin geöffnet und bietet eine Liste mit Ihren Apps und Programmen an.

Auf einem Desktoprechner präsentiert sich das Startmenü folgendermaßen: Im rechten Bereich finden Sie eine Reihe von Kacheln (siehe Abbildung 2.4). Jede Kachel steht stellvertretend für eine App. Im linken Bereich listet das Startmenü Ihre am häufigsten verwendeten Apps, Programme und PC-Orte auf.

Abbildung 2.4: Das Startmenü auf einem Desktoprechner hält sich in der linken unteren Ecke des Bildschirms auf.

Auf einem Tablet-PC füllt das Startmenü dagegen den gesamten Bildschirm aus. Das ist in Abbildung 2.5 zu sehen. Auf den in Abbildung 2.4 gezeigten linken Bereich wird erst einmal verzichtet.

Abbildung 2.5: Das Startmenü auf einem Tablet-PC macht sich über den gesamten Bildschirm breit.

Um diese Liste auch im Tablet-Startmenü anzuzeigen, tippen Sie in der linken oberen Ecke auf die Schaltfläche mit den drei Linien. Daraufhin taucht der linke Bereich des Startmenüs am linken Rand des Startmenüs auf.

Einige Kacheln im Startmenü muss man gar nicht erst öffnen, um ihren Inhalt anzuzeigen. Die Kachel KALENDER wird beispielsweise regelmäßig aktualisiert, um das aktuelle Datum und die aktuelle Uhrzeit sowie Ihren nächsten Termin anzuzeigen. Die Kachel MAIL durchläuft die zuletzt eingetroffenen Mails und zeigt jeweils die ersten Wörter der Nachrichten an.

Im Laufe der Zeit wird sich Ihr Startmenü verändern, wenn Sie neue Programme und Apps hinzufügen. Dies ist auch der Grund, warum Ihr Startmenü wahrscheinlich etwas anders aussieht als das Ihrer Freunde oder das in diesem Buch abgebildete.

Probieren Sie mal folgende Tipps und Tricks aus, um sich mit dem Startmenü anzufreunden:

✔ Um ein Programm oder eine App zu starten, klicken oder tippen Sie einfach auf den Namen oder die Kachel – und das Programm oder die App macht sich auf dem Bildschirm breit.

✔ Tastaturfans drücken die ⊞-Taste, um das Startmenü aufzuklappen.

✔ Sie haben das Programm oder die App Ihrer Wahl nicht im Startmenü gefunden? Dann klicken Sie ganz links unten im Startmenü auf den Eintrag ALLE APPS. Nun werden im linken Bereich alle auf Ihrem Rechner installierten Apps und Programme in alphabetischer Reihenfolge aufgelistet. Blättern Sie durch die Liste, bis Sie fündig werden.

✔ Bei einem Touchscreen navigieren Sie im Startmenü mit dem Finger. Setzen Sie den Finger ins Menü und ziehen Sie mit dem Finger in eine Richtung. Die Elemente des Startmenüs werden Ihrem Finger folgen.

✔ Sollte das Startmenü wider Erwarten den gesamten Bildschirm Ihres Desktoprechners ausfüllen, klicken Sie in der rechten unteren Bildschirmecke auf die Schaltfläche INFO-CENTER und dann im gleichnamigen Fenster auf TABLETMODUS, um den Tabletmodus zu deaktivieren.

Wenn Sie aus der Welt von Windows 8 kommen, müssen Sie sich daran gewöhnen, dass es in Windows 10 keine hinter den Rändern des Bildschirms versteckten Leisten und Menüs mehr gibt. Halt! Eine Ecke ist noch belegt. Zeigen Sie mit dem Mauszeiger auf die rechte untere Ecke des Bildschirms, um einen Blick auf den Desktop zu erhaschen. Das ist ganz praktisch, wenn Sie dort etwas abgelegt haben. Sobald Sie den Mauszeiger wegziehen, verschwindet der Desktop auch schon wieder.

Wo ist die charmante Charms-Leiste hin?

In Windows 8 und Windows 8.1 gab es eine im Verborgenen lebende Leiste mit dem seltsamen Namen Charms-Leiste. Diese Leiste konnte hinter dem rechten Bildschirmrand hervorgelockt werden. Sie enthielt praktische Menüs zum Teilen von Bildschirminhalten, zum Hinzufügen neuer Geräte, zum Suchen nach irgendetwas oder zum Ändern der Einstellungen der gerade angezeigten App.

Windows 10 hat sich dieser Charms-Leiste entledigt. Aber weil einige ältere Apps sie noch brauchen, gibt es die Befehle der Charms-Leiste immer noch. Klicken oder tippen Sie auf die drei kleinen Linien, die links oben in allen älteren Apps zu finden sind. Damit erhalten Sie Zugriff auf das App-Menü (sollte die App den Bildschirm füllen, klicken Sie mit der rechten Maustaste oder wischen Sie mit dem Finger vom oberen Bildschirmrand nach unten, um das App-Menü anzuzeigen):

✔ **App-Befehle:** Tippen Sie auf diesen Eintrag, um die Menüleiste der App anzuzeigen, die wiederum Befehle zum Steuern der App enthält.

✔ **Suchen:** Damit wird das Suchfeld aktiviert. Geben Sie einen Suchbegriff ein und Windows sucht danach und zeigt die gefundenen Ergebnisse an.

✔ **Teilen:** Damit können Sie das, was aktuell am Bildschirm angezeigt wird, mit anderen teilen. (Diese Funktion wird allerdings nicht von allen Apps unterstützt.)

✔ **Drucken:** Damit senden Sie die aktuellen Bildschirminformationen an den Drucker.

✔ **Einstellungen:** Das ist nicht die PC-Einstellungen-App, wie Sie sie vielleicht noch von früher in der Charms-Leiste kannten. Hier können Sie die Einstellungen für die aktuell geöffnete App ändern. Um die PC-Einstellungen zu ändern, klicken Sie auf die Schaltfläche START und dann im Startmenü auf den Eintrag EINSTELLUNGEN. Dann wird die brandneue Einstellungen-App geöffnet.

Eine App über das Startmenü starten

Windows versorgt den rechten Bereich des Startmenüs mit *Apps* – kleinen Programmen zur Ausführung einfacher Aufgaben. Wenn man es genau nimmt, werden in Windows 10 eigentlich alle Programme als *Apps* bezeichnet.

Jede Bezeichnung und jede Kachel im Startmenü stellt eine Schaltfläche zum Starten einer App oder eines traditionellen Programms dar. Wenn Sie eine Kachel aktivieren, wird die entsprechende App gestartet. Und so rufen Sie eine App auf:

✔ **Maus:** Zeigen Sie auf die betreffende Kachel und klicken Sie mit der linken Maustaste.

✔ **Tastatur:** Drücken Sie so lange die ⇥-Taste, bis Sie im rechten Kachelbereich gelandet sind, und dann so lange eine der Pfeiltasten, bis die betreffende Kachel mit einem Rahmen versehen ist; drücken Sie dann die ↵-Taste.

✔ **Touchscreen:** Tippen Sie mit dem Finger auf die betreffende Kachel.

Was genau ist eine App?

App ist die Abkürzung für das englische Wort »Application«, was auf gut Deutsch wiederum »Anwendung« bedeutet. Ursprünglich kommen die Apps aus der Welt der Smartphones, der Handys, die leistungsstark genug sind, um kleinere Programme auszuführen. Ach ja, telefonieren kann man auch mit diesen Geräten. Die richtigen Windows-Apps unterscheiden sich von traditionellen Windows-Programmen in folgenden Punkten:

✔ Windows-Apps sind entweder bereits auf Ihrem Rechner enthalten oder Sie finden sie im Windows-Laden – Windows Store. Im Windows Store – selbst eine im Lieferumfang von Windows enthaltene App – können Sie Apps von Microsoft herunterladen. Nach dem Download werden sie automatisch auf Ihrem Rechner installiert. Viele Apps sind kostenlos, für manche müssen Sie bezahlen (siehe den Abschnitt »Neue Apps aus dem Windows Store downloaden« weiter hin in diesem Kapitel).

✔ Nur Windows-Apps laufen unter Windows. Apps für iPhones, iPads oder Android-Handys können nicht in Windows eingerichtet werden. Wenn Sie also eine bestimmte App für Ihr iPhone oder Android-Handy erworben haben und diese auch gern für Windows hätten (wenn es sie denn gibt), müssen Sie erneut in die Tasche greifen, um die entsprechende Windows-App zu erwerben.

✔ Windows 10-Apps laufen auf Desktoprechnern, Notebooks und Tablet-PCs. Und wenn es sich um universelle Apps handelt, laufen sie auch auf Ihrem Windows 10-Phone und auf Ihrer Xbox-Spielekonsole.

✔ Auch wenn die meisten Apps recht einfach zu bedienen sind, bedeutet diese Einfachheit aber auch, dass sie nicht so viel können. Im Unterschied zu Desktopprogrammen wissen viele Apps nicht, was das Kopieren von Inhalten bedeutet. Sie können also keine Daten mit Freunden austauschen.

Auch wenn in Windows die traditionellen Desktopprogramme ebenfalls als Apps bezeichnet werden, sprechen viele Leute immer noch von Programmen, wenn sie ältere traditionelle Programme meinen, die noch für den Windows-Desktop entwickelt wurden. Lassen Sie sich nur nicht verwirren.

Geöffnete Apps anzeigen und schließen

Auf einem Desktop-PC ist es ziemlich einfach, von einer App zur nächsten zu wechseln. Da jede App in einem Fenster auf dem Desktop angezeigt wird, brauchen Sie nur auf die gewünschte App zu klicken. Sie drängelt sich dann in den Vordergrund und ist einsatzbereit. (Mehr Infos zum Desktop finden Sie in Kapitel 3.)

Auf einem Tablet-PC nehmen gestartete Apps und Programme den gesamten Bildschirm ein, was das Wechseln zwischen verschiedenen Apps und Programmen schon etwas schwieriger macht.

Führen Sie die folgenden Schritte aus, um eine App in den Vordergrund zu bringen, egal ob Sie mit einem Desktop- oder Tablet-PC arbeiten:

1. **Klicken oder tippen Sie auf die Schaltfläche TASKANSICHT.**

   Windows zeigt Miniaturansichten aller geöffneten Apps und Programme an, wie in Abbildung 2.6 zu sehen ist.

2. **Klicken Sie auf ein Bildchen, um zur entsprechenden App zu wechseln.**

Die folgenden drei Tipps helfen Ihnen dabei, den Überblick über die aktuell geöffneten Apps nicht zu verlieren und nicht mehr benötigte Programme zu schließen:

✔ Die aktuell gestarteten Apps und Programme werden unten in der Taskleiste angezeigt. (Die Taskleiste ist Thema in Kapitel 3.)

✔   Um eine nicht mehr benötigte App in der Miniaturansicht zu schließen, klicken oder tippen Sie auf das »x« in der rechten oberen Ecke. Oder Sie klicken mit der rechten Maustaste auf das Bildchen und wählen im Kontextmenü den Befehl SCHLIESSEN.

✔ Wenn Sie eine App geschlossen haben, werden die restlichen Apps weiterhin in Form von Miniaturbildchen angezeigt. So können Sie entweder weitere Apps schließen oder zu einer anderen App wechseln. Und wenn Sie den Taskansichtsmodus beenden wollen, klicken oder tippen Sie auf den Desktop.

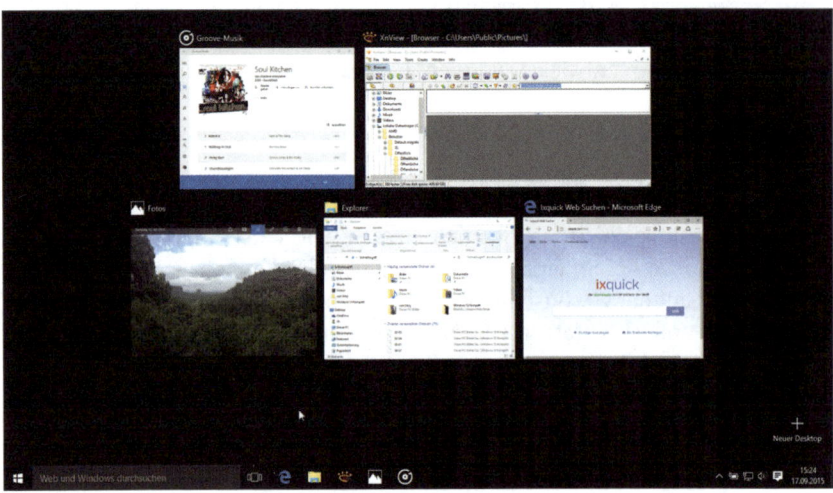

Abbildung 2.6: Klicken Sie auf die Schaltfläche »Taskansicht«, um kleine Bildchen für alle geöffneten Apps und Programme anzuzeigen.

Eine App im Startmenü ausfindig machen

Für den Fall, dass Ihr Startmenü recht voll ist, bietet Windows 10 ein paar Suchverfahren zum Aufstöbern von Apps.

Achten Sie vor allem auf die folgenden Bereiche des Startmenüs:

✔ **Benutzername:** Ganz links oben im Startmenü wird der Name Ihres Benutzerkontos angezeigt. Wenn Sie auf diesen Namen klicken, klappt ein Menü auf, über das Sie Ihre Kontoeinstellungen ändern (siehe auch Kapitel 9),

Ihren Rechner sperren, sich abmelden oder jemand anders anmelden lassen können.

✔ **Meistverwendet:** Die Liste in diesem Bereich unterhalb Ihres Benutzernamens und Profilfotos wird ständig aktualisiert und zeigt die Apps und Programme an, mit denen Sie am häufigsten arbeiten.

✔ **Zuletzt hinzugefügt:** Diese Kategorie wird nur angezeigt, wenn Sie vor Kurzem eine neue App oder ein neues Programm installiert haben. Der Name wird hier eine Zeit lang angezeigt und verschwindet dann in der alphabetisch sortierten Liste der Schaltfläche Alle Apps.

✔ **Alle Apps:** Klicken Sie auf diese Schaltfläche, um alle auf Ihrem Rechner installierten Apps und Programme in alphabetischer Reihenfolge aufzulisten.

 Die Chancen stehen gut, dass Sie Ihre gewünschte App oder Ihr gewünschtes Programm schnell ohne großes Herumsuchen finden werden. Sollte sich eine App oder ein Programm aber einmal besonders zieren, probieren Sie die folgenden Tricks aus:

✔ Tastaturliebhaber geben im Startmenü den Namen des gewünschten Programms ein. Während der Eingabe werden alle Programme aufgelistet, deren Name mit den bereits eingegebenen Buchstaben übereinstimmt.

✔ Sie können im rechten Bereich die Kachel für Ihre gewünschte App nicht finden? Kein Problem. Auch dort kann man blättern. Wischen Sie mit dem Finger nach oben. Oder zeigen Sie mit der Maus auf den Kachelbereich und drehen Sie das Mausrad, das sich zwischen den beiden Maustasten befindet. Kein Mausrad? Egal. Dann zeigen Sie mit der Maus auf den rechten Rand des Kachelbereichs und ziehen die dann angezeigte Bildlaufleiste am Bildlauffeld nach unten. Für was Sie sich auch entscheiden, Sie werden auf weitere Kacheln stoßen.

Apps »für umsonst«

Das Windows-Startmenü enthält eine Reihe von kostenlosen Apps, jede ordentlich in einer Kachel untergebracht. Die Kacheln sind beschriftet oder mit einem aussagekräftigen Symbol versehen, damit Sie wissen, was sich hinter ihnen verbirgt.

Manche Kacheln ändern sich ständig. Das sind die sogenannten *Live-Kacheln*. Die Kachel Finanzen wird beispielsweise ständig aktualisiert, um die neuesten Finanzschlagzeilen anzuzeigen. Und die Kachel Wetter sagt Ihnen, welches Wetter Sie in den großen Städten dieser Welt zu erwarten haben.

Einige Apps befinden sich bereits nach der Installation von Windows in Ihrem Startmenü. Jede App ist startbereit und wartet nur darauf, dass Sie mit der Maus darauf klicken oder mit dem Finger darauf tippen. Wahrscheinlich werden Sie die Apps Cortana, Erste Schritte, Finanzen, Fotos, Groove-Musik, Kalender, Kamera, Karten, Kontakte, Leseliste, Mail, Microsoft Edge, OneDrive, OneNote, Rechner, Store oder Wetter im Startmenü vorfinden.

Neue Programme installieren

Heutzutage installieren sich die meisten Apps und Programme automatisch selbst, sobald Sie sie im Windows Store auswählen, auf eine heruntergeladene Installationsdatei doppelklicken oder die zugehörige CD/DVD in das Laufwerk Ihres Computers einlegen.

Wenn Sie sich nicht sicher sind, ob ein Programm installiert wurde, wechseln Sie in das Startmenü, wählen dort den Eintrag ALLE APPS und schauen in der alphabetischen Liste nach, ob Sie den App- oder Programmnamen finden können. Wenn Sie die App oder das Programm in der ALLE APPS-Liste finden, ist sie oder es installiert.

Hier ein paar Tipps, wie Sie vorgehen können, wenn sich eine App oder ein Programm nicht automatisch auf Ihren Computer wagt:

✔ Für die Installation von Apps und Programmen benötigen Sie ein Benutzerkonto mit Administratorrechten. (Die meisten Computerbesitzer verfügen automatisch über ein solches Konto.) Alle anderen Kontoinhaber können keine neuen Programme installieren. So haben Sie als Boss die Programmhoheit. (Benutzerkonten sind Thema in Kapitel 9.)

✔ Sie haben ein Programm aus dem Internet heruntergeladen? Windows speichert diese Programme normalerweise in Ihrem Ordner DOWNLOADS. Sie finden diesen Ordner im SCHNELLZUGRIFF-Bereich des Explorers (siehe Kapitel 4). Doppelklicken Sie im Ordner DOWNLOADS auf den Programmnamen und das Programm sollte sich ordnungsgemäß installieren.

✔ Viele neu installierte Apps oder Programme wollen unbedingt eine Kachel im Startmenü, eine Verknüpfung auf dem Desktop oder ein Symbol in der Taskleiste anlegen. Sagen Sie zu allem einfach »Ja«. So können Sie das Programm im Startmenü und auf dem Desktop bequem starten. (Und wenn Ihnen das später zu viel wird, entfernen Sie die Kachel einfach aus dem Startmenü, löschen die Verknüpfung vom Desktop oder entfernen das Programmsymbol aus der Taskleiste. Nichts ist für immer.)

✔ Es schadet nicht, vor der Installation eines neuen Programms einen Wiederherstellungspunkt anzulegen. (Informationen zu diesem Thema finden Sie in Kapitel 8.) Wenn Ihr neu installiertes Programm Windows völlig durcheinanderbringen sollte, verwenden Sie die Systemwiederherstellung, um Ihren Computer wieder in den funktionierenden Zustand vor der Installation zu versetzen.

Neue Apps aus dem Windows Store downloaden

Wenn Ihnen die Apps nicht ausreichen, die in Windows von Haus aus zur Verfügung gestellt werden, führen Sie die folgenden Schritte durch:

1. Klicken Sie im Startmenü auf die Kachel Store.

Schwupp! Der Store meldet sich zum Dienst, wie in Abbildung 2.7 zu sehen ist. Alternativ können Sie auch in der Taskleiste auf die Schaltfläche Store klicken, um die App zu öffnen.

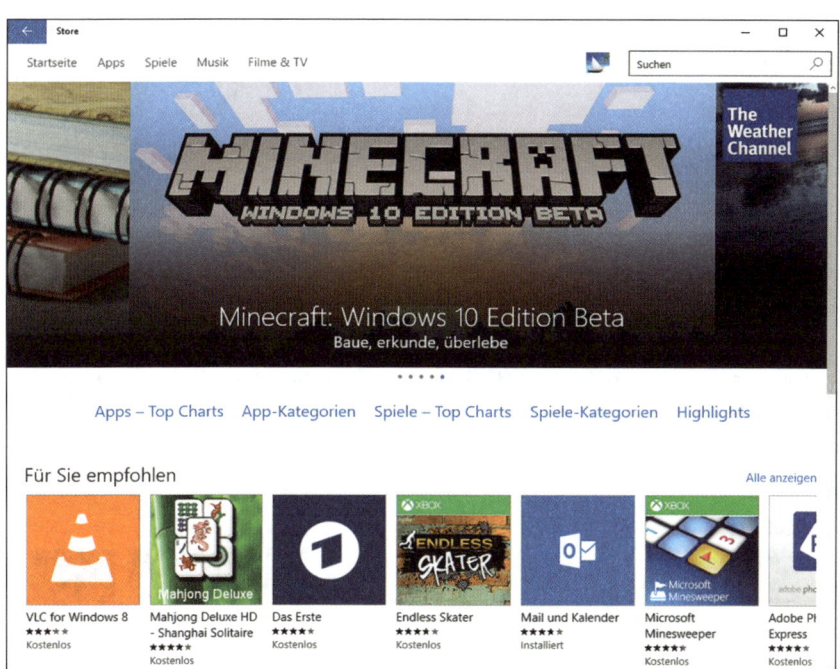

Abbildung 2.7: Im Store finden Sie alle möglichen Apps für Ihr Startmenü. Manche kosten etwas, manche sind kostenlos.

Im Store gibt es jede Menge zu entdecken. Stolz präsentiert er oben in der Leiste seine besonderen Apps. Und darunter bietet er Ihnen in der Kategorie FÜR SIE EMPFOHLEN Apps an, die Sie interessieren könnten. Die Store-App greift auf Ihre früheren Downloads zurück.

Um mehr zu sehen, zeigen Sie mit der Maus auf den rechen Rand der Store-App, um die Bildlaufleiste anzuzeigen. Ziehen Sie das Bildlauffeld der Bildlaufleiste nach unten, um weitere Kategorien anzuzeigen: KOSTENLOSE TOP-APPS, KOSTENLOSE TOP-SPIELE, KOSTENPFLICHTIGE TOP-APPS und mehr.

2. **Klicken Sie auf eine Kategorie, um die Suche einzuschränken.**

   Kramen Sie doch ein bisschen in der Kategorie APPS – TOP CHARTS herum und laden Sie ein paar interessante kostenlose Apps herunter, um ein Gefühl für das Prozedere zu bekommen.

3. **Wenn Sie nach einer ganz bestimmten App suchen, geben Sie oben rechts in das Suchfeld ein Schlüsselwort ein und drücken dann die** ⏎**-Taste (siehe Abbildung 2.8).**

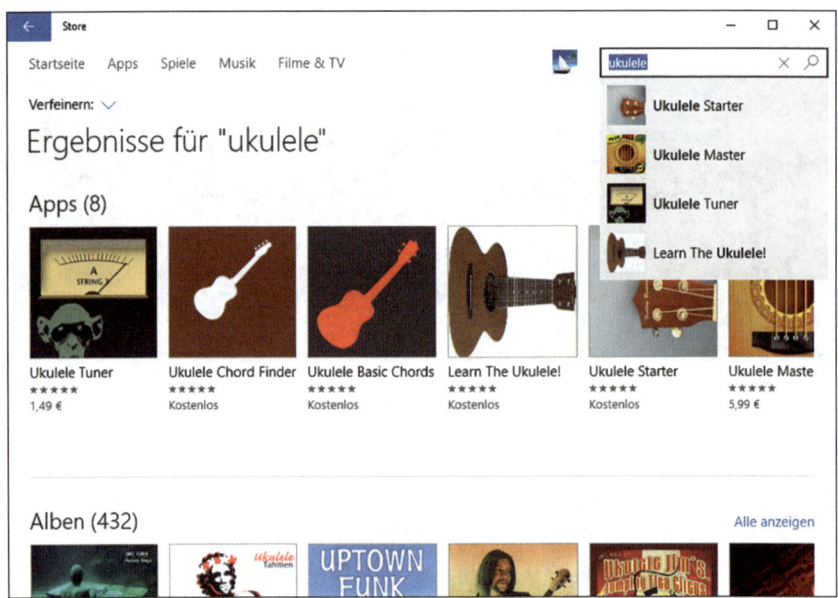

Abbildung 2.8: Geben Sie einen Suchbegriff in das Suchfeld ein.

4. Sortieren Sie nach Unterkategorie, Kriterien oder Besonderheiten.

Angenommen, Sie lassen gerade alle Spiele anzeigen. Dann können Sie diese nach Unterkategorie sortieren lassen und die Anzeige zum Beispiel auf Karten- und Brettspiele begrenzen.

Klicken Sie dazu oben auf SPIELE, dann auf SPIELEKATEGORIEN und wählen Sie eine Kategorie aus, zum Beispiel TOP CHART, TOP KOSTENLOS, TOP KOSTENPFLICHTIG, BESTE KRITERIEN oder NEUHEITEN.

5. Klicken Sie auf eine App, um Informationen zu dieser App anzuzeigen.

Eine Infoseite wird geöffnet, die detaillierte Informationen über die gewählte App enthält, beispielsweise Preiskategorie, ein Bild, Bewertungen von Kunden und weitere technische Daten.

6. Klicken Sie auf die Schaltfläche KOSTENLOS oder auf die Preisangabe.

Wenn Sie eine kostenlose App gefunden haben, ohne die Sie nicht mehr leben möchten, klicken Sie auf die Schaltfläche KOSTENLOS. Kostenpflichtige Apps bieten eine Schaltfläche mit dem Preis zum Kaufen der App. Microsoft belastet die Kreditkarte, die Sie in Ihrem Microsoft-Konto angegeben haben, mit den Kosten. Wenn Sie noch keine Kreditkartendaten hinterlegt haben, werden Sie durch die dafür erforderlichen Schritte geführt.

Egal ob Sie eine kostenlose oder eine kostenpflichtige App installiert haben, es wird in beiden Fällen so schnell, wie es Ihre Internetverbindung erlaubt, ein Eintrag für die App im Bereich ALLE APPS im Startmenü eingerichtet.

Kacheln im Startmenü hinzufügen oder daraus entfernen

Microsoft hat eine ganze Palette an Kacheln in den rechten Bereich des Startmenüs von Windows 10 gestopft, die nicht unbedingt auf Ihre ganz persönlichen Interessen und Arbeitsgewohnheiten abgestimmt sind. Und genau das wollen wir hier in diesem Abschnitt ändern.

 Das Löschen von Kacheln aus dem Startmenü ist einfach. Deshalb fange ich damit an. Um ein unerwünschtes oder nicht (mehr) benötigtes Element aus dem Startmenü zu eliminieren, klicken Sie mit der rechten Maustaste auf die betreffende Kachel und wählen im Kontextmenü den Befehl VON "START" LÖSEN. Weg ist die Kachel.

Und so fügen Sie Apps und Programme im Startmenü hinzu:

1. **Klicken Sie auf die Schaltfläche Start und danach auf den Eintrag Alle Apps.**

   Im Startmenü wird eine Liste mit allen auf Ihrem Rechner installierten Apps und Programmen in alphabetischer Reihenfolge angezeigt.

2. **Klicken Sie mit der rechten Maustaste auf das Element, das Sie in das Startmenü einfügen wollen, und dann auf den Befehl An "Start" anheften.**

   Wiederholen Sie diesen Schritt für alle Elemente, die Sie in das Startmenü aufnehmen wollen.

3. **Klicken Sie auf dem Desktop oder im Explorer mit der rechten Maustaste auf ein gewünschtes Element und wählen Sie dann den Befehl An "Start" anheften.**

   Das Startmenü ist offen für alle und alles, auch für Ordner, Dateien und sonstige Elemente, die Sie gerne griffbereit im Startmenü ablegen wollen. Neue Elemente werden rechts unten eingefügt. (In gut ausgestatteten Startmenüs müssen Sie wahrscheinlich erst einmal nach unten blättern, um sie zu Gesicht zu bekommen.)

Wenn Sie fertig sind, wird sich Ihr Startmenü ziemlich gefüllt haben.

Das Startmenü passend machen

Die Reihenfolge der Kacheln im rechten Bereich des Startmenüs ist eher willkürlich. Dieser Hang zum Chaos hat Folgen. Wie finden Sie eine wirklich wichtige App in einer losen Ansammlung ohne System?

Es ist Ihr Job, im Startmenü für Ordnung zu sorgen. Wir fangen auch ganz langsam an. Führen Sie die folgenden Schritte aus und Sie gelangen in den Organisationshimmel – ein in ordentliche Gruppen unterteiltes und beschriftetes Startmenü, in dem Sie alles auf Anhieb finden.

Sie können die Kacheln im Startmenü beliebig verwalten und in beliebig viele Gruppen mit Namen Ihrer Wahl unterteilen, beispielsweise Arbeit, Freizeit, Web, Kontakte oder so.

Aber egal wie organisiert und ordentlich Sie sein wollen – führen Sie die folgenden Schritte aus, um dem Chaos von Anfang an Einhalt zu gebieten:

1. **Entfernen Sie die Kacheln, die Sie nicht brauchen mit dem Befehl Von "START" lösen.**

 Keine Sorge! Mit dem Befehl Von "START" lösen wird die App oder das Programm auf gar keinen Fall deinstalliert, sondern lediglich die betreffende Kachel aus dem Startmenü entfernt. Sollten Sie einmal versehentlich eine Kachel entfernen, fügen Sie sie einfach, wie in Schritt 3 beschrieben, wieder ein.

2. **Legen Sie Kacheln, die thematisch zusammenpassen, nebeneinander ab.**

Klicken oder tippen Sie auf die Kachel und ziehen Sie sie mit gedrückter Maustaste oder gedrücktem Finger an die neue Position und lassen dann los.

 Um kostbaren und teuren Bildschirmplatz zu sparen, verkleinern Sie besonders klobige rechteckige Kacheln zu handlichen kleineren Quadraten. Klicken Sie dazu mit der rechten Maustaste auf die Kachel und wählen Sie im Kontextmenü den Befehl Grösse ändern und dann eine zur Kachel passende Größe aus.

3. **Fügen Sie Kacheln für Apps, Programme, Ordner und Dateien mit dem Befehl An "START" anheften hinzu.**

Standardmäßig startet das Startmenü mit zwei Kachelgruppen, die durch einen kleinen Spalt voneinander getrennt sind. Und vielleicht haben Sie den kleinen Spalt auch noch gar nicht wirklich bemerkt. Beiden Gruppen haben sogar Namen, Alles auf einen Blick und Spiele und mehr.

4. **Um eine neue Gruppe zu definieren, ziehen Sie eine Kachel aus einer der beiden Gruppen heraus.**

Sie greifen also eine Kachel und ziehen sie aus ihrer Gruppe. Windows reagiert und blendet einen horizontalen Balken ein (siehe Abbildung 2.9). Sobald Sie die Kachel loslassen, fügt Windows einen kleinen Spalt ein und darunter die Kachel, die jetzt eine kleine einsame Gruppe unter den anderen beiden Gruppen bildet.

5. **Um weitere Kacheln in die neue Gruppe einzufügen, ziehen Sie die betreffenden Kacheln einfach in diese Gruppe.**

Ziehen Sie weitere Kacheln in die neue Gruppe und legen Sie sie dort ab. Anschließend können Sie die gerade abgelegte Kachel innerhalb der Gruppe neu positionieren. Sie brauchen noch eine Gruppe? Dann wiederholen Sie die Schritte 4 und 5.

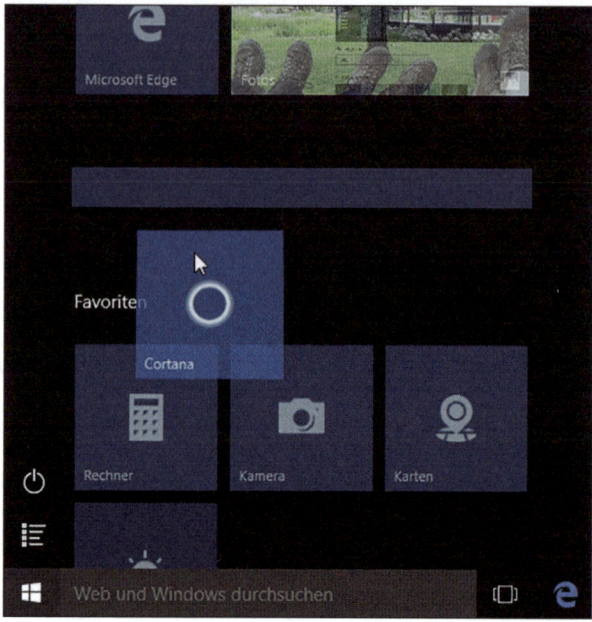

Abbildung 2.9: Ziehen Sie eine Kachel aus ihrer Gruppe an eine andere Position, um eine neue Gruppe zu definieren. Sobald der Balken eingeblendet wird, lassen Sie die Kachel los.

6. Benennen Sie die Gruppen.

Klicken Sie auf eine beliebige Stelle zwischen zwei Gruppen. Ein Feld wird angezeigt, in das Sie entweder einen neuen Namen eingeben oder in dem Sie einen vorhandenen überschreiben können. Beenden Sie die Namensvergabe durch Drücken der ⏎-Taste. Versehen Sie bei Bedarf auch die anderen Gruppen in Ihrem Startmenü mit klangvollen Namen.

Wenn Sie das Startmenü durchorganisiert haben, lehnen Sie sich zufrieden zurück und betrachten Sie Ihr Werk. Die Arbeit hat sich gelohnt.

Das Startmenü noch persönlicher gestalten

In der Einstellungen-App von Windows 10, die Sie ganz links unten im Startmenü finden, gibt es eine Reihe von Möglichkeiten, das Startmenü zu »verbiegen«. Es geht hier vor allem um die Darstellung der Liste im linken Bereich. Eigentlich ist die Einstellungen-App Thema in Kapitel 7. Aber ich möchte Ihnen an dieser Stelle die Einstellungsmöglichkeiten speziell für das Startmenü nicht vorenthalten.

Hier geht es lang: Klicken Sie auf die Schaltfläche START, dann auf EINSTELLUNGEN und danach auf die Kachel PERSONALISIERUNG. (Es gibt keine Kacheln? Dann klicken Sie links oben auf das kleine Zahnrad, um zu den Einstellungskacheln zu wechseln.) Das Fenster PERSONALISIERUNG wird angezeigt. Klicken Sie dort im linken Bereich auf START. Ich hoffe, Sie konnten mir folgen. Jetzt sollten Sie im rechten Bereich die Einstellungsmöglichkeiten für das Startmenü sehen.

Folgende Optionen stehen zur Verfügung:

✔ **MEIST VERWENDETE APPS ANZEIGEN:** Der Schalter sollte auf EIN gesetzt sein, denn dann zeigt Windows die Programme, mit denen Sie häufig arbeiten, ganz oben in der linken Liste an.

✔ **ZULETZT HINZUGEFÜGTE APPS ANZEIGEN:** Auch dieser Schalter sollte eingeschalten bleiben. Denn dann zeigt Windows neu installierte Apps links in der Liste in einem eigenen Bereich an.

✔ **MENÜ "START" IM VOLLBILDMODUS ANZEIGEN:** Speziell für alle Windows 8-Fans. Wenn Sie diese Option aktivieren, füllt die Startseite den gesamten Bildschirm, so wie Sie es vielleicht schon von Windows 8 kennen.

✔ **ZULETZT GEÖFFNETE ELEMENTE IN SPRUNGLISTEN AUF DER STARTSEITE UND DER TASKLEISTE ANZEIGEN:** Belassen Sie diesen Schalter auf EIN. Denn dann können Sie schnell zu Ihren Lieblingsorten wechseln, die sowohl im Startmenü als auch in der Taskleiste (siehe Kapitel 3) angezeigt werden.

Wie Sie diese Schalter setzen, bleibt ganz Ihnen überlassen. Sie können alles so lassen, wie es ist, oder ein bisschen herumexperimentieren. Sollten Sie etwas ein- oder ausschalten und es gefällt Ihnen nicht, dann ziehen Sie den entsprechenden Schalter einfach wieder auf seine vorherige Einstellung.

Windows beenden

Sie wollen Windows beenden. Wie Sie das tun, hängt davon ab, ob Sie nur kurz Pause machen oder Ihr Tagwerk für heute beendet haben.

Beide Szenarien werden im Folgenden separat vorgestellt. Aber wenn Sie nicht viel lesen wollen, hier auf die Schnelle die einfachste Variante:

1. **Klicken Sie auf die Schaltfläche Start und dann links im Startmenü auf Ein/Aus.**

2. **Wählen Sie den Befehl Herunterfahren.**

3. **Wenn sich der Computer wehrt und meldet, dass noch jede Menge Arbeit nicht gespeichert ist, entscheiden Sie sich eben für den Befehl Energie sparen.**

Die beiden folgenden Abschnitte zeigen, wie aus einem einfachen Beenden von Windows eine ziemlich komplexe Sache werden kann.

Eine kurze Pause einlegen

Wenn Sie Windows vorübergehend beenden wollen, stehen Ihnen drei Möglichkeiten zur Verfügung. Damit Sie sich für die richtige entscheiden, sollten Sie die folgenden Schritte ausführen:

1. **Klicken Sie auf die Schaltfläche Start, um das Startmenü aufzuklappen.**

2. **Klicken Sie in der linken oberen Ecke auf den Namen Ihres Benutzerkontos.**

   Es bieten sich die folgenden Möglichkeiten an.

   - Kontoeinstellungen ändern: Mit dieser Option landen Sie flugs in der Einstellungen-App. Dort können Sie Ihre Kontoeinstellungen ändern, zum Beispiel ein neues Foto wählen oder das Kennwort für ein lokales Konto ändern.

   - Sperren: Mit dieser Option verschaffen Sie sich etwas Privatsphäre. Der Sperrbildschirm macht sich auf Ihrem Monitor breit und lässt keinen an Ihre Daten ran. Zurück am Schreibtisch klicken beziehungsweise tippen Sie den Sperrbildschirm weg und melden sich wie gehabt mit Ihrem Konto und Kennwort an.

   - Abmelden: Entscheiden Sie sich für diese Option, wenn Sie Ihre Arbeit am Computer für den heutigen Tag beenden wollen. Windows speichert Ihre Arbeit und Ihre Einstellungen und zeigt den Sperrbildschirm an und ein anderer Benutzer kann sich anmelden.

- ANDERES KONTO: Unter Ihrem Benutzerkonto listet Windows alle weiteren Benutzerkonten auf, die auf diesem Computer eingerichtet wurden. Wenn einer dieser Benutzer mal schnell etwas auf dem Computer nachsehen will, leihen Sie ihm kurz den PC. Er wird sich mit seinem Benutzernamen und Kennwort anmelden, seine Arbeitsumgebung angeboten bekommen und schnell das nachschlagen, was er wissen wollte. Nachdem er sich abgemeldet hat und Sie sich wieder angemeldet haben, sehen Sie erneut Ihre Arbeitsumgebung und können weiterarbeiten.

Bei allen diesen Optionen verlassen Sie Ihren Computer nur für eine Weile, um anschließend wieder dort weiterzumachen, wo Sie aufgehört haben.

Den Computer ausschalten

Haben Sie Ihr Tagwerk erledigt oder wollen Sie Ihr Notebook im Zug, in der U-Bahn nach Hause oder im Flugzeug nach Rom ausschalten? Windows bietet Ihnen drei Möglichkeiten, Ihre Arbeit zu beenden.

Führen Sie die folgenden Schritte aus:

1. **Klicken Sie auf die Schaltfläche START und dann auf EIN/AUS.**

   Ein Menü wird geöffnet und bietet Ihnen drei Auswahlmöglichkeiten an, wie in Abbildung 2.10 zu sehen ist.

   - ENERGIE SPAREN: Die populärste Auswahl. Damit wird Ihre Arbeit gespeichert und Ihr Computer in den Energiesparmodus geschaltet. Er schlummert vor sich hin und sobald Sie Ihre Arbeit wieder aufnehmen wollen, wacht er blitzschnell auf und stellt die Arbeitsumgebung wieder genauso zur Verfügung, wie Sie sie zuvor verlassen haben. Sollte ihm währenddessen der Saft ausgehen, wird er trotzdem aufwachen und Ihre Arbeit bereitstellen. Es kann dann nur ein bisschen länger dauern.

   - HERUNTERFAHREN: Damit wird Ihr Computer ausgeschaltet und bleibt es auch erst mal.

   - NEU STARTEN: Entscheiden Sie sich für diese Option, wenn Ihr Computer nicht mehr weiter weiß. Reagiert beispielsweise ein Programm nicht mehr, bleibt oft nichts anderes übrig, als einen Neuanfang zu wagen. Windows schaltet dann den PC aus und startet ihn und sich selbst neu. (Manchmal werden Sie auch von neu installierten Programmen aufgefordert, einen Neustart durchzuführen.)

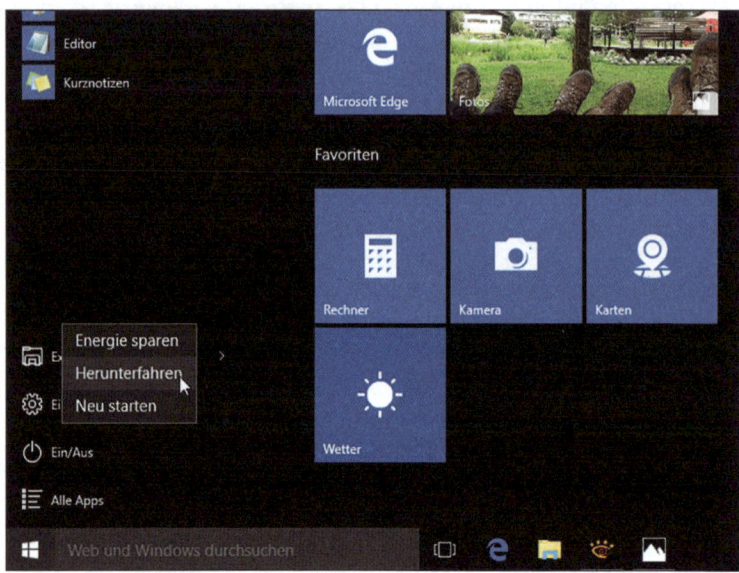

Abbildung 2.10: Wählen Sie Ihren Weg in den verdienten Feierabend.

Der traditionelle Desktop

In diesem Kapitel

▶ Den Desktop aufspüren

▶ Das Startmenü wiederfinden

▶ Auf dem Desktop arbeiten

▶ Den Desktop an den eigenen Geschmack anpassen

▶ Die Taskleiste kennenlernen

▶ Mehrere Desktops einrichten

3

D er Windows-Desktop funktioniert glücklicherweise genauso, wie er es seit Jahrzehnten getan hat: Sie brauchen nur den Tabletmodus zu deaktivieren. Er ist ganz auf die Arbeit mit Maus und Tastatur ausgerichtet und Sie verrichten Ihr Tagwerk wie gewohnt in Fenstern und nicht im bildschirmfüllenden Tabletmodus. Willkommen in der Welt des Windows-Desktops.

Desktop und Startmenü entdecken

Im Tabletmodus machen sich Programme und Apps auf dem gesamten Bildschirm breit, sobald Sie sie aufrufen. Da können Sie problemlos tippen, wischen und wedeln. Die zarten Schaltflächen und fragilen Leisten des Desktops sind hingegen nicht so fingertauglich. Am einfachsten bedienen Sie den Desktop mit der Tastatur und der Maus. Bei einem Touchscreen-Tablet lohnt es sich wahrscheinlich, für Ihre Desktoparbeit eine kabellose Bluetooth-Maus und -Tastatur zu kaufen und anzuschließen. Wie Sie den Tabletmodus ausschalten, damit die Apps in Fenstern ausgeführt werden, erzähle ich Ihnen im Abschnitt »Den Tabletmodus ein- und ausschalten« weiter hinten in diesem Kapitel.

Die erste gute Nachricht: Der Desktop hat sich seit Windows 7 kaum verändert, wie in Abbildung 3.1 zu sehen ist.

Auf dem Windows 10-Desktop können Sie nahezu alle Programme starten, die auf Windows Vista-, Windows 7-, Windows 8- oder Windows 8.1-Rechnern gelaufen sind. Ausnahmen bilden Virenschutz- und Sicherheitssoftware sowie einige

Hilfsprogramme. Solche Programme tun sich immer schwer beim Umstieg auf eine neue Windows-Version.

Papierkorb

Die Schaltfläche START   Taskleiste

Abbildung 3.1: Der Windows 10-Desktop ist seinem Windows 7-Vorgänger ziemlich ähnlich.

Mit dem Desktop arbeiten

Windows startet zu Beginn mit einem frisch geschrubbten, nahezu leeren Desktop (ähnlich wie in Abbildung 3.1). Mit der Zeit wird sich der Desktop unweigerlich mit sogenannten *Verknüpfungen* füllen. Das sind kleine Schaltflächen, mit deren Hilfe Sie schnell und einfach Dateien aufrufen können.

Der Desktop verfügt stets über die drei in Abbildung 3.1 gekennzeichneten Elemente:

✔ **Schaltfläche START:** Um ein Programm zu starten, klicken Sie auf die Schaltfläche START links unten. Wenn das Startmenü aufklappt, klicken Sie auf den Namen oder die Kachel des Programms, das Sie ausführen möchten.

✔ **Taskleiste:** Die gute alte Taskleiste befindet sich wie üblich am unteren Rand des Desktops. Sie zeigt für jedes aktuell ausgeführte Desktopprogramm ein Symbol an. Zeigen Sie auf ein Symbol, um den Namen oder ein Miniaturbild der Anwendung einzublenden.

✔  **Papierkorb:** Dort landen alle gelöschten Dateien. Im Fall des Falles können Sie sie auch wieder aus dem Papierkorb retten.

 PC- und Notebook-Besitzer können ein neues Projekt direkt auf dem Windows-Desktop starten. Klicken Sie dazu mit der rechten Maustaste auf einen leeren Bereich des Desktops und wählen Sie im Kontextmenü den Befehl NEU. Entscheiden Sie sich dann für einen neuen Ordner, das Starten eines Programms oder was auch immer angeboten wird. Im Tabletmodus können Sie dagegen neue Projekte nur über das Startmenü beginnen.

Wenn Sie auf Ihrem Desktop ein unbekanntes Element entdecken, seien Sie nicht schüchtern. Zeigen Sie auf das Element. In der Regel blendet Windows dann eine Erläuterung ein. Oder klicken Sie mit der rechten Maustaste auf das unbekannte Etwas und Windows bietet ein Kontextmenü mit passenden Befehlen an.

Den Desktop aufpeppen

Windows versieht Ihren Desktop standardmäßig mit einem freundlichen Hintergrundbild. Wenn der eingestellte Hintergrund nicht so Ihr Fall ist, können Sie ihn jederzeit ändern.

Um dem Desktop einen neuen Hintergrund zuzuweisen, führen Sie die folgenden Schritte aus:

1. **Klicken Sie auf die Schaltfläche START und dann auf den Eintrag EINSTELLUNGEN.**

   Die Einstellungen-App wird geöffnet.

2. **Klicken Sie auf die Schaltfläche PERSONALISIERUNG.**

   Der Personalisierungsbereich wird angezeigt und bietet gleich die Optionen für den Hintergrund an.

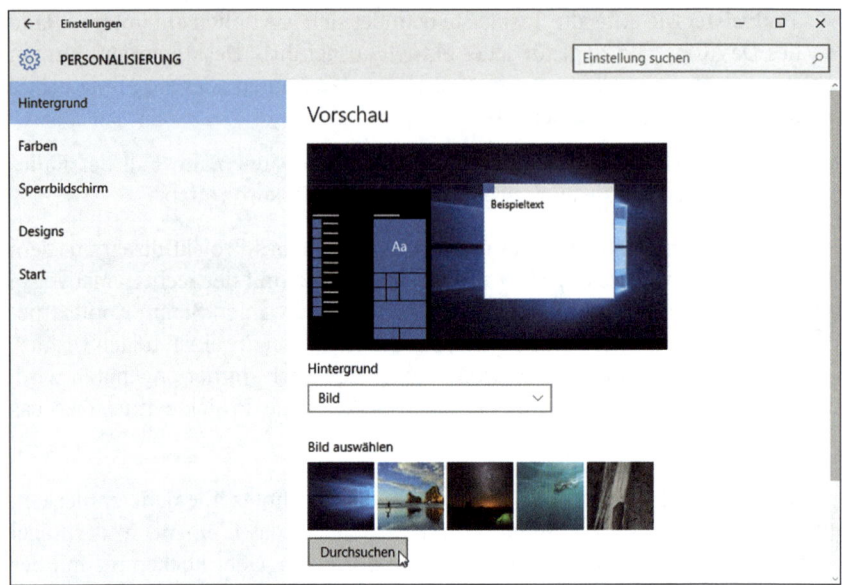

Abbildung 3.2: Diese Hintergrundmotive werden von Windows angeboten.

3. **Klicken Sie auf einen Hintergrund (siehe auch Abbildung 3.2) und schon sieht Ihr Desktop völlig anders aus.**

   Der Desktop übernimmt Ihre Wahl sofort. Haben Sie noch keinen geeigneten Hintergrund gefunden, fahren Sie mit Schritt 4 fort.

4. **Klicken Sie auf die Schaltfläche DURCHSUCHEN und wechseln Sie dann zu Ihrem Bilderordner.**

   Die meisten Leute speichern ihre Bilder im Ordner BILDER. Wenn Sie Bilder, die Sie mit Ihrem Tablet oder Smartphone aufgenommen haben, mit OneDrive synchronisieren, finden Sie sie im Ordner CAMERA ROLL.

5. **Klicken Sie auf verschiedene Fotos und lassen Sie sie auf sich wirken.**

   Haben Sie einen passenden Desktophintergrund gefunden, klicken Sie oben im Fenster auf die Schaltfläche SCHLIESSEN und fertig.

Hier noch ein paar Tipps zum Ändern des Desktophintergrunds:

✔ Wenn Sie ganz unten in diesem Bereich das Drop-down-Menü AN-PASSUNG AUSWÄHLEN öffnen, können Sie wählen, ob das Hintergrund bild gestreckt, als Kachel, zentriert, auf dem Kopf (nur ein Scherz!)

etc. positioniert werden soll. Die Option KACHEL funktioniert am besten bei ganz kleinen Bildchen.

✔ Wenn Sie im Web auf ein interessantes Bild stoßen, kann der funkelnagelneue Webbrowser Microsoft Edge es Ihnen problemlos besorgen. Klicken Sie in Microsoft Edge einfach mit der rechten Maustaste auf das Bild und wählen Sie im Kontextmenü den Befehl BILD SPEICHERN. Das Bild wird in Ihrem BILDER-Ordner abgelegt und kann, wie in Schritt 4 beschrieben, als Desktophintergrund zugewiesen werden.

✔ Sie haben ein ganz tolles buntes Foto als Desktophintergrund eingestellt und merken dann irgendwann, dass Sie vor lauter Foto die Desktopsymbole nicht mehr erkennen können. Wie wäre es stattdessen mit einem einfarbigen Hintergrund? Klicken Sie dazu links im Personalisierungsfenster auf FARBEN. Werden Ihnen dort keine Farben angeboten, ziehen Sie den ersten Schalter auf AUS. Wählen Sie dann die gewünschte Farbe, um damit Ihren Desktop anzustreichen.

Den Tabletmodus ein- und ausschalten

Manche Leute arbeiten mit Windows 10 auf einem Tablet-PC, andere auf einem Desktoprechner. Und dann gibt es wiederum Leute, die zwar den Tablet-PC favorisieren, ihn aber hin und wieder per Maus und Keyboard in einen Desktoprechner verwandeln wollen. Spätestens dann haben Sie aber ein Problem. Der Tablet-Rechner lässt sich prima mit den Fingern bedienen, für den Desktoprechner brauchen Sie aber Tastatur und Maus. Um beiden Lagern gerecht zu werden, lässt Windows 10 Sie den Tabletmodus aktivieren und deaktivieren.

In vielen Fällen merkt Windows 10, wie Sie arbeiten, und schaltet den Tabletmodus automatisch ein oder aus. (Dieses Gespür wird von Microsoft auch *Continuum* genannt.) Sollte Windows einmal nicht sensibel genug sein und im falschen Modus arbeiten, können Sie den Tabletmodus folgendermaßen selbst einstellen:

1. Klicken Sie in der Taskleiste auf die Schaltfläche INFO-CENTER.

   Diese kleine Sprechblase sitzt ganz rechts unten in der Taskleiste.

   Das Info-Center wird geöffnet, wie in Abbildung 3.3 zu sehen ist.

2. Klicken Sie unten links im Info-Center auf die Schaltfläche TABLETMODUS.

   Strahlt die Schaltfläche in Farbe, ist der Tabletmodus aktiviert. Verblasst die Farbe zu Grau, ist er deaktiviert und der Desktop benimmt sich wie bei einem Desktop-PC.

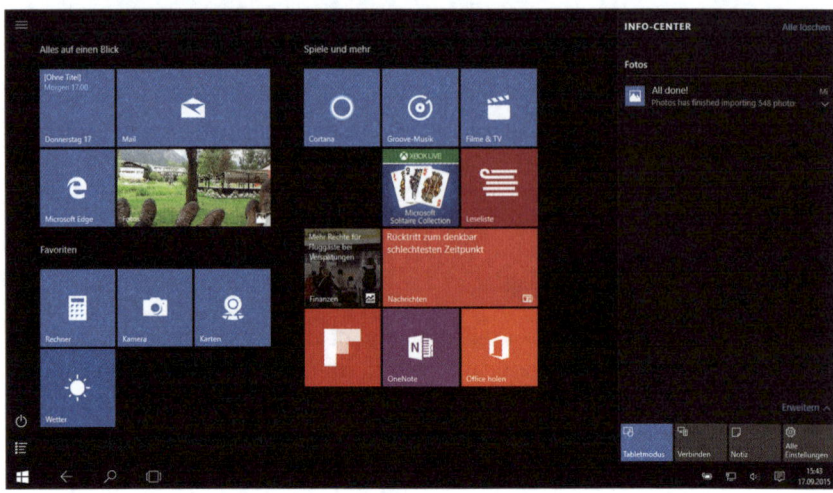

Abbildung 3.3: Über die vier unteren Schaltflächen im Info-Center können Sie bequem auf Einstellungen zugreifen, unter anderem auch auf den Tabletmodus.

Um das Info-Center möglichst schnell auf einem Tablet anzuzeigen, streichen Sie mit dem Finger vom rechten Bildschirmrand nach innen. Und schon wird es aktiv und Sie können den Tabletmodus ändern.

Mit der Taskleiste arbeiten

Immer wenn mehrere Fenster auf dem Desktop geöffnet sind, gibt es ein Problem: Programme und Fenster neigen dazu, sich gegenseitig zu verdecken, wodurch es schwierig wird, sie zu finden. Die Lösung für dieses Problem heißt *Taskleiste* – ein Bereich, der allen geöffneten Apps und Programmen und deren Fenstern auf der Spur bleibt. Wie Sie in Abbildung 3.4 sehen, befindet sich die Taskleiste unten am Bildschirm. Sie aktualisiert sich ständig selbst und zeigt für jedes aktive Programm ein Symbol an.

Im Unterschied zu Windows 8 hält Windows 10 die Taskleiste fest an ihrem Platz, selbst im Tabletmodus. Das heißt, Sie können immer am unteren Bildschirmrand auf die Taskleiste zugreifen, auch wenn eine App oder das Startmenü den Bildschirm füllt.

Wenn Sie mit dem Mauszeiger in der Taskleiste auf ein Symbol zeigen, wird eine Miniaturdarstellung für jedes mit der entsprechenden Anwendung geöffnete Fenster angezeigt. In Abbildung 3.4 sehen Sie den Explorer mit drei verschiedenen Bereichen.

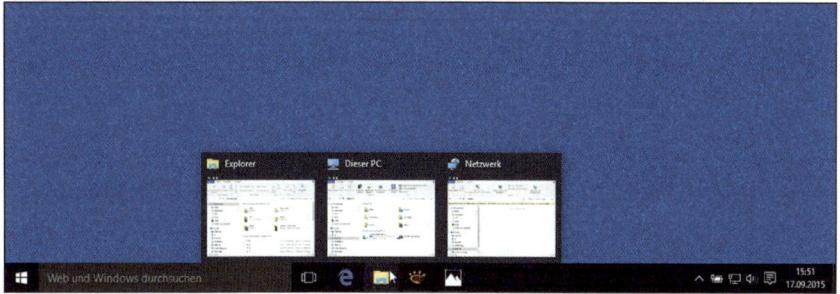

Abbildung 3.4: Zeigen Sie in der Taskleiste auf ein Symbol, um alle aktiven Fenster der betreffenden Anwendung anzuzeigen.

Von der Taskleiste aus können Sie mit den geöffneten Fenstern ein paar wundervolle Dinge anstellen, wie die folgende Liste zeigt:

✔ Wenn Sie zu einem Programm wechseln wollen, für das ein Symbol in der Taskleiste angezeigt wird, klicken Sie einfach auf das Symbol. Vorausgesetzt, dass nur ein Fenster für das Programm geöffnet ist, verdrängt das Programm alle anderen offenen Fenster in den Hintergrund. Klicken Sie noch einmal in der Taskleiste auf das Symbol, um das Programm wieder auf das Symbol in der Taskleiste zu reduzieren.

✔  Jedes Mal, wenn Sie eine App oder ein Programm starten, wird ein Symbol für die App oder das Programm in der Taskleiste angezeigt. Wenn Sie im Dschungel der angezeigten Programmfenster ein geöffnetes Fenster aus den Augen verlieren, klicken Sie einfach auf das dazugehörige Symbol in der Taskleiste, um es in den Vordergrund zu holen.

✔ Um eine App oder ein Programm zu schließen, zeigen Sie in der Taskleiste auf das betreffende Symbol und klicken dann in der Miniaturdarstellung auf die Schaltfläche Schliessen. Das Programm verschwindet genau so, als hätten Sie den Programmbefehl zum Beenden gewählt oder auf die Schaltfläche Schliessen im Programmfenster geklickt. (Sollten Sie noch nicht alle Daten im Programm gespeichert haben, kriegen Sie noch eine Chance, dies zu tun, bevor das Programm sich verabschiedet.)

 Der dünne Strich unter einem Symbol in der Taskleiste besagt, dass die App oder das Programm aktuell ausgeführt wird.

✔ Sie können Ihre Lieblingsprogramme oder Ihre Lieblingsapps als Symbole in der Taskleiste verankern, damit Sie sie jederzeit schnell aufrufen können. Und das geht auf dem Desktop so: Wurde das Programm schon gestartet, klicken Sie mit der rechten Maustaste in der Taskleiste auf das Symbol und wählen dann im Kontextmenü den Befehl PROGRAMM AN TASKLEISTE ANHEFTEN. Stattdessen können Sie auch im Startmenü mit der rechten Maustaste auf das Programm oder die App klicken und dann den Befehl AN TASKLEISTE AN-HEFTEN wählen. Die App oder das Programm verlegt daraufhin ihren beziehungsweise seinen zweiten Wohnsitz in die Taskleiste. Das Symbol wird dann stets in der Taskleiste angezeigt, auch wenn das dazugehörige Programm gar nicht gestartet ist. Und wenn die App oder das Programm irgendwann nicht mehr zu Ihren Lieblingen zählt, klicken Sie mit der rechten Maustaste in der Taskleiste auf das betreffende Symbol und wählen im Kontextmenü den Eintrag PROGRAMM VON TASKLEISTE LÖSEN.

 In Windows wird das Fenster, das im Vordergrund angezeigt wird und dem alle Aufmerksamkeit gilt, als *aktives* Fenster bezeichnet. Das aktive Fenster empfängt alle Eingaben, die Sie oder Ihre Katze über die Tastatur machen. Und wie machen Sie ganz schnell ein Fenster zum aktiven Fenster? Halten Sie die ⍺⎸t⎹-Taste gedrückt und drücken Sie die ⎸⇆⎹-Taste. Ein kleines Fenster wird angezeigt, das für jedes geöffnete Fenster eine Miniaturdarstellung enthält. (Es werden sowohl Desktopfenster als auch geöffnete Startmenü-Apps angezeigt.) Drücken Sie so lange die ⎸⇆⎹-Taste, ohne die ⍺⎸t⎹-Taste loszulassen, bis das Minibild des gewünschten Fensters ausgewählt ist. Lassen Sie die ⍺⎸t⎹-Taste los und drücken Sie die ⎸↩⎹-Taste. Langer Rede kurzer Sinn: Windows wechselt zum gewählten Fenster.

Die Sprunglisten der Taskleiste als Sprungbrett verwenden

Windows ist bei vielen Programmen so intelligent und merkt sich, was Sie in letzter Zeit geöffnet haben, und bietet Ihnen diese Ziele bei Bedarf in einem Kontextmenü an. Klicken Sie mit der rechten Maustaste in der Taskleiste auf das betreffende Programmsymbol und wählen Sie dann eines der dort angebotenen Sprungziele. Abbildung 3.5 zeigt zum Beispiel, wo ich mich in letzter Zeit im Explorer herumgetrieben habe.

Abbildung 3.5: Die Sprungliste des Explorers

Auf die sensiblen Stellen der Taskleiste klicken

Die Taskleiste bietet ganz rechts einen Bereich, den sogenannten *Infobereich*, mit ein paar geheimnisvollen Schaltflächen an (siehe Abbildung 3.6). Gut möglich, dass Sie dort auf das eine oder andere Symbole aus der folgenden Aufstellung treffen.

✔ | **Desktop anzeigen:** Wenn Sie ganz rechts in der Taskleiste auf diesen schmalen Streifen klicken, werden auf einen Schlag alle geöffneten Fenster minimiert und Sie sehen einen leeren Desktop. (Klicken Sie erneut auf diesen schmalen Streifen, um die Anzeige der Fenster wiederherzustellen.)

✔ **Zeit/Datum:** Klicken Sie auf diese Schaltfläche, um einen praktischen Monatskalender und eine Uhr anzeigen zu lassen. Wenn Sie dort auf den Link DATUM- UND UHRZEITEINSTELLUNGEN ÄNDERN klicken, können Sie – na? – Datum und Uhrzeit ändern sowie eine zweite Zeitzone hinzufügen.

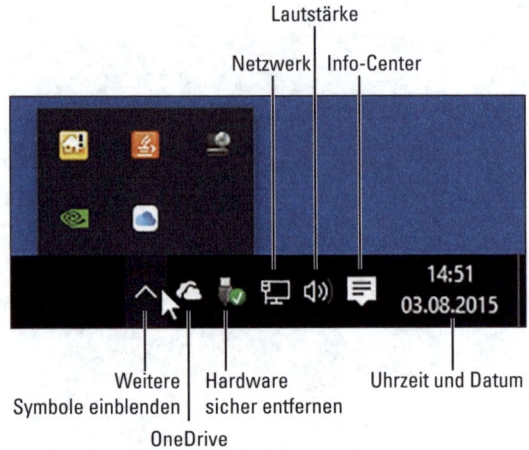

Abbildung 3.6: Klicken Sie in der Taskleiste auf den kleinen Pfeil,
um die verborgenen Symbole ans Tageslicht zu bringen.

✔ **Position:** Ihr Rechner arbeitet aktuell mit einer App, die Ihren Standort ermittelt hat, zum Beispiel einer Karten-App.

✔ **Bluetooth:** Klicken Sie auf dieses Symbol, um die Einstellungen für eine kabellose Bluetooth-Verbindung zu checken, zum Beispiel mit einer Maus, einer Tastatur oder einem Lautsprecher.

✔ **Info-Center:** Klicken Sie auf dieses Symbol, um das Info-Center einzublenden. Es informiert Sie über neue E-Mails, anstehende Termine, aber auch über die Leistung Ihres Rechners.

✔ **Lautstärke:** Klicken Sie immer dann auf dieses praktische Lautsprechersymbol, wenn Sie die Lautstärke Ihres PCs anpassen wollen (siehe Abbildung 3.7).

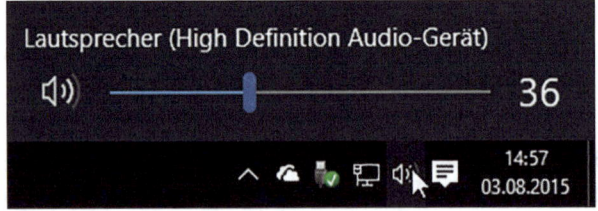

Abbildung 3.7: Ziehen Sie den Regler nach links oder nach rechts,
um die Systemlautstärke zu steuern.

✔ **Hardware sicher entfernen:** Bevor Sie ein Speichermedium wie eine Speicherkarte, einen MP3-Player, einen USB-Stick oder eine externe Festplatte entfernen, klicken Sie hier. Windows wird dann angewiesen, das Gerät für das Entfernen vorzubereiten.

✔ **Netzwerk:** Dieses Symbol erscheint, wenn Sie mit dem Internet oder mit anderen PCs über ein verkabeltes Netzwerk verbunden sind. Wenn keine Verbindung vorhanden ist, ist die Schaltfläche mit einem roten »x« versehen.

✔ **Drahtloses Netzwerk:** Ihr PC ist drahtlos, wireless, ohne Kabel mit dem Internet oder einem Netzwerk verbunden. Je mehr Balken beziehungsweise Linien im Symbol zu sehen sind, umso besser ist die Verbindung.

✔ **CPU, Arbeitsspeicher …:** Hinter diesem Symbol verbergen sich Infos über die Auslastung von CPU, zum Arbeitsspeicher, Datenträger und Netzwerk.

✔ **Windows Host-Prozess:** Diese Schaltfläche überbringt schlechte Nachrichten. Das neue von Ihnen eingerichtete Gerät – Ihr Drucker, Scanner, Musikplayer und so weiter – funktioniert nicht. Versuchen Sie, ob es etwas bringt, das Gerät vom PC zu trennen, die Installation noch einmal durchzuführen und das Gerät dann erneut anzuschließen.

✔ **OneDrive:** Wenn Ihr Rechner gerade seine Dateien mit OneDrive (Ihrem Internetspeicher) synchronisiert, schlängelt sich unter diesem Symbol eine Linie.

✔ **Strom, Stecker:** Dieses Symbol zeigt an, dass Ihr Notebook mit einer externen Stromquelle verbunden ist und seinen Akku auflädt.

✔ **Strom, Batterie:** Ihr Notebook läuft im Akkubetrieb. (Zeigen Sie auf das Symbol, um zu sehen, wie viel Strom Ihrem Computer noch bleibt.)

✔ **Pfeil:** Manchmal blendet die Taskleiste Dinge aus. Klicken Sie auf den nach oben weisenden kleinen Pfeil, um ausgeblendete Schaltflächen anzuzeigen.

Sie können selbst bestimmen, welche Schaltflächen im Infobereich angezeigt werden. Klicken Sie auf die Schaltfläche START, wählen Sie EINSTELLUNGEN, klicken Sie, falls nötig, oben auf den nach links zeigenden Pfeil, klicken Sie auf die Schaltfläche SYSTEM und wählen Sie im linken Bereich BENACHRICHTIGUNGEN UND AKTIONEN. Klicken Sie im rechten Bereich auf SYMBOLE FÜR DIE ANZEIGE AUF DER TASKLEISTE AUSWÄHLEN. Das gleichnamige Fenster wird geöffnet. Ziehen Sie für jedes Symbol den Schalter auf EIN oder AUS.

Mit Cortana plaudern

Vielleicht ist Ihnen das breite Feld rechts neben der Schaltfläche Start schon aufgefallen. Das ist *Cortana*, die Suchfunktion von Windows 10. Cortana hilft Ihnen beim Auffinden von Apps, Dateien, Websites oder Einstellungen, und zwar sowohl auf Ihrem Rechner als auch im Internet.

Geben Sie ein paar Wörter aus einer Ihrer Dateien in das Feld ein und klicken Sie dann auf die Schaltfläche Meine Daten. Cortana sollte die Datei aufspüren und ihren Namen anzeigen, damit Sie sie mit einem Klick öffnen können. Und genauso funktioniert es, wenn Sie den Namen einer Einstellung oder eines Programms eingeben.

Cortana versteht auch gesprochene Befehle. Klicken Sie auf das kleine Mikrofon im Feld und teilen Sie Cortana Ihr Anliegen mit. Cortana hört Ihnen zu und reagiert entsprechend, jedenfalls nach einer Weile. Cortana braucht nämlich Zeit, um sich an Ihre Stimme zu gewöhnen. Und Sie brauchen Zeit, um sich an das begrenzte Vokabular von Cortana zu gewöhnen.

Das Info-Center einblenden

Ganz neu in Windows 10 ist die Schaltfläche Info-Center. Das ist das Sprechblasensymbol. Wenn Sie darauf klicken, wird das Info-Center eingeblendet, wie in Abbildung 3.8 zu sehen ist.

Hier erfahren Sie, was so alles auf Ihrem Rechner los ist. Es werden die neuesten Mails, anstehende Termine und Rechnerinfos angezeigt. Und ganz unten finden Sie vier nicht ganz unwichtige Schaltflächen:

✔ **Tabletmodus:** Klicken Sie auf diese Schaltfläche, um den Tabletmodus ein- oder auszuschalten. (In Farbe ist der Modus aktiviert, in Grau deaktiviert.)

✔ **Verbinden:** Damit weisen Sie Windows an, nach einem meist kabellos verbundenen Etwas zu suchen. Klicken oder tippen Sie auf diese Schaltfläche, wenn Sie beispielsweise einen kabellosen Bildschirm oder Bluetooth-Lautsprecher angeschlossen haben.

✔ **Notiz:** Damit öffnen Sie OneNote, ein ziemlich vielseitiges Programm zum Anfertigen von Notizen, die aus Text, Bildern, Sound und Videos bestehen können.

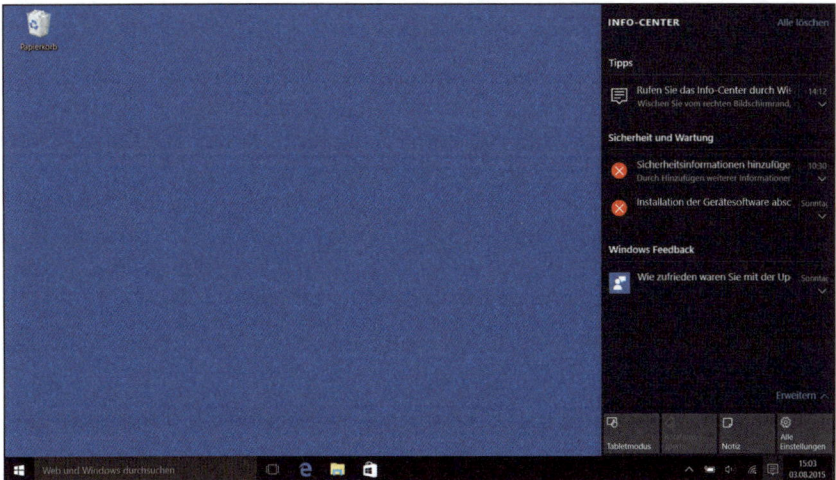

Abbildung 3.8: Klicken Sie auf die Schaltfläche »Info-Center«,
um das Info-Center einzublenden.

✔ **ALLE EINSTELLUNGEN:** Damit öffnen Sie die neue Einstellungen-App, die fast alle Einstellungsmöglichkeiten der alten Systemsteuerung früherer Windows-Versionen enthält. (Sie finden die Einstellungen-App auch im Startmenü. Klicken Sie dort auf den Eintrag EINSTELLUNGEN.)

Wenn Sie über den Schaltflächen auf den Eintrag ERWEITERN klicken, hat das Info-Center vielleicht noch weitere Schaltfläche in petto. Das hängt ganz von Ihrem Rechner ab.

Beachten Sie die folgenden Punkte, um das Beste aus dem neuen Info-Center herauszuholen:

✔ Manchmal hinkt das Info-Center seiner Zeit etwas hinterher und zeigt einen Termin von gestern an. Um einen solchen Eintrag aus der Leiste zu entfernen, zeigen Sie auf den Eintrag und klicken rechts auf das dazugehörige »x«.

✔ Um alle Einträge aus dem Info-Center zu entfernen, klicken Sie ganz rechts oben in der Leiste auf ALLE LÖSCHEN.

Mehrere Desktops einrichten

Manchen Leuten reicht ein Bildschirm nicht aus. Sie haben gleich mehrere Monitore an ihrem Rechner angeschlossen, um die Abmessungen des Desktops zu vervielfachen. Für alle, die sich nicht zwei Bildschirme leisten können oder wollen, bietet Windows 10 die Möglichkeit an, mehrere Desktops auf einem einzigen Bildschirm unterzubringen. Man nennt das auch *virtuelle Desktops*. Sie schieben sie auf den Bildschirm und wechseln von der Arbeit auf dem einen Desktop zu der auf dem anderen. Ziemlich praktisch für eher kleine Bildschirme. So können Sie zwischen verschiedenen Fenstersets hin und her schalten.

Um virtuelle Desktops zu erstellen und damit zu arbeiten, führen Sie die folgenden Schritte aus:

1. **Klicken Sie in der Taskleiste auf die Schaltfläche TASKANSICHT und dann rechts unten auf die Schaltfläche NEUER DESKTOP.**

   Sobald Sie auf die Schaltfläche TASKANSICHT klicken oder tippen, klart der Bildschirm auf und zeigt für alle geöffneten Fenster ein Miniaturbild an. Ganz rechts unten (siehe Abbildung 3.9) sitzt die Schaltfläche NEUER DESKTOP.

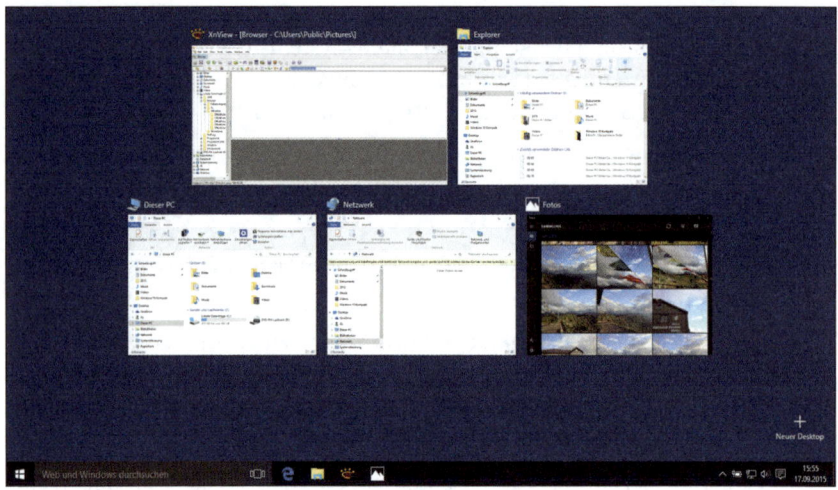

Abbildung 3.9: Klicken Sie in der Taskleiste auf »Taskansicht« und dann rechts unten auf »Neuer Desktop«.

Sobald Sie auf NEUER DESKTOP klicken, wird ein winziges Desktopbildchen am unteren Bildschirmrand angezeigt (siehe Abbildung 3.10).

2. Klicken Sie auf das Desktopbildchen.

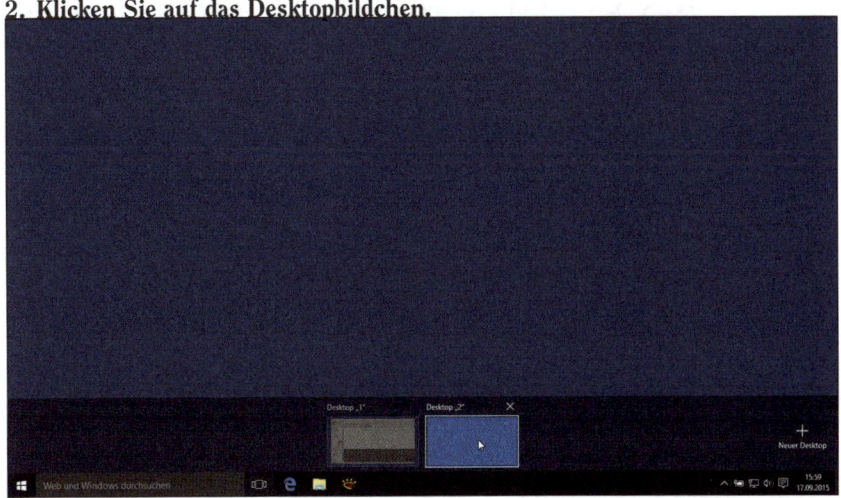

Abbildung 3.10: Klicken oder tippen Sie auf das Desktopbildchen.

Das Miniaturbild wird zu einem neuen Desktop vergrößert – eine Nachbildung Ihres Originaldesktops, aber ohne geöffnete Programme oder Fenster.

Das war es auch schon. Sie haben einen zweiten Desktop gebastelt und befinden sich bereits darin. Windows hält Ihren Originaldesktop so lange unter Verschluss, bis Sie ihn wieder anzeigen wollen.

Hier noch ein paar Tipps:

 ✔ Klicken Sie in der Taskleiste auf die Schaltfläche TASKANSICHT, um zwischen Desktops hin und her zu wechseln. Wenn Ihr Miniaturdesktopfenster angezeigt wird (siehe Abbildung 3.9), klicken Sie auf den Desktop, auf dem Sie arbeiten wollen.

✔ Um die auf dem aktuellen Desktop geöffneten Fenster anzuzeigen, klicken Sie auf die Schaltfläche TASKANSICHT. Wenn die Miniaturdesktops unten angezeigt werden, zeigen Sie mit der Maus auf den Minidesktop Ihrer Wahl, und Windows zeigt Ihnen auf der Stelle die Bildchen aller auf diesem Desktop geöffneten Fenster. Um zu einem bestimmten Fenster auf einem der Desktops zu wechseln, brauchen Sie nur auf das Minibild des entsprechenden Fensters zu klicken.

✔ **☒** Wenn Sie einen virtuellen Desktop nicht mehr brauchen, klicken Sie auf die Schaltfläche Taskansicht und dann auf das »x« in der entsprechenden Desktopminiaturansicht. Sind noch Fenster in diesem Desktop geöffnet, zeigt Windows sie auf Ihrem Originaldesktop an. Das ist wichtig. So ist nämlich gewährleistet, dass beim Schließen eines virtuellen Desktops keine noch nicht gespeicherten Arbeiten verloren gehen.

✔ Und wenn Sie noch mehr virtuelle Desktops benötigen, klicken Sie zuerst auf die Schaltfläche Taskansicht und dann rechts unten auf die Schaltfläche Neuer Desktop (siehe auch Abbildung 3.9). Das war es auch schon.

✔ Tastaturfans drücken beherzt 🪟+ Strg + D , um einen neuen Desktop hinzuzufügen. Der aktuelle Desktop verschwindet dann und wird durch den neuen leeren Desktop ersetzt. (Und mit 🪟+ ⎀ wechseln Sie zum Taskansichtsmodus, um einen Blick auf die dort geöffneten Fenster zu werfen oder sich einen Überblick über alle virtuellen Desktops zu verschaffen.)

✔ Um ein geöffnetes Fenster von einem Desktop auf einen anderen zu verschieben, klicken Sie auf die Schaltfläche Taskansicht, um die geöffneten Fenster auf dem aktuellen Desktop anzuzeigen. Klicken Sie dann mit der rechten Maustaste auf das Minibild des entsprechenden Fensters, wählen Sie im Kontextmenü den Befehl Verschieben nach und dann den gewünschten Desktop aus. (Die Desktops sind übrigens in der Reihenfolge ihrer Erstellung durchnummeriert.)

Speicherorte – intern, extern und über den Wolken

4

*I*n Windows dient der Explorer dem Aufbewahren von Dateien. Schließen Sie beispielsweise ein externes Laufwerk an Ihren Computer an und schon meldet sich der digitale Aktenschrank *Explorer* zum Dienst und ist bereit, zusammen mit Ihnen die Ordner zu durchforsten.

In diesem Kapitel geht es also um die Dateiverwaltung und um den obersten Verwalter, den Explorer. Denn das Wichtigste sind Ihre Daten. Und wenn Sie wissen, wo diese sich genau befinden, kann nichts mehr schiefgehen. Außerdem erfahren Sie in diesem Kapitel, wie Sie auf OneDrive Ihre Dateien weit weg von Ihrem Rechner in der Cloud ablegen.

Der digitale Aktenschrank

Der Explorer ist in seiner ganzen Pracht in Abbildung 4.1 zu sehen. Um ihn zu öffnen, klicken Sie im Startmenü auf den Eintrag EXPLORER.

 Oder Sie klicken auf sein Symbol in der Taskleiste.

In früheren Windows-Versionen zeigte Ihnen der Explorer nach dem Öffnen die größten Aktenschränke auf Ihrem Rechner an, die sogenannten *Laufwerke* oder *Datenträger*. Windows 10 geht einen Schritt weiter.

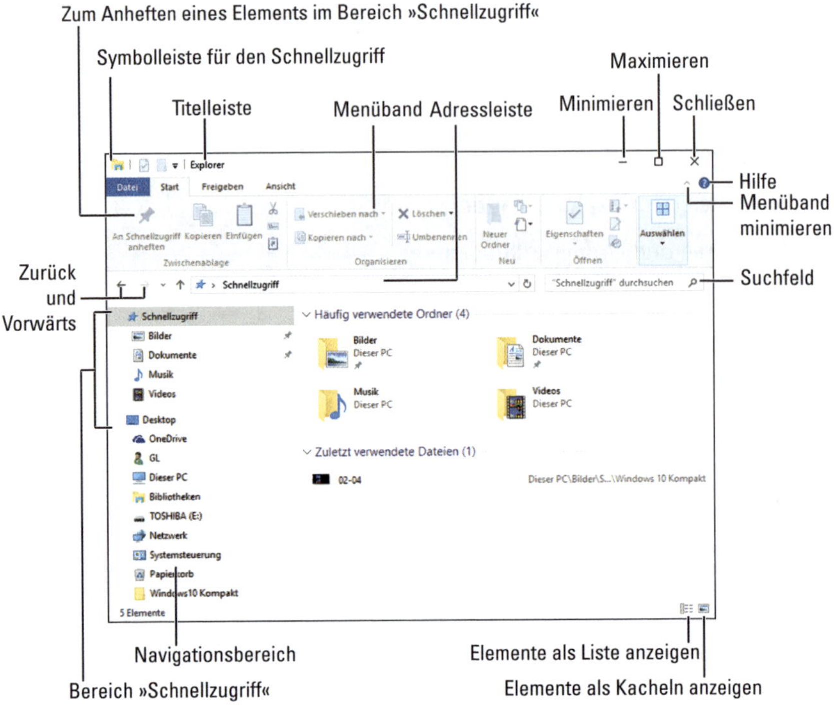

Zum Anheften eines Elements im Bereich »Schnellzugriff«

Symbolleiste für den Schnellzugriff

Titelleiste   Menüband Adressleiste   Minimieren   Schließen

Maximieren

Zurück
und
Vorwärts

Hilfe
Menüband
minimieren

Suchfeld

Navigationsbereich   Elemente als Liste anzeigen

Bereich »Schnellzugriff«   Elemente als Kacheln anzeigen

Abbildung 4.1: Im Explorer-Fenster werden im linken Bereich oben beliebte Speicherbereiche und im rechten Bereich unten die von Ihnen zuletzt geöffneten Dateien angezeigt.

Windows 10 bietet Ihnen im oberen Bereich in der Explorer-Liste Ihre Lieblingsordner an. Dort finden Sie zum Beispiel den Ordner DOKUMEN-TE, wenn Sie Ihren Papierkram häufig in diesem Ordner ablegen. Dort finden Sie auch den Ordner DOWNLOADS, in dem automatisch alles abgelegt wird, was Sie aus dem Internet herunterladen. Und selbstverständlich finden Sie dort auch eine Verknüpfung zu Ihrem BILDER-Ordner. Und unter diesen Standardfavoriten finden Sie dann Verknüpfungen zu den Ordnern, die Sie in letzter Zeit am häufigsten geöffnet haben.

Wenn Sie einmal einen Blick auf alle Speicherbereiche auf Ihrem Rechner werfen wollen, dann klicken Sie links im Explorer auf den Eintrag DIESER PC. Und schon sehen Sie ein Fenster, das Sie vielleicht noch aus früheren Windows-Versionen kennen und das ähnlich wie in Abbildung 4.2 aussieht.

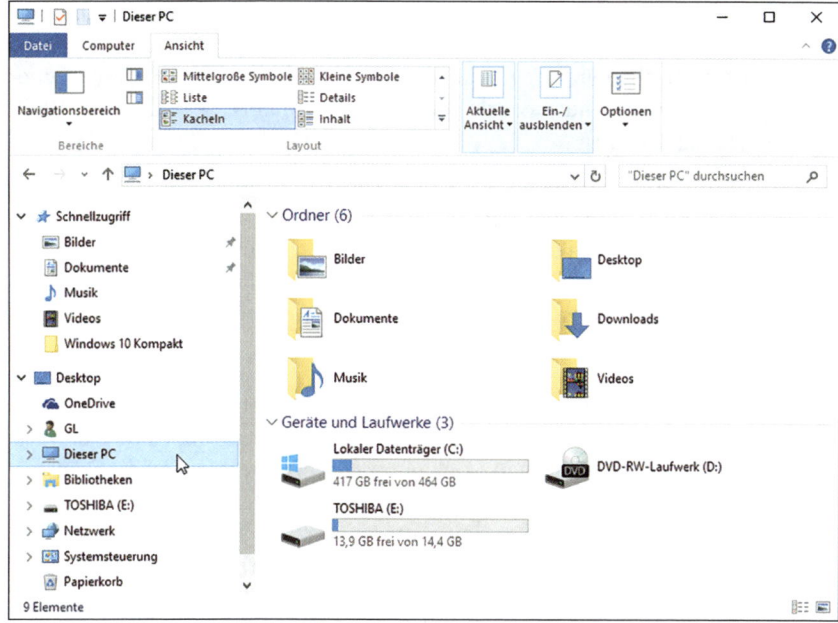

Abbildung 4.2: Hinter dem Eintrag »Dieser PC« verbirgt sich Ihr ganz persönlicher Speicherbereich, in dem Sie all Ihre Dateien finden.

Der Explorer setzt sich aus folgenden Bereichen zusammen:

✔ **Navigationsbereich:** Das ist die breite Leiste links im Explorer-Fenster. Sie enthält Verknüpfungen zu verschiedensten Speicherbereichen auf Ihrem PC, auf OneDrive und auf im Netzwerk verbundenen Rechnern.

✔ **ORDNER:** Wenn Sie den Explorer öffnen, listet er Verknüpfungen zu den wichtigsten Ordnern und die Ordner auf, auf die Sie vor Kurzem zugegriffen haben. Wenn Sie nicht gerade ein komplett neues Projekt beginnen, werden Sie in diesem Bereich alles finden, was Sie für Ihre Arbeit brauchen.

✔ **GERÄTE UND LAUFWERKE:** Dieser Bereich (siehe Abbildung 4.2) listet alle auf Ihrem Computer enthaltenen Speicherlaufwerke und Geräte auf. (Zu den Geräten gehört das gesamte Zubehör, das Sie an Ihrem Rechner anschließen können.) Auf jedem Computer gibt es mindestens ein Festplattenlaufwerk. Wenn Sie auf ein Laufwerkssymbol doppelklicken, öffnen Sie den digitalen Ordnerschrank und werden – o je! – wahrscheinlich gar nichts finden. Nicht jeder Aktenordner im Aktenschrank ist für Sie wichtig. Windows stellt standardmäßig sechs *Hauptordner* zur Verfügung – die Ordner BILDER, DESKTOP, DOKUMENTE, DOWNLOADS, MUSIK und VIDEOS –, damit Sie dort Ihre Dateien und Ordner nach Themen ablegen können. Damit Sie schnell auf diese Ordner zugreifen können, finden Sie sie alle im Superordner DIESER PC, der in Abbildung 4.2 zu sehen ist.

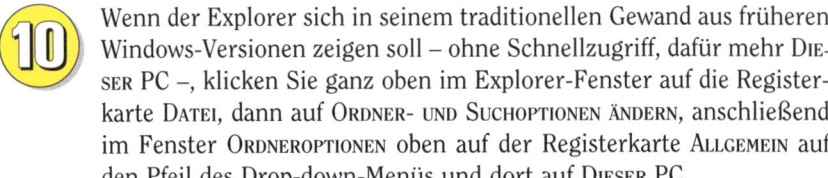

Haben Sie in Abbildung 4.2 das Festplattenlaufwerksymbol mit dem kleinen Windows-Symbol bemerkt? Dort residiert Windows. Und was hat es mit den Balken neben den einzelnen Laufwerken auf sich? Je länger der dunkle Anteil im Balken ist, umso voller ist das entsprechende Laufwerk. Wenn der Balken »rotsieht«, ist das Laufwerk quasi voll – Akten vernichten oder größere Festplatte. Es liegt bei Ihnen.

Wenn der Explorer sich in seinem traditionellen Gewand aus früheren Windows-Versionen zeigen soll – ohne Schnellzugriff, dafür mehr DIESER PC –, klicken Sie ganz oben im Explorer-Fenster auf die Registerkarte DATEI, dann auf ORDNER- UND SUCHOPTIONEN ÄNDERN, anschließend im Fenster ORDNEROPTIONEN oben auf der Registerkarte ALLGEMEIN auf den Pfeil des Drop-down-Menüs und dort auf DIESER PC.

Sie suchen eine bestimmte Datei auf Ihrem Rechner und werden von Suchergebnissen geradezu überflutet? Für solche Fälle gibt es im Explorer das Suchfeld, in dem Sie die Suche auf den aktuell angezeigten Ordner beschränken können. Wenn Sie zum Beispiel in einem bestimmten Ordner eine Datei vermissen, klicken Sie auf das Suchfeld des Ordners und fangen an, ein oder mehrere Wörter einzugeben. Passend zu Ihren Eingaben beginnt Windows, die Dateien im aktuellen Ordner zu filtern – ähnlich wie beim Suchen über die Taskleiste. Je mehr Sie eingeben, umso näher kommen Sie an die gewünschte Datei heran. Wenn Ihre Eingaben korrekt sind, bleibt am Schluss nur noch die eine Datei übrig, nach der Sie suchen.

Doppelklicken Sie auf ein Explorer-Element, einen Wechseldatenträger oder eine digitale Kamera, um zu sehen, was sich dahinter verbirgt. Klicken Sie links oben im Navigationsbereich auf den nach links zeigenden Pfeil, um wieder zurückzuschalten.

Einen neuen Ordner anlegen und umbenennen

Damit Sie im Befehlsdschungel des Windows-Desktops nicht vollends den Überblick verlieren, platziert Windows seine Menüs und Befehle im sogenannten *Menüband*, das Sie in jedem Ordner unterhalb der Titelleiste finden (siehe Abbildung 4.1). Hinter den Namen der Registerkarten verbirgt sich eine Flut von Befehlen.

Um einen neuen Ordner im Schnellverfahren anzulegen, klicken Sie im Explorer im Menüband auf der Registerkarte START in der Gruppe NEU auf die Schaltfläche NEUER ORDNER. Ein Ordner wird eingefügt, der immer zunächst den Namen Neuer Ordner trägt. Sie können sofort einen Ordnernamen vergeben. Wenn Sie sich vertippt haben, klicken Sie mit der rechten Maustaste auf den Ordner, wählen im Kontextmenü den Befehl UMBENENNEN und korrigieren den Namen.

 Einige Zeichen sind in Ordnernamen (und auch in Dateinamen) tabu. Ersparen Sie sich Ärger, bleiben Sie bei Zahlen und Buchstaben. Und versuchen Sie nicht, eines der folgenden Zeichen zu verwenden:

: / * I < > ? "

 Das Umbenennen bestimmter Ordner kann Windows verwirren, besonders dann, wenn diese Ordner Programme enthalten. Die folgenden Ordner sollten Sie auf keinen Fall umbenennen: BILDER, DESKTOP, DOKUMENTE, DOWNLOADS, MUSIK und VIDEOS.

Mehrere Dateien oder Ordner auswählen

Um ein einzelnes Element auszuwählen, klicken Sie einfach darauf. Um mehrere Dateien oder Ordner auszuwählen, halten Sie die [Strg]-Taste gedrückt und klicken Sie nacheinander auf die Dateien, die Sie auswählen wollen. Je öfter Sie klicken, umso mehr Dateien werden ausgewählt. Aber ja nicht die [Strg]-Taste loslassen, erst wenn alle gewünschten Dateien ausgewählt sind!

Liegen die auszuwählenden Dateien unter- oder nebeneinander, klicken Sie auf die erste Datei, halten Sie die [⇧]-Taste gedrückt und klicken Sie dann auf die letzte Datei. Die erste, die letzte und alle dazwischenliegenden Dateien werden in die Auswahl aufgenommen.

Oder Sie schwingen das Lasso! Zeigen Sie auf eine Stelle knapp über der ersten Datei oder dem ersten Ordner, halten Sie die Maustaste gedrückt und zeigen Sie dann leicht unterhalb der letzten Datei beziehungsweise des letzten Ordners. Die Maus schwingt das Lasso, das die ausgewählten Elemente farbig umgibt. Lassen Sie die Maustaste los, wird das Lasso ausgeblendet und alle eingefangenen Dateien sind ausgewählt.

Dateien oder Ordner loswerden

Früher oder später werden Sie die eine oder andere Datei löschen wollen. Um eine Datei oder einen Ordner zu löschen, klicken Sie mit der rechten Maustaste auf ihren beziehungsweise seinen Namen und wählen im Kontextmenü den Befehl Löschen.

Diese Vorgehensweise ist überraschend einfach und funktioniert bei allen Dateien, Ordnern, Verknüpfungen und eigentlich bei fast allen Elementen in Windows.

Wenn Sie in Eile sind und etwas schnell löschen wollen, klicken Sie auf das entsprechende Element und drücken Sie die ⌜Entf⌟-Taste. Oder Sie ziehen eine Datei oder einen Ordner in den Papierkorb auf dem Desktop.

Windows denkt nicht im Traum daran, Ihre wertvollen Dateien von der Festplatte zu verdammen, nur weil Sie einmal die ⌜Entf⌟-Taste gedrückt haben. Stattdessen verschiebt das Betriebssystem die gelöschten Dateien in den Papierkorb, der griffbereit auf dem Desktop steht.

Öffnen Sie den Papierkorb mit einem Doppelklick und Sie finden jede Datei wieder, die Sie in den letzten Wochen gelöscht haben. Klicken Sie mit der rechten Maustaste auf die versehentlich gelöschte Datei oder den irrtümlich entfernten Ordner und wählen Sie im Kontextmenü den Befehl Wiederherstellen. Die Datei oder der Ordner wird wieder an ihrer/seiner vorherigen Position angezeigt.

✔ Sie sollten die Finger von solchen Dateien lassen, die ein kleines Zahnrad im Symbol haben. Diese Dateien sind normalerweise sensible, verborgene Dateien und der Computer will, dass Sie sie in Ruhe lassen.

✔ Bei Symbolen mit einem kleinen Pfeil handelt es sich um Verknüpfungen, mit denen man schnell Dateien öffnen oder zu einem Ordner wechseln kann. Wenn Sie eine Verknüpfung löschen, wird nur das Verknüpfungssymbol gelöscht, nicht aber die verknüpfte Datei, der verknüpfte Ordner oder das verknüpfte Programm.

Details zu Dateien und Ordnern anzeigen

Manchmal ist es wünschenswert, in einem Ordner ein paar Details zu den dort enthaltenen Dateien einzublenden. Das ist keine große Sache. Sie müssen lediglich die Ordneransicht auf DETAILS setzen – und das geht so:

1. **Klicken Sie im Explorer auf die Registerkarte ANSICHT.**

2. **Klicken Sie in der Gruppe LAYOUT auf die Schaltfläche DETAILS.**

   Jetzt sehen Sie neben dem Namen der Musikdateien zusätzliche Detailinformationen, die sich in Spalten nach rechts erstrecken.

Testen Sie auch die anderen Layoutvarianten der Registerkarte ANSICHT. Windows merkt sich übrigens, welches Layout Sie für welchen Ordner gewählt haben. Das nenne ich Service.

✔ Wenn Sie sich einmal keinen Reim darauf machen können, für was eine Schaltfläche im Menüband gut sein könnte, zeigen Sie einfach mit der Maus auf die betreffende Schaltfläche. Windows blendet sofort eine kleine QuickInfo ein, in der Sinn und Zweck der Schaltfläche in aller Kürze zusammengefasst sind.

✔ Schalten Sie zwischen den verschiedenen Ansichten hin und her und finden Sie heraus, was Ihnen am besten passt. Sie brauchen unbedingt das Erstellungsdatum des einen oder anderen Fotos? Kein Problem. Sie wollen für die Fotos in einem Ordner kleine Symbole anzeigen? Auch kein Problem.

✔ Dateien werden in einem Ordner in der Regel in alphabetischer Reihenfolge aufgelistet. Das muss aber nicht so sein. Um nach anderen Kriterien zu sortieren, klicken Sie mit der rechten Maustaste auf einen leeren Bereich im Ordnerfenster und wählen den Befehl SORTIEREN NACH. Dann haben Sie die Qual der Wahl. Ordnen Sie beispielsweise die Dateiliste in umgekehrter alphabetischer Reihenfolge oder nach Änderungsdatum oder nach Größe ...

✔  Wenn sich die Aufregung über die Sortiervielfalt etwas gelegt hat, klicken Sie auf den Pfeil neben einer Spaltenbeschriftung, beispielsweise auf den Pfeil neben GRÖSSE. Jetzt können Sie die Dateien so sortieren, dass die größten Dateien oben in der Liste stehen. Oder sollen es doch lieber die kleinsten sein? Sie sehen schon: Entscheidungen über Entscheidungen.

 Selbstverständlich können Sie auch selbst bestimmen, welche Spalten im Detailbereich angezeigt werden sollen. Klicken Sie mit der rechten Maustaste auf die Beschriftung einer Spalte, die Sie nicht länger brauchen, und wählen Sie ein anderes Detail aus. (Ich persönlich zeige für meine Fotos gerne die Info AUFNAHMEDATUM an, damit ich sie nach diesem Kriterium sortieren kann.)

Dateien auf oder von CDs oder DVDs kopieren

Wenn Sie eine CD oder DVD erstellen, müssen Sie Ihrem PC mitteilen, was Sie kopieren wollen und wo der Datenträger später abgespielt werden soll: Musik für einen CD-Player? Eine Fotodiashow? Oder einfach nur Dateien für Ihren Computer? Wenn Sie hier die falsche Antwort wählen, war der Brennvorgang für die Katz.

Wenn Sie Dateien auf eine CD oder DVD für eine Datensicherung oder für Ihre Freunde kopieren wollen, führen Sie die folgenden Schritte aus.

1. **Legen Sie einen Rohling in den Brenner ein und klicken Sie auf das kleine Benachrichtigungsfeld, das rechts oben in der Ecke angezeigt wird.**

2. **Entscheiden Sie sich in der angebotenen Liste für das Brennen von Daten.**

   Das Dialogfeld DATEIEN AUF DATENTRÄGER BRENNEN wird geöffnet und will ein paar Dinge von Ihnen wissen.

3. **Vergeben Sie einen Namen für den Datenträger, geben Sie den Verwendungszweck an und klicken Sie auf WEITER.**

   Der Name darf leider nicht länger als 16 Zeichen sein.

   - WIE EIN USB-SPEICHERSTICK: Mit diesem Brennverfahren können Sie jederzeit Dateien lesen, schreiben und löschen – das optimale Format für eine Datensicherung, die Sie schnell mal mit ins Büro oder nach Hause nehmen. Leider verträgt sich dieses Format nicht mit jedem CD- oder DVD-Gerät.

   - MIT EINEM CD/DVD-PLAYER: Die Dateien können nach dem Brennen nicht mehr bearbeitet werden. Wenn Sie ein einigermaßen neues CD-/DVD-Gerät besitzen, das in der Lage ist, Dateien zu lesen, die in unterschiedlichen Formaten vorliegen, nehmen Sie diese Möglichkeit.

   Haben Sie Windows die Fakten genannt, kann es den Datenträger vorbereiten.

4. Teilen Sie Windows mit, welche Dateien auf den Datenträger geschrieben werden sollen.

- Ziehen Sie Dateien und/oder Ordner in das Explorer-Fenster des Laufwerks.

- Klicken Sie mit der rechten Maustaste auf eine Datei, einen Ordner, eine Dateiauswahl oder eine Ordnerauswahl, wählen Sie im Kontextmenü den Befehl SENDEN AN und wählen Sie den Brenner aus, neben dessen Bezeichnung übrigens der in Schritt 3 vergebene Datenträgername angezeigt wird.

- Ziehen Sie die Dateien beziehungsweise Ordner im Explorer auf das Laufwerksymbol des Brenners.

- Wenn im Explorer der Inhalt des Ordners DOKUMENTE, MUSIK oder BILDER angezeigt wird, klicken Sie auf der Registerkarte FREIGEBEN in der Gruppe SENDEN auf die Schaltfläche AUF DATENTRÄGER BRENNEN.

- Teilen Sie der aktuellen App mit, dass Sie die Datei auf einer CD beziehungsweise DVD und nicht auf der Festplatte speichern möchten.

Egal für welche Methode Sie sich entscheiden, Windows kopiert die Auswahl pflichtbewusst auf die CD beziehungsweise DVD und informiert Sie in einem Fenster über den Fortschritt des Vorgangs. Sobald das Fenster verschwindet, sind die Daten auf der CD beziehungsweise DVD angekommen.

5. Beenden Sie die Brennsession und werfen Sie die CD oder DVD aus dem Laufwerk aus.

Klicken Sie in der Taskleiste auf das Symbol zum Auswerfen des Mediums. Oder klicken Sie im Explorer mit der rechten Maustaste auf das Laufwerksymbol und wählen Sie den Befehl AUSWERFEN.

Mit Speichersticks und Speicherkarten hantieren

Alle, die eine Digitalkamera ihr Eigen nennen, kennen Speicherkarten – diese kleinen Plastikquadrate, die die unhandlichen Filmrollen ersetzt haben. Windows kann digitale Fotos direkt aus der Kamera auslesen, wenn Sie erst einmal das entsprechende Kabel gefunden und die Kamera damit am Computer angeschlossen haben. Windows ist aber auch in der Lage, Fotos direkt von der Speicherkarte herunterzuholen; eine Methode, für die diejenigen dankbar sind, die das Kamerakabel nicht mehr finden.

Das Geheimnis ist ein Lesegerät für Speicherkarten. Manche Notebooks und PCs haben sogar einbaute Lesegeräte für Speicherkarten. Ansonsten greifen Sie auf ein externes Lesegerät zurück. Schieben Sie die Speicherkarte in den Schlitz; und Ihr PC kann die Dateien auf der Karte genauso lesen wie die Dateien auf der Festplatte.

Windows behandelt die eingelegte Karte wie einen normalen Ordner. Nach dem Einlegen der Karte werden die digitalen Fotos Ihrer Kamera in einem Ordnerfenster angezeigt und Sie können sie kopieren und verschieben.

USB-Speichersticks arbeiten so ähnlich wie Speicherkartenlesegeräte. Sobald Sie den Stick in einen USB-Anschluss am Computer einstecken, wird das Laufwerk als Symbol im Explorer angezeigt und wartet nur darauf, dass Sie es mit einem Doppelklick öffnen.

OneDrive – Ihre Ablage in den Wolken

Egal ob zu Hause oder im Büro, Ihre Daten befinden sich alle griffbereit auf Ihrem Computer. Und wenn Sie unterwegs sind, packen Sie das Nötigste auf einen USB-Stick, eine CD, DVD oder eine Wechselplatte.

Was passiert aber, wenn Sie sich gerade irgendwo befinden, keine Daten eingepackt haben und dringendst auf die Datei »xyz« zugreifen müssen?

Microsoft hat auch dafür eine Lösung parat. Sie schwebt sozusagen über den Wolken und nennt sich *OneDrive* – ein Laufwerk im Himmel. Klingt sehr poetisch, ist aber eigentlich nichts anderes als Ihr ganz privater Speicherbereich im Internet, auf dem Sie immer dann Dateien ablegen und auf Dateien zugreifen können, wenn Sie gerade über eine Internetverbindung verfügen, sei es mit einem stinknormalen Rechner, einem Handy oder einem Tablet – von Apple, Android, BlackBerry oder Windows: Microsoft bietet für alle eine kostenlose OneDrive-App.

Wenn Sie eine Datei auf OneDrive ändern, ändert Microsoft diese Datei automatisch auf allen Ihren Rechnern und Geräten. Damit ist gewährleistet, dass Ihr OneDrive-Ordner auf jedem Gerät up to date ist.

In Windows 10 können Sie von jedem Ordner aus auf OneDrive zugreifen. Aber Sie brauchen noch ein paar zusätzliche Dinge, um eine Verbindung zu OneDrive herzustellen:

✔ **Microsoft-Konto:** Sie brauchen ein Microsoft-Konto, damit Sie Dateien auf OneDrive hoch- beziehungsweise von OneDrive herunterladen können. Die

Chancen stehen gut, dass Sie bereits beim Einrichten Ihres Benutzerkontos auf Ihrem Windows-PC ein solches Konto erstellt haben (mehr hierzu in Kapitel 2).

✔ **Internetverbindung:** Ohne Internetsignal mit oder ohne Kabel läuft nichts. Ihre Dateien befinden sich in der Cloud und Sie kommen nicht ran.

Sie bestimmen, welche OneDrive-Ordner mit Ihrem PC synchronisiert werden

Windows 10 platziert OneDrive im Navigationsbereich des Explorers. Dort können Sie dann blitzschnell darauf zugreifen. Und hier funktioniert OneDrive auch wie ein ganz normaler Ordner – mit einer klitzekleinen Ausnahme: Wenn Sie Dateien im OneDrive-Ordner ablegen, werden diese Dateien in Ihren OneDrive-Speicher in der Cloud kopiert.

Das kann ein Problem darstellen. Die heutigen kleineren Handys, Tablets und Notebooks haben nicht so viel Festplattenspeicher. Auf OneDrive passen dagegen unendlich viele Dateien. Und die kleineren Geräte, meistens Tablets, haben in der Regel einfach nicht genug Platz für eine Kopie Ihrer gesamten auf OneDrive gesammelten Habseligkeiten.

Windows 10 bietet hierfür eine Lösung an: Es lässt Sie bestimmen, welche Ordner Sie nur auf OneDrive ablegen und welche zusätzlich auf Ihrem Rechner gespiegelt, das heißt *synchronisiert*, werden sollen. In letzterem Fall gibt es diese Dateien sowohl auf OneDrive als auch auf Ihrem Rechner.

Die Dateien der Ordner, die Sie synchronisieren, werden automatisch zwischen Rechner und Cloud aktualisiert. Sinn und Zweck? Die Dateien in der Cloud dienen als eine Art Sicherungskopie und Sie können jederzeit von überall darauf zugreifen, via Handy, Tablet oder PC.

Nicht synchronisierte Dateien existieren nur auf OneDrive. Wenn Sie sie brauchen, können Sie OneDrive im Internet einen Besuch abstatten, was gleich Thema sein wird.

Wenn Sie auf einem neuen Rechner zum ersten Mal auf den OneDrive-Ordner klicken, können Sie auswählen, welche Dateien und Ordner nur auf OneDrive abgelegt und welche zusätzlich als Kopie auf Ihrem Rechner existieren sollen.

Um zu entscheiden, welche OneDrive-Ordner sowohl auf Ihrem Rechner als auch auf OneDrive abgelegt werden sollen, führen Sie die folgenden Schritte aus:

1. **Klicken Sie in der Taskleiste auf die Schaltfläche Explorer und dann links im Ordnerfenster auf das OneDrive-Symbol.**

   Da es das allererste Mal ist (davon gehen wir jetzt einfach mal aus), wird der Eingangsbildschirm von OneDrive angezeigt.

2. **Klicken Sie auf die Schaltfläche Starten und melden Sie sich bei Bedarf mit Ihrem Microsoft-Konto und -Kennwort an.**

   Nur Benutzer mit einem lokalen Konto müssen sich anmelden. Wenn Sie bereits mit Ihrem Microsoft-Konto in Windows angemeldet sind, entfällt das.

   OneDrive fragt, ob Sie Ihre OneDrive-Dateien gerne an einer anderen Stelle auf Ihrem Rechner speichern möchten.

3. **Wenn Sie den Speicherort für OneDrive-Dateien auf Ihrem Rechner ändern wollen, klicken Sie auf die Schaltfläche Ändern, ansonsten auf Weiter.**

   Wenn Sie mit einem Desktoprechner mit jeder Menge Festplattenspeicher arbeiten, klicken Sie skrupellos auf Weiter. Dann lagert OneDrive alle OneDrive-Dateien auf Ihrem Rechner auf Laufwerk C: ab. Da ist meistens genügend Platz.

   Wenn Sie mit einem kleinen Tablet arbeiten, ist der Festplattenspeicher begrenzt. Sie können ihn durch den Einbau einer Speicherkarte erweitern. In diesem Fall klicken Sie auf Ändern und weisen Sie OneDrive an, seine Dateien nicht auf Laufwerk C: abzulegen, sondern auf dieser zusätzlichen Speicherkarte.

4. **Wählen Sie die Ordner aus, die auf Ihrem Rechner synchronisiert werden sollen.**

   Alle Unterordner dieses sagenumwobenen OneDrive werden angezeigt (siehe auch Abbildung 4.3).

5. **Wählen Sie die Dateien und Ordner aus, die zwischen OneDrive und Ihrem Rechner synchronisiert werden sollen, und klicken Sie auf Weiter.**

   Sie haben zwei Möglichkeiten:

   - Alle Dateien und Ordner auf OneDrive synchronisieren: Wählen Sie diese Option, um alle OneDrive-Dateien auf Ihrem PC oder Tablet zu spiegeln. Die meisten Desktoprechner werden damit kein Problem haben. Und der Zugriff auf OneDrive ist damit am einfachsten.

   - Nur diese Ordner synchronisieren: Wählen Sie diese Option für Tablets oder PCs mit wenig Festplattenspeicher. Anschließend müssen Sie alle Ordner mit einem Häkchen versehen, die synchronisiert werden sollen.

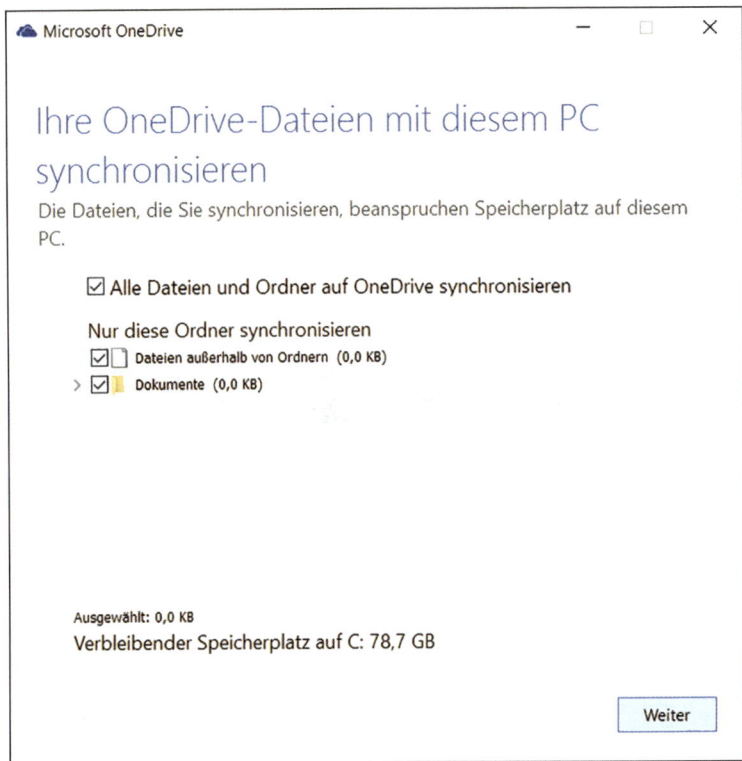

Abbildung 4.3: Aktivieren Sie die Kontrollkästchen für die Ordner, die sowohl auf Ihrem Rechner als auch auf OneDrive abgelegt werden sollen.

6. Klicken Sie auf FERTIG, um Ihre Änderungen zu speichern.

Werfen Sie einen Blick auf Abbildung 4.4.

Sie müssen nicht das gleiche Ordnerset auf allen Ihren Geräten synchronisieren. Wählen Sie zum Beispiel nur die allerwichtigsten Dateien auf einem Tablet und synchronisieren Sie alles auf Ihrem Desktoprechner.

Sie haben zwei Möglichkeiten, auf einen OneDrive-Ordner zuzugreifen, der nicht auf Ihrem Rechner synchronisiert ist: Ändern Sie die OneDrive-Einstellungen, um den Ordner zu synchronisieren, oder besuchen Sie OneDrive im Internet und greifen Sie von dort auf die Datei zu (mehr dazu gleich).

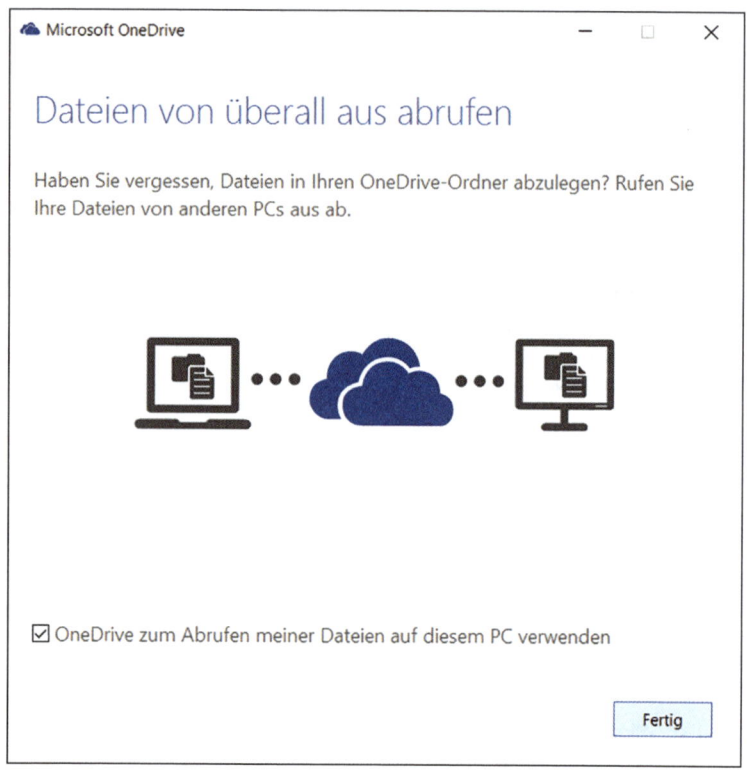

Abbildung 4.4: Klicken Sie auf »Fertig«, um die Änderungen zu speichern.

Von der Cloud aus auf Ihren Rechner zugreifen

 Mit OneDrive ist es ziemlich einfach, mit Ihren Dateien von allen Ihren Geräten aus zu arbeiten. Aber was machen Sie, wenn die benötigte Datei gar nicht auf OneDrive, sondern nur zu Hause auf Ihrem Windows 10-Desktoprechner abgelegt ist?

Keine Panik! Sie können alle Dateien und Ordner Ihres Rechners auf der OneDrive-Website verfügbar machen. Werfen Sie noch einmal einen Blick auf Abbildung 4.4. Dort gibt es das Kontrollkästchen ONEDRIVE ZUM ABRUFEN MEINER DATEIEN AUF DIESEM PC VERWENDEN.

Wenn Sie dieses Kontrollkästchen aktivieren, können Sie auf Ihren gesamten Rechner von der OneDrive-Website aus zugreifen. Sie besuchen einfach die OneDrive-Website und greifen sich dann auf Ihrem Rechner jede beliebige Datei oder welchen Ordner auch immer. Ja, sogar der Zugriff auf Dateien und Ordner in Netzwerken, auf die Ihr Rechner Zugriff hat, ist möglich.

Natürlich hat Microsoft für einen solchen umfassenden Datenzugriff ein paar Sicherheitsmaßnahmen ergriffen. Bevor Sie das erste Mal auf einen neuen Rechner zugreifen, müssen Sie einen Code eingeben.

Dann sendet Microsoft im Hintergrund eine Textnachricht an das in Ihrem Microsoft-Konto definierte Handy oder an die dort angegebene E-Mail-Adresse. Sobald Sie diese Nachricht erhalten, geben Sie sie in den Rechner ein, von dem aus Sie auf Ihren PC zugreifen wollen. Und wenn der Code korrekt ist, nimmt Microsoft den Rechner in die Liste der Computer auf, auf die OneDrive zugreifen kann.

Die OneDrive-Einstellungen ändern

Die Einstellungen, die Sie beim ersten Zugriff auf OneDrive festgelegt haben, sind nicht in Stein gemeißelt. Wenn sich Ihre Anforderungen ändern, lassen Sie das OneDrive einfach wissen.

Um OneDrive-Einstellungen zu ändern, führen Sie folgende Schritte aus:

1. **Klicken Sie im Infobereich der Taskleiste mit der rechten Maustaste auf die Schaltfläche ONEDRIVE und dann auf EINSTELLUNGEN.**

   Vielleicht müssen Sie im Infobereich zuerst auf die nach oben zeigende Pfeilspitze klicken, um das OneDrive-Symbol anzuzeigen. Informationen zum Infobereich der Taskleiste finden Sie in Kapitel 3.

   Das Dialogfeld MICROSOFT ONEDRIVE wird geöffnet und die Optionen der Registerkarte EINSTELLUNGEN werden angezeigt (siehe Abbildung 4.5).

2. **Klicken Sie auf die Registerkarte ORDNER WÄHLEN und dann auf die gleichnamige Schaltfläche.**

   Das Fenster IHRE ONEDRIVE-DATEIEN MIT DIESEM PC SYNCHRONISIEREN wird geöffnet. Es zeigt alle Ihre OneDrive-Ordner an, wie in Abbildung 4.3 zu sehen ist.

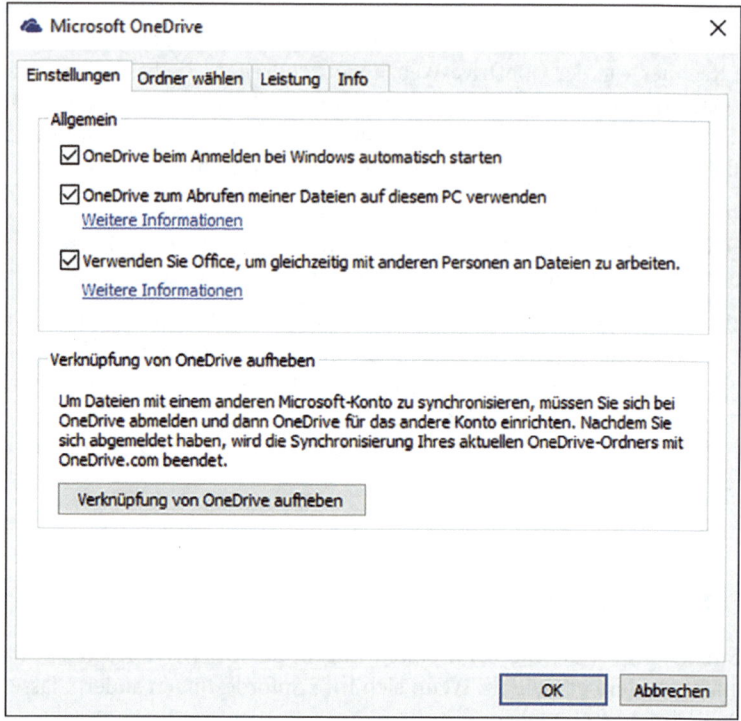

Abbildung 4.5: Hier können Sie festlegen, wie OneDrive mit Ihrem Rechner kommuniziert.

3. Nehmen Sie die gewünschten Änderungen vor und bestätigen Sie mit OK.

OneDrive beginnt sofort mit der Umsetzung Ihrer Wünsche und synchronisiert die angegebenen Dateien und Ordner.

Microsoft stellt Ihnen kostenlose 15 GB OneDrive-Speicher zur Verfügung. Nutzen Sie Angebote, die es immer wieder gibt, um den Speicher zu erhöhen. Sie können auch gegen eine Monatsgebühr mehr Speicher erwerben.

Klicken Sie im Infobereich der Taskleiste mit der rechten Maustaste auf die Schaltfläche ONEDRIVE und dann auf SPEICHER VERWALTEN. Ihr Browser nimmt Sie daraufhin sofort mit zur Onlineeinstellungsseite von OneDrive. Sobald Sie sich dort mit Ihrem Microsoft-Konto anmelden, wird der verfügbare Speicher angezeigt und Sie erfahren, wie Sie ihn vergrößern können.

Vom Webbrowser aus auf OneDrive-Dateien zugreifen

Manchmal kann es vorkommen, dass Sie auf OneDrive zugreifen wollen, ohne dass Ihr Rechner in Reichweite ist. Oder Sie benötigen OneDrive-Dateien, die nicht mit Ihrem Gerät synchronisiert sind. Microsoft hat Verständnis für diese Wünsche und lässt Sie von jedem Internetbrowser aus auf Ihre OneDrive-Daten zugreifen.

Sie schnappen sich also einen Rechner mit Internetzugang, wechseln zur Website `http://onedrive.live.com` und melden sich dort mit dem Namen und Kennwort Ihres Microsoft-Kontos an. Dann wird die OneDrive-Website angezeigt (siehe Abbildung 4.6).

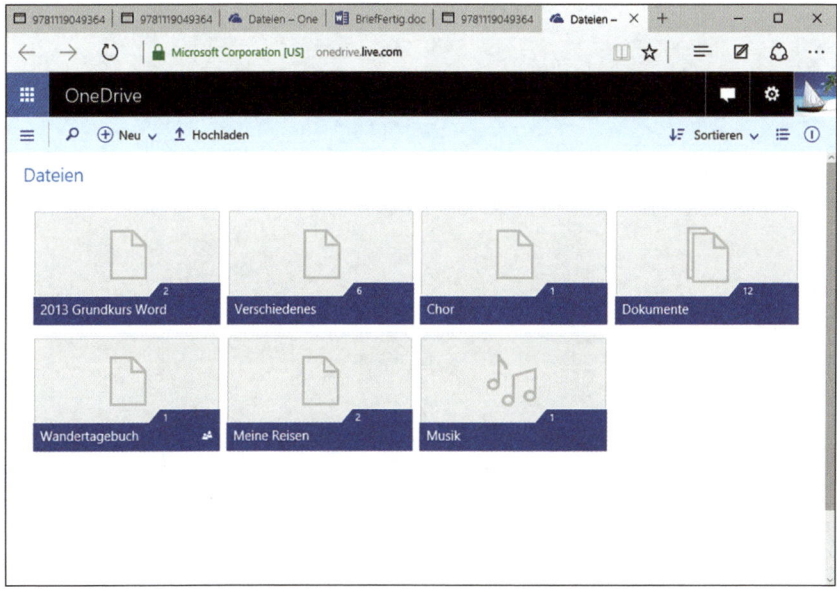

Abbildung 4.6: Sie können mit einem Webbrowser von jedem Rechner aus auf Ihre OneDrive-Dateien zugreifen.

Sie können auf der Website Dateien hinzufügen, löschen, verschieben und umbenennen, neue Ordner erstellen und Dateien zwischen den Ordnern verschieben. Sie können sogar Dateien direkt online bearbeiten. (In OneDrive gibt es auch einen Papierkorb, aus dem Sie versehentlich gelöschte Dateien wieder herausholen können.)

Es ist viel einfacher, Ihre Dateien direkt vom OneDrive-Ordner auf Ihrem Rechner aus zu verwalten. Aber wenn Sie gerade nicht an Ihrem Rechner sitzen, ist die OneDrive-Website die ideale Lösung.

Außerdem gibt es auf der OneDrive-Website etwas, was Ihr lokaler OneDrive-Ordner nicht hat. Auf der Website können Sie Dateien und Ordner mit anderen teilen. Sie brauchen dazu nur einen Link per Mail zu senden.

Wenn Sie vorhaben, regelmäßig mit OneDrive zu arbeiten, sollten Sie wissen, dass Microsoft kostenlose OneDrive-Apps für Apple-, Android- und Windows-Smartphones und -Tablets anbietet. Es ist also kinderleicht, Dateien zwischen Ihren verschiedenen Geräten via OneDrive auszutauschen.

Teil II

Ab ins Internet

In diesem Teil ...

✔ Einen Internetprovider finden und Verbindung zum Internet herstellen

✔ Im Internet surfen mit Edge

✔ Soziale Kontakte mit den Apps Mail, Kalender und Kontakte pflegen

Unterwegs im Web

5

In diesem Kapitel

▷ Internetdienstanbieter kennenlernen

▷ Drahtlose Verbindung zum Internet herstellen

▷ Der neue Microsoft-Webbrowser Microsoft Edge

▷ Informationen im Internet suchen

▷ Informationen aus dem Internet speichern

*B*ereits während der Installation versucht Windows, eine Internetverbindung aufzubauen. Kann es eine Verbindung herstellen, lädt es freundlicherweise zum Wohle Ihres Rechners verfügbare Updates herunter. Aber nicht alle Verbindungsversuche sind so selbstlos. Windows setzt sich auch mit Microsoft in Verbindung, um sicher zu sein, dass Sie nicht gerade dabei sind, eine Raubkopie zu installieren.

Windows 10 ist so webabhängig und internetsüchtig, dass es gleich mit einem neuen ausgebufften Browser namens Edge daherkommt. In diesem Kapitel erfahren Sie, wie Sie Microsoft Edge auf Ihrem Rechner finden und starten, eine Verbindung zum Internet herstellen, Websites besuchen und online das ausfindig machen, wonach Sie suchen.

Sinn und Zweck von ISPs

Für den Zugang zum Web benötigen Sie drei Dinge: einen Computer, einen Browser und einen Internetdienstanbieter, auch *Internet Service Provider* oder kurz *ISP* genannt.

Sie besitzen wahrscheinlich schon den Computer und den neuen Windows 10-Browser Microsoft Edge. Was meistens fehlt, ist ein ISP. Fragen Sie Ihre Nachbarn, Freunde oder Kollegen, welche Verbindungen sie nutzen und wie zufrieden sie mit ihrem ISP sind. Fragen Sie bei den verschiedenen ISPs nach deren Preisen und vergleichen Sie diese. Die meisten Verträge laufen auf Monatsbasis. Sie können also schnell wechseln, wenn Sie mit den Leistungen nicht mehr zufrieden sind.

✔ Obwohl einige ISPs jede Minute berechnen, die Sie mit dem Web verbunden sind, stellen die meisten Pauschalpreise ohne weitere Nutzungsbeschränkungen, sogenannte Flatrates, in Rechnung. Das Angebot ist nicht sehr übersichtlich und vielfach an den Telefonanbieter gekoppelt. Achten Sie darauf, was Sie zahlen müssen, bevor Sie an Bord gehen, ansonsten werden Sie am Ende des Monats eine böse Überraschung erleben.

✔ Eine Verbindung zum Internet kann auf unterschiedliche Weise hergestellt werden. Kaum noch verwendet und sehr langsam: analoge Telefonleitung und Modem. Schneller sind natürlich die heute vorherrschenden Breitbandverbindungen: DSL- oder ISDN-Verbindungen, die von fast allen Telefonanbietern zur Verfügung gestellt werden, und die noch schnelleren Kabelmodems, die einige Kabelfernsehanbieter bereitstellen. Außerdem gibt es Orte, an denen Sie kostenlos über eine kabellose Verbindung ins Internet gelangen können. Darum soll es im Folgenden gehen.

Eine drahtlose Verbindung zum Internet herstellen

Windows ist ständig auf der Suche nach einer funktionierenden Internetverbindung. Sobald es eine findet, die Sie bereits verwendet haben, sind Sie startklar. Unterwegs trifft Windows aber ständig auf neue, unbekannte kabellose Verbindungen, für die es Ihre Erlaubnis braucht, bevor es eine Verbindung herstellen kann. Sie müssen Windows also stets mitteilen, wenn Sie eine Verbindung zu einem neuen Netzwerk herstellen möchten. Um zum ersten Mal eine Verbindung mit einem kabellosen Netzwerk – zu Hause oder an einem öffentlichen Hotspot – herzustellen, führen Sie die folgenden Schritte aus:

1. ⊞ **Klicken Sie auf die Schaltfläche Start und dann im Startmenü auf den Eintrag Einstellungen.**

2. **Klicken Sie in der Einstellungen-App auf die Schaltfläche Netzwerk und Internet.**

Wenn Ihr Computer eine kabellose Verbindung mit dem Internet herstellen kann, listet Windows alle drahtlosen Netzwerke in Reichweite des Computers auf (siehe Abbildung 5.1) – das kann auch das Ihres Nachbarn sein. Die drahtlosen Netzwerke werden nach Signalstärke aufgelistet. Das Netzwerk mit dem stärksten Signal steht ganz oben in der Liste.

3. Klicken Sie auf den Namen der gewünschten Netzwerkverbindung und dann auf die Schaltfläche VERBINDEN.

Wenn das gewählte Netzwerk nicht mit einem Kennwort gesichert ist, sind Sie drin. Alles erledigt. Windows warnt Sie vor *ungesicherten Netzwerken.* Diese Warnung können Sie durch Klicken auf die Schaltfläche VERBINDEN ignorieren. (Aber bitte! Keine Einkäufe oder Bankgeschäfte mit ungesicherten Verbindungen tätigen!)

 Wenn Sie das Kontrollkästchen AUTOMATISCH VERBINDEN neben der Schaltfläche VERBINDEN aktivieren, stellt Windows automatisch eine Verbindung zu diesem Netzwerk her, sobald Sie in dessen Reichweite gelangen. So ersparen Sie sich das manuelle Anmelden.

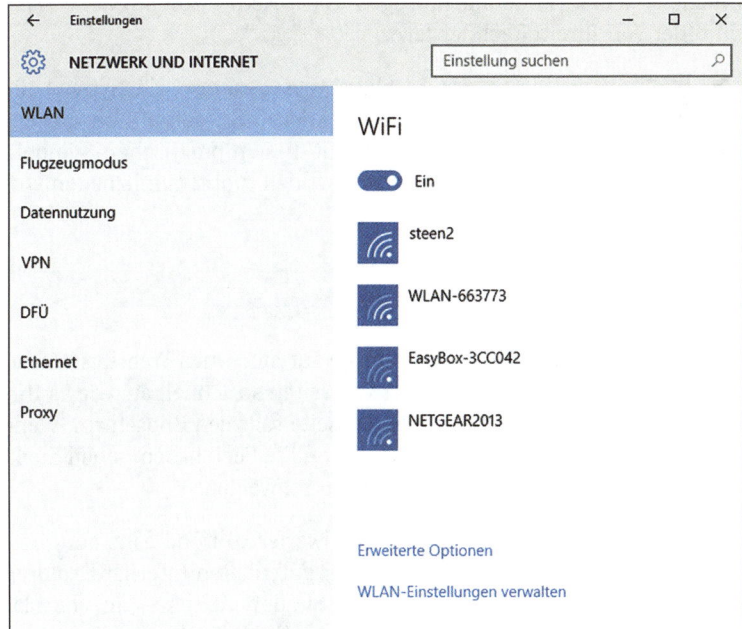

Abbildung 5.1: Windows listet alle in Reichweite befindlichen drahtlosen Netzwerke auf.

4. Geben Sie bei Bedarf ein Kennwort ein.

Wenn Sie sich in einem gesicherten Netzwerk anmelden, brauchen Sie das dazugehörige Kennwort oder den passenden Netzwerksicherheitsschlüssel.

Wenn es sich um Ihr drahtloses Netzwerk zu Hause handelt, geben Sie dasselbe Kennwort ein, das Sie im Router beim Einrichten des Netzwerks eingegeben haben.

Handelt es sich nicht um Ihr Netzwerk, müssen Sie das Kennwort vom Netzwerkeigentümer in Erfahrung bringen. Im Hotel oder im Coffeeshop müssen Sie vielleicht die Kreditkarte zücken und Verbindungszeit bei den Leuten an der Rezeption erwerben. Oft ist dieser Service aber auch gratis.

5. Legen Sie fest, ob Sie Dateien mit anderen im Netzwerk teilen wollen.

Wenn Sie mit Ihrem kabellosen Netzwerk zu Hause oder im Büro verbunden sind, sagen Sie »Ja« zum Teilen. Dann können Sie Dateien und Geräte, zum Beispiel Drucker, zusammen mit anderen nutzen. Wenn Sie sich in einem öffentlichen Netzwerk befinden, sagen Sie »Nein« zum Teilen. Das hält Schnüffler von Ihrem Rechner fern.

 Wenn Sie in der Taskleiste des Desktops ein Symbol für ein drahtloses Netzwerk sehen, klicken Sie darauf und springen zu Schritt 3 der obigen Anleitung. Mit diesem praktischen Symbol können Sie sich während der Arbeit schnell drahtlos mit neuen Örtlichkeiten verbinden.

Mit Microsoft Edge im Web surfen

Microsoft Edge wurde zum schnellen Surfen auf modernen Websites entwickelt. Und das merkt man. Der Browser zeigt Webseiten so schnell an, wie es Ihre Internetverbindung erlaubt. Die aktuelle Webseite füllt den Bildschirm. Wenn Sie Glück haben, sehen Sie eine Adressleiste, wenn Sie Pech haben, sehen Sie keine, von anderen Navigationswerkzeugen ganz zu schweigen.

 Auch wenn Microsoft seine Scheinwerfer voll und ganz auf Microsoft Edge richtet, gibt es ihn noch, den guten alten Internet Explorer. Sie finden ihn im Startmenü. Zeigen Sie dort ALLE APPS an und blättern Sie in der alphabetischen Liste zum Eintrag WINDOWS-ZUBEHÖR. Dort finden Sie den Internet Explorer.

✔ Um Microsoft Edge zu öffnen, klicken Sie in der Taskleiste auf seine Schaltfläche. Der Browser wird geöffnet und füllt blitzschnell den ganzen Bildschirm. Er zeigt entweder die zuletzt besuchte Website an oder präsentiert in einem Eingangsbildschirm die neuesten Nachrichten, das Wetter und Links zu beliebten Sites (siehe auch Abbildung 5.2).

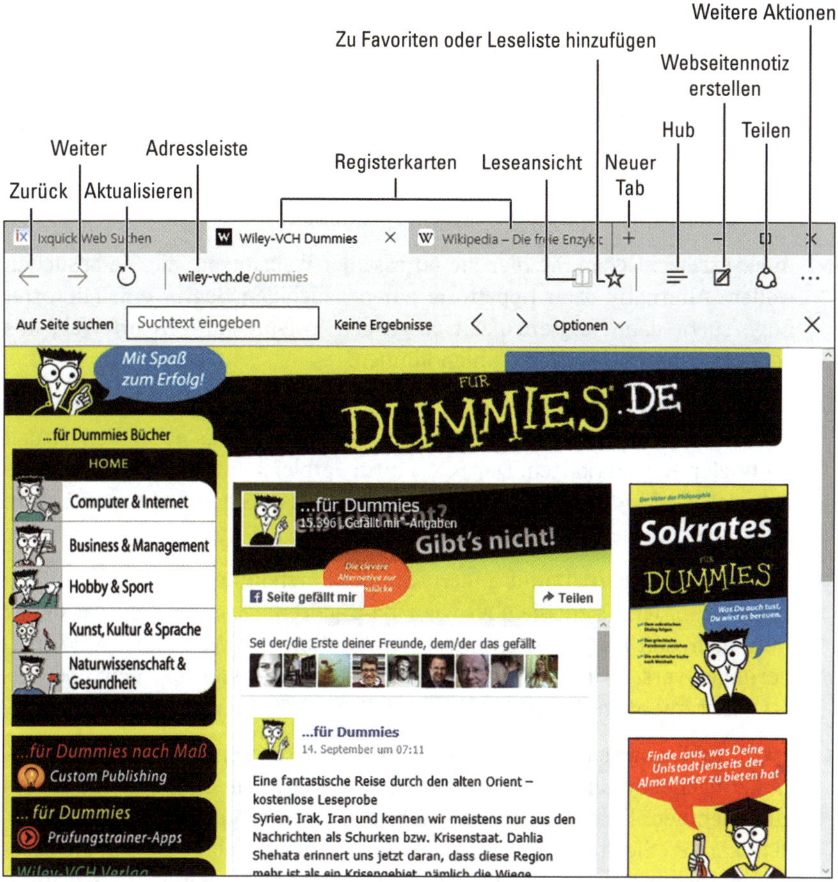

Weitere Aktionen

Zu Favoriten oder Leseliste hinzufügen

Webseitennotiz
erstellen

Hub   Teilen

Weiter   Adressleiste

Registerkarten   Leseansicht   Neuer
Tab

Zurück Aktualisieren

*Abbildung 5.2: Mit Microsoft Edge können Sie mehrere Websites anzeigen,
jede auf einer eigenen Registerkarte.*

Der Browser verbirgt den Großteil seiner Menüs hinter kryptischen Schaltflächen. Vergleichen Sie die Beschriftungen in Abbildung 5.2 mit der Liste und Sie wissen Bescheid.

 ZURÜCK: Mit dieser Schaltfläche blättern Sie im Seitenverlauf eine Webseite zurück.

 **WEITER:** Mit dieser Schaltfläche blättern Sie im Seitenverlauf eine Webseite nach vorn.

✔ **AKTUALISIEREN:** Entscheiden Sie sich für diese Schaltfläche, um die neuesten Inhalte einer Webseite anzuzeigen. Praktisch für Nachrichtenwebsites.

✔ **Registerkarten:** Die von Ihnen zuletzt besuchten Seiten werden am oberen Fensterrand in Registerkarten angezeigt. Klicken Sie auf eine Registerkarte und schon sind Sie dort. (Oder klicken Sie auf das »x« in der rechten oberen Ecke einer Registerkarte, um diese zu schließen.)

✔ **ADRESSLEISTE:** Geben Sie hier die Adresse der Website ein, die Sie besuchen wollen. Alternativ dazu tippen Sie einen beliebigen Begriff ein. Microsoft Edge sucht dann folgsam nach passenden Entsprechungen im Web, aus denen Sie dann wiederum wählen können.

✔ **NEUER TAB:** Klicken Sie auf diese »+«-Schaltfläche, um eine leere Registerkarte zu öffnen. Sie befindet sich stets rechts neben den aktuell geöffneten Registerkarten. Der Bildschirm »erbleicht« und eine Adressleiste erwartet die Eingabe einer Internetadresse. Geben Sie die Adresse oder ein paar Suchbegriffe ein.

✔ **LESEANSICHT:** Damit ändern Sie die Darstellung der aktuellen Website. Jetzt sieht sie eher wie eine Buchseite aus. Wie geht das denn? Nun, Microsoft Edge lässt einfach einen Großteil der Werbung und Formatierungen verschwinden. Zurück bleiben Text und Bilder. Das geht aber leider nicht mit allen Websites.

✔ **ZU FAVORITEN ODER LESELISTE HINZUFÜGEN:** Klicken Sie auf diese Schaltfläche, um die aktuell angezeigte Website in die Liste Ihrer Favoriten aufzunehmen. Favoriten sind die Websites, die Sie häufig besuchen. Außerdem können Sie durch Klicken auf diese Schaltfläche eine Kopie in die Leseliste aufnehmen, um sie später zu lesen. Die Leseliste wird auf allen Ihren Geräten synchronisiert. Das heißt, alle Elemente der Leseliste auf Ihrem Desktoprechner stehen auch auf Ihrem Windows 10-Tablet oder Windows 10-Phone zur Verfügung.

✔ **HUB (FAVORITEN, LESELISTE, VERLAUF UND DOWNLOADS):** Mit dieser Schaltfläche können Sie die Websites besuchen, die Sie zuletzt als Favoriten oder Leselisteneinträge ausgewählt haben. Außerdem werden hier Ihr Surfverlauf und heruntergeladene Dateien angezeigt.

✔ **WEBSEITENNOTIZ ERSTELLEN:** Unheimlich praktisch für Nutzer von Tablets und Tabletstiften. Klicken Sie auf diese Schaltfläche, machen Sie sich auf der aktuellen Webseite Notizen und speichern Sie das Ganze als Grafik. Markieren Sie beispielsweise ein paar wichtige Absätze, schreiben Sie `Bitte unbedingt lesen!` daneben und senden Sie die Webseite an Kollegen oder Freunde. (Da die mit Notizen versehene Webseite als Grafik gesendet wird, funktionieren die Links auf der Webseite nicht mehr.)

✔   **TEILEN:** Klicken Sie auf diese Schaltfläche, um die Webseite an ein anderes Programm zu senden. In der Regel wird das OneNotes oder die Mail-App sein.

✔   **WEITERE AKTIONEN:** Die drei Punkte führen Sie in ein Drop-down-Menü mit Optionen zum Öffnen eines neuen Fensters, zum Ändern der Textgröße der aktuellen Webseite, zum Suchen nach Text auf der aktuellen Seite, zum Drucken der Seite, zum Anheften der Seite an das Startmenü und zum Anzeigen weiterer Einstellungen.

Eine Startseite für Microsoft Edge festlegen

Ihr Browser (Microsoft Edge, Internet Explorer, Firefox (`www.getfirefox.com`) oder Chrome (`www.google.com/chrome`) zeigt automatisch immer dieselbe Webseite an, wenn Sie ihn starten. Diese Seite wird Startseite genannt. Bei Microsoft Edge können Sie jede beliebige Webseite folgendermaßen als Startseite festlegen:

1. **Besuchen Sie Ihre Lieblingsseite.**

   Wählen Sie die Webseite aus, die Ihnen gefällt und die Sie bei jedem Start von Microsoft Edge als Erstes sehen wollen.

2. **Klicken Sie in Microsoft Edge auf die Schaltfläche WEITERE AKTIONEN und dann im Drop-down-Menü auf EINSTELLUNGEN.**

3. **Achten Sie darauf, dass unter ÖFFNEN MIT die Option BESTIMMTE SEITE(N) aktiviert ist. Öffnen Sie dann das darunterliegende Drop-down-Menü und wählen Sie dort den Eintrag BENUTZERDEFINIERT.**

4. **Geben Sie im darunterliegenden Textfeld die Adresse Ihrer Lieblingswebsite (siehe Abbildung 5.3) ein und klicken Sie auf das Pluszeichen, um den Namen zu speichern.**

Von hier aus können Sie Ihre Besuche im Internet durchführen. Suchen Sie mit Suchmaschinen wie Bing (`www.bing.com`), Google (`www.google.de`), Benefind (`www.benefind.de`) oder Startpage (`www.startpage.com`) nach bestimmten Themen und hangeln Sie sich dann von Link zu Link.

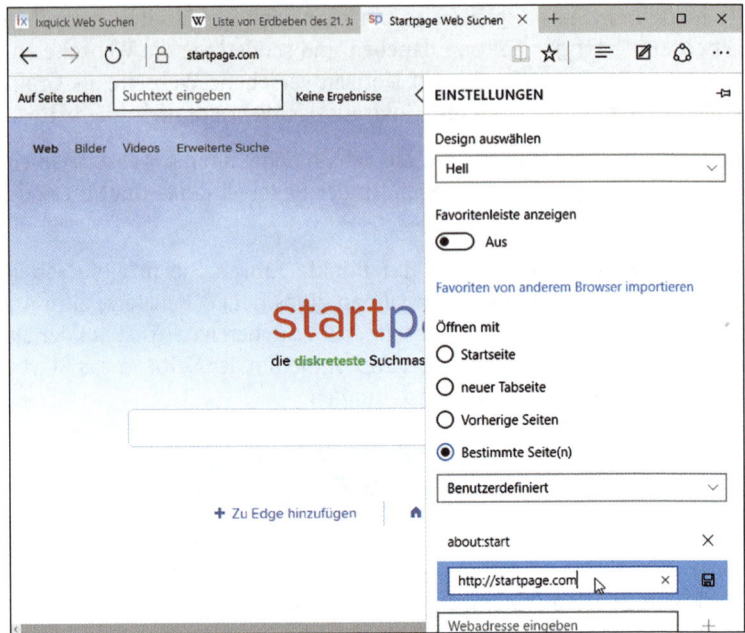

Abbildung 5.3: Geben Sie die Adresse Ihrer Lieblingswebsite als neue Startseite von Microsoft Edge ein.

Lieblingssites erneut besuchen

Früher oder später werden Sie auf eine Website stoßen, die Sie unbeschreiblich toll finden. Damit Sie sie später schnell wieder besuchen können, fügen Sie sie in Ihre Favoritenliste ein, und das geht so:

1. **Klicken Sie rechts oben im Microsoft Edge-Fenster auf die Schaltfläche Zu Favoriten oder Leseliste hinzufügen.**

   Ein kleines Menü klappt auf. Ganz oben müssen Sie sich zwischen Favoriten und Leseliste entscheiden.

   - Favoriten: Klicken Sie auf diese Schaltfläche, wenn Sie die aktuelle Webseite in die Liste Ihrer Favoritenwebsites aufnehmen wollen. Alle Links in dieser Liste führen Sie automatisch zur aktuellen Version der jeweiligen Webseite.

   - Leseliste: Klicken Sie auf diese Schaltfläche, um Webseiten, deren Fülle an Informationen Sie später lesen wollen, in Ihre Leseliste aufzunehmen.

2. Klicken Sie auf FAVORITEN oder auf LESELISTE.

Egal ob Sie sich für die Favoriten- oder die Leseliste entscheiden, in beiden Fällen können Sie im darunterliegenden Feld NAME einen eigenen Namen für diese Lieblingsseite angeben, damit Sie sie später in der Liste schnell wiederfinden.

3. Klicken Sie auf die Schaltfläche HINZUFÜGEN.

Die Webseite wird in die Favoriten- beziehungsweise Leseliste aufgenommen.

Wann immer Sie zu dieser Seite wechseln wollen, klicken Sie in Microsoft Edge auf die Schaltfläche HUB (FAVORITEN, LESELISTE, VERLAUF UND DOWNLOADS). Anschließend klicken Sie in der Drop-down-Liste entweder auf das Favoritensternchen oder das Leselistensymbol und dann in der Liste mit Webseiten auf Ihre Lieblingswebseite.

 Um ein Element aus der Favoriten- oder der Leseliste zu entfernen, klicken Sie in Microsoft Edge auf die Schaltfläche HUB (FAVORITEN, LESELISTE, VERLAUF UND DOWNLOADS). Danach klicken Sie mit der rechten Maustaste auf den entsprechenden Listeneintrag und wählen im Kontextmenü den Befehl ENTFERNEN.

Das geheime Microsoft Edge-Protokoll über Ihre Besuche im Web

In Microsoft Edge werden alle Internetadressen, die Sie besuchen, akribisch protokolliert. Dieses Protokoll, das *Verlauf* genannt wird und einen Überblick über Ihre Aktivitäten am Computer bietet, ist ein Traum für alle Spione.

Und wo befinden sich diese topgeheimen Aufzeichnungen? Klicken Sie auf die Schaltfläche HUB (FAVORITEN, LESELISTE, VERLAUF UND DOWNLOADS) und im dann angezeigten Menü auf die Schaltfläche VERLAUF (die Uhr, mit der Sie die Zeit zurückdrehen können). Microsoft Edge listet alle Internetadressen, die Sie in den letzten Wochen besucht haben, in Datumskategorien (LETZTE STUNDE, HEUTE, LETZTE WOCHE, ÄLTER) auf. Die zuletzt besuchten Websites stehen jeweils ganz oben in der Liste. Das ist ganz praktisch. Denn Sie brauchen nicht lange in der Liste nach unten zu blättern, um zu einer Website zu wechseln, die Sie am vorherigen Tag oder letzte Woche besucht haben.

Um einen Eintrag aus dem Verlauf zu löschen, klicken Sie mit der rechten Maustaste auf den Eintrag und wählen Sie im Kontextmenü dann LÖSCHEN. In diesem Kontextmenü finden Sie auch einen Befehl zum Löschen aller Besuche dieser Website. So müssen Sie nicht durch die Liste gehen und alle Einträge für diese Site einzeln löschen. Wenn Sie das gesamte Verlaufsprotokoll löschen wollen, wählen Sie rechts oben den Befehl GESAMTVERLAUF LÖSCHEN.

Im Internet fündig werden

Microsoft Edge stellt Ihnen Suchmaschinen zur Verfügung, wenn Sie im Internet nach einer bestimmten Website suchen. Um nach etwas zu suchen, begeben Sie sich in die Adressleiste, in die Sie ansonsten die Adresse der Website eingeben, die Sie besuchen wollen.

Anstatt nun eine Adresse einzugeben, tippen Sie munter einen Suchbegriff in die Adressleiste und drücken dann die ⏎-Taste. Microsoft Edge gibt Ihre Suchanfrage standardmäßig an die Microsoft-Suchmaschine Bing weiter, die wiederum alle Websites aufspürt, in denen der Suchbegriff indiziert ist.

Sie mögen Bing nicht? Sie müssen nicht bei dieser Suchmaschine bleiben. Sie können sich jederzeit für eine andere entscheiden. Und das geht folgendermaßen:

1. **Klicken Sie in Microsoft Edge rechts oben auf die Schaltfläche WEITERE AKTIONEN und im dann angezeigten Drop-down-Menü auf den Eintrag EINSTELLUNGEN.**

2. **Blättern Sie nach unten und klicken Sie auf die Schaltfläche ERWEITERTE EINSTELLUNGEN ANZEIGEN. Blättern Sie dann wieder nach unten und klicken Sie auf den nach unten zeigenden Pfeil von IN ADRESSLEISTE SUCHEN MIT. Wählen Sie in der Drop-down-Liste die gewünschte Suchmaschine aus beziehungsweise fügen Sie sie hinzu.**

Ist die gewünschte Suchmaschine nicht in der Liste enthalten, klicken Sie auf NEU HINZUFÜGEN, um sie manuell hinzuzufügen. Ihre Einstellungen werden sofort wirksam. Um die Einstellungsleiste wieder verschwinden zu lassen, klicken Sie auf eine beliebige Stelle in Microsoft Edge.

Mehr Infos mit Cortana aufspüren

Durch Klicken auf einen Webseitenlink springen Sie rasch zu anderen Online-schauplätzen, um dort Informationen nachzuschlagen. Was tun Sie aber, wenn es für die gewünschten Informationen keinen Link gibt, auf den Sie klicken können? Sie lesen beispielsweise auf einer Webseite einen Begriff, den Sie nicht kennen und den Sie gerne nachschlagen wollen.

Genau hier kommt *Cortana* ins Spiel, Ihre persönliche digitale Windows 10-Assistentin. Sie hilft Ihnen, in Microsoft Edge zusätzliche Onlineinformationen aufzuspüren.

Und das funktioniert folgendermaßen:

1. **Markieren Sie in Microsoft Edge Begriffe auf der aktuell angezeigten Webseite, die Sie nachschlagen wollen.**

   Doppelklicken Sie beispielsweise auf ein Wort, um es auszuwählen. Oder zeigen Sie mit der Maus auf den Anfang einer zu markierenden Textpassage und ziehen Sie mit gedrückter Maustaste über den gewünschten Bereich. Zum Schluss lassen Sie die Maustaste wieder los.

2. **Klicken Sie mit der rechten Maustaste auf Ihre Auswahl und dann im Kontextmenü auf CORTANA FRAGEN.**

   Cortana macht es sich rechts in einer Leiste gemütlich und durchsucht das Internet nach passenden Informationen (siehe Abbildung 5.4). Sie ist ziemlich schnell!

Cortana holt sich ihre Informationen von Wikipedia und von der Microsoft-Suchmaschine Bing.

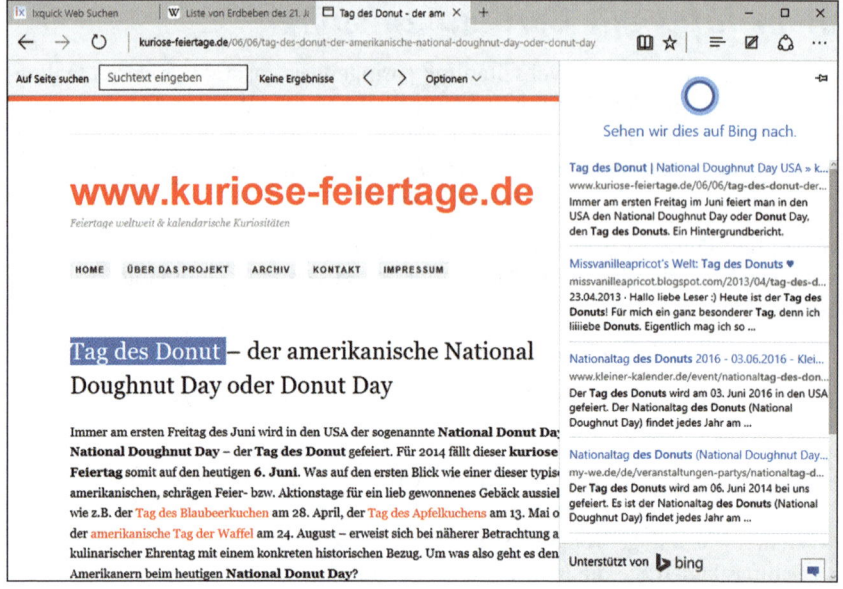

Abbildung 5.4: Cortana tut sich mit Microsoft Edge zusammen, um nach Informationen zu den von Ihnen ausgewählten Begriffen zu suchen.

Informationen aus dem Internet speichern

In diesem Abschnitt erfahren Sie, wie Sie Inhalte aus dem Internet auf Ihren Rechner kopieren – Bilder, ein Musikstück, einen Film oder ein Programm.

Text speichern

Wenn Sie nur ein wenig Text von einer Webseite kopieren möchten, wählen Sie den entsprechenden Textteil aus, klicken mit der rechten Maustaste auf die Auswahl und wählen im Kontextmenü den Befehl KOPIEREN. Öffnen Sie dann Ihr Textverarbeitungsprogramm, fügen Sie den Text in ein neues Dokument ein und speichern Sie das Dokument unter einem möglichst aussagekräftigen Namen im Ordner DOKUMENTE.

Ein Bild speichern

Während Sie von einer Webseite zur anderen springen, kann es vorkommen, dass Sie ein Bild erspähen, das einfach zu gut ist, als dass man es ignorieren könnte. Speichern Sie es auf Ihrem PC: Klicken Sie dazu mit der rechten Maustaste auf das Bild und wählen Sie im Kontextmenü den Befehl BILD SPEICHERN (siehe Abbildung 5.5).

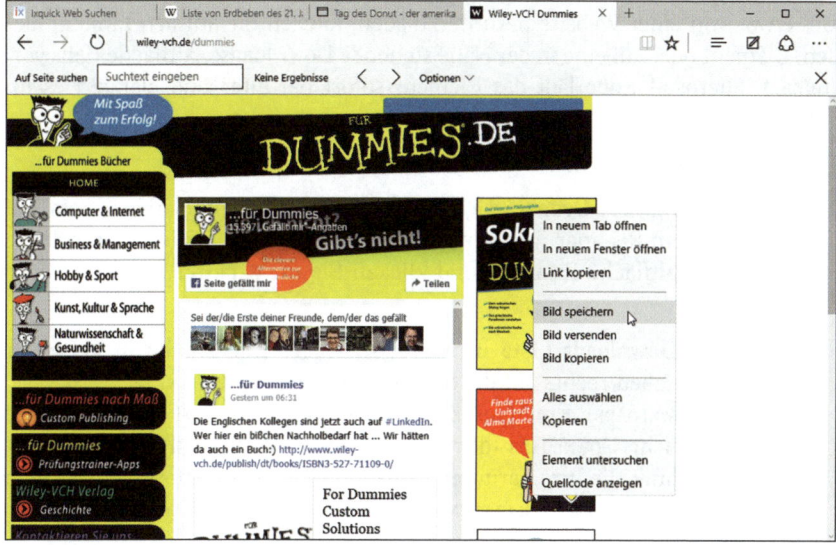

Abbildung 5.5: Mit »Bild speichern« können Sie ein Bild von der Webseite auf Ihrem Rechner speichern.

Das Dialogfeld SPEICHERN UNTER wird geöffnet. Übernehmen Sie den Namen des Bildes von der Webseite oder vergeben Sie selbst einen Namen. Klicken Sie auf SPEICHERN, um das geklaute Bild (ja, es ist geklaut) im Ordner BILDER abzulegen.

Das Menü in Abbildung 5.5 bietet noch einige weitere praktische Optionen an, wie zum Beispiel das Bild als E-Mail zu versenden oder es in die Windows-Zwischenablage zu kopieren, um es in einer anderen Anwendung einzufügen.

Ein Programm, einen Song oder einen anderen Dateityp herunterladen

Microsoft Edge macht es ziemlich einfach, Dinge aus dem Internet herunterzuladen. Aber was noch viel besser ist: Microsoft macht es Ihnen noch einfacher, die heruntergeladenen Dinge (auch *Downloads* genannt) auf Ihrem Rechner wiederzufinden.

Um etwas von einer Website herunterzuladen, klicken Sie auf den Link zu diesem Element oder auf eine in der Nähe stehende Downloadschaltfläche (falls verfügbar). Microsoft Edge lädt das Element sofort herunter und platziert es im Ordner DOWNLOADS. Das Ganze dauert meist nur Sekunden.

Es gibt zwei Wege, die Sie zu Ihren Downloads führen:

✔ **DOWNLOADS-Ordner:** Heruntergeladene Elemente landen stets auf Ihrem Rechner im Ordner DOWNLOADS. Klicken Sie in der Taskleiste auf die Schaltfläche EXPLORER und klicken Sie im Explorer auf den Ordner DOWNLOADS.

✔ **Die Downloads-Liste in Microsoft Edge:** Klicken Sie in Microsoft Edge oben rechts auf die Schaltfläche HUB (FAVORITEN, LESELISTE, VERLAUF UND DOWNLOADS). Ein Menü klappt auf. Klicken Sie dort rechts oben auf die Schaltfläche DOWNLOADS (der nach unten zeigende Pfeil) und Microsoft Edge listet brav alle Ihre heruntergeladenen Dateien auf. Außerdem können Sie rechts oben auf ORDNER ÖFFNEN klicken, um direkt zum DOWNLOADS-Ordner zu wechseln.

Viele Downloads kommen in einer hübschen Ordnerverpackung mit Reißverschluss daher. Das sind sogenannte *ZIP-Dateien*. Windows behandelt diese Ordner wie normale Ordner. Doppelklicken Sie auf eine ZIP-Datei, um den Inhalt anzusehen. Um gepackte Dateien zu extrahieren, klicken Sie mit der rechten Maustaste auf die gezippte Datei und wählen Sie den Befehl ALLE EXTRAHIEREN.

Soziale Kontakte pflegen

In diesem Kapitel

▶ Konten hinzufügen

▶ Die Mail-App einrichten

▶ Dateien und Fotos senden und empfangen

▶ Kontakte verwalten

▶ Termine mit der Kalender-App in den Griff bekommen

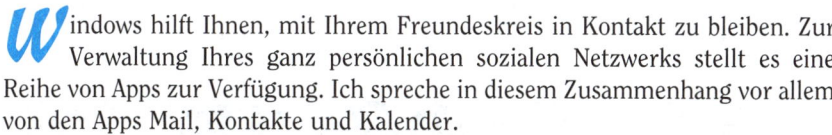

*W*indows hilft Ihnen, mit Ihrem Freundeskreis in Kontakt zu bleiben. Zur Verwaltung Ihres ganz persönlichen sozialen Netzwerks stellt es eine Reihe von Apps zur Verfügung. Ich spreche in diesem Zusammenhang vor allem von den Apps Mail, Kontakte und Kalender.

Die Apps arbeiten Hand in Hand. Dadurch ist es ziemlich einfach, Kontakte und Termine im Blick zu behalten. In diesem Kapitel erfahren Sie, wie diese sozialen Windows-Apps funktionieren und wie Sie sie einrichten.

Ihre Konten in Windows einbinden

Seit Jahren hören Sie stets ein und dieselbe Leier: »Verrate ja niemals irgendjemandem den Namen und das Kennwort deines Benutzerkontos.« Und jetzt kommt Windows daher und will, dass Sie diese eiserne Regel brechen.

Wenn Sie die Apps Mail, Kontakte und Kalender das allererste Mal starten, fragt Windows neugierig nach den Namen und Kennwörtern Ihrer E-Mail-Dienste und sonstiger Konten wie Google.

Aber erschrecken Sie nicht. Microsoft und die anderen Netzwerke haben sich darauf geeinigt, dass Ihre Daten nur dann gemeinsam in den Netzwerken verwendet werden, wenn Sie dem ausdrücklich zustimmen. Und wenn Sie einverstanden sind, stellt Windows eine Verbindung zum entsprechenden Netzwerk her und importiert Kontakt-, E-Mail- und Kalenderdaten.

Und ehrlich gesagt, dieser automatische Datenabgleich spart wahnsinnig viel Zeit. Wenn Sie diese Konten mit Windows verbinden, meldet sich Ihr Rechner automatisch bei ihnen an, importiert die Kontaktdaten aller Freundinnen und Freunde und stopft sie in Ihre Apps.

Um Windows über Ihr Onlineleben zu informieren, führen Sie die folgenden Schritte aus:

1. **Klicken Sie auf die Schaltfläche S<small>TART</small> und dann im Startmenü auf die Kachel M<small>AIL</small>.**

   Wenn Sie sich noch nicht mit einem Microsoft-Konto angemeldet haben, werden Sie von der Mail-App daran erinnert, dass Sie eines brauchen.

2. **Klicken Sie auf die Schaltfläche A<small>NFANGEN</small> und machen Sie Ihre verschiedenen E-Mail-Konten mit der Mail-App bekannt.**

   Wenn Sie die Mail-App zum allerersten Mal starten, werden Sie aufgefordert, Ihr E-Mail-Konto oder Ihre E-Mail-Konten hinzuzufügen (siehe Abbildung 6.1). Wenn Sie mit einem Microsoft-Konto angemeldet sind, das gleichzeitig als Microsoft E-Mail-Adresse fungiert – zum Beispiel mit einer Endung wie Live, Hotmail oder Outlook –, ist diese E-Mail-Adresse bereits eingerichtet.

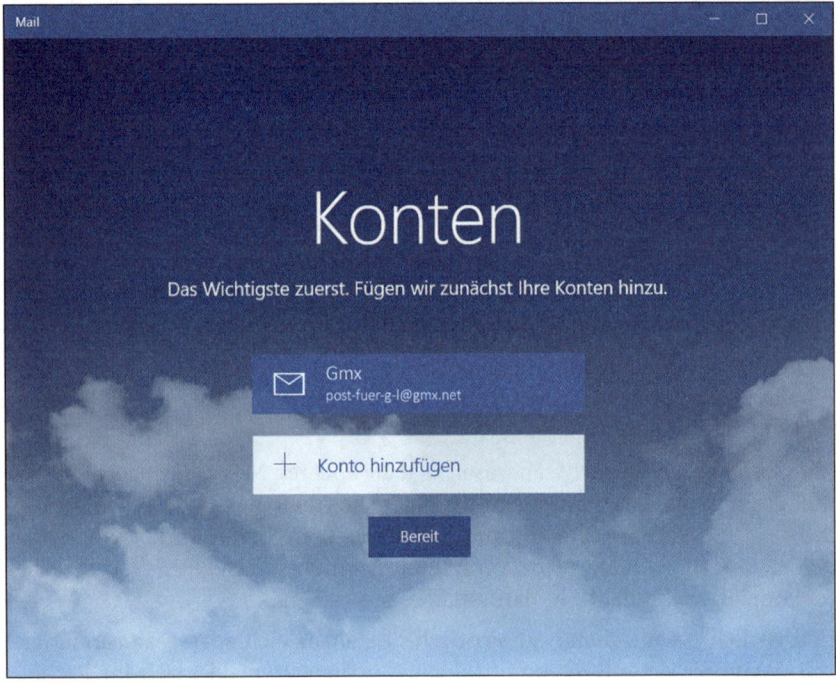

Abbildung 6.1: Bereichern Sie Ihre Mail-App um weitere E-Mail-Konten.

Klicken Sie auf KONTO HINZUFÜGEN, um ein weiteres Konto hinzuzufügen. Mail listet genau auf, welche Konten es akzeptiert: EXCHANGE (wird häufig in Unternehmen eingesetzt oder von Leuten verwendet, die mit Office 365-Onlineprogrammen arbeiten), GOOGLE, ICLOUD (Apple), YAHOO! MAIL und ANDERES KONTO (für Konten, die den Zugriff mit POP oder IMAP steuern).

 Im Unterschied zur Mail-App von Windows 8 und Windows 8.1 unterstützt die Mail-App von Windows 10 endlich IMAP- und POP-Konten. Das bedeutet nichts anderes, als dass die Mail-App nun mit mehr E-Mail-Konten zusammenarbeiten kann. Dazu gehören vor allem lokale Internetprovider.

Um beispielsweise ein Google-Konto hinzuzufügen, klicken Sie auf GOOGLE. Windows leitet Sie in einen sicheren Bereich der Google-Website, in dem Sie diesen geheimen Bund durch Eingabe Ihrer Google-E-Mail-Adresse sowie Ihres Kennworts und durch Klicken auf die Schaltfläche ANMELDEN besiegeln.

Autorisieren Sie bei Bedarf weitere aufgelistete Dienste, bei denen Sie ein Konto haben, Ihre Daten mit der Mail-App von Windows zu teilen.

Jetzt haben Sie die Mail-App mit Ihren anderen Mailkonten verbunden. Gratulation! Sie sind wirklich vernetzt. Sie erhalten zukünftig zentral in Mail alle E-Mails von Ihren verschiedenen E-Mail-Konten und Ihre Kontaktliste ist prall gefüllt mit Kontaktdaten, und die Termine aus anderen Konten werden in die Kalender-App übertragen.

Die Mail-App kennenlernen

Windows präsentiert stolz seine eigene App zum Senden und Empfangen von E-Mails, Mail genannt.

Mail ist eine sogenannte *Live-App*, die in einer sogenannten *Live-Kachel* im Startmenü untergebracht ist. Das bedeutet nichts anderes, als dass die App ihre Kachel beständig aktualisiert und dort den Absender und Betreff der zuletzt eingegangenen Mails anzeigt.

Die Ansichten, Menüs und Konten der Mail-App erkunden

Mail zeigt zunächst die Daten des zuletzt verwendeten beziehungsweise des zuletzt eingerichteten Kontos an (siehe Abbildung 6.2). Daneben werden die eingegangenen Mails aufgelistet und ganz rechts sehen Sie den Inhalt der im Posteingang ausgewählten Mail.

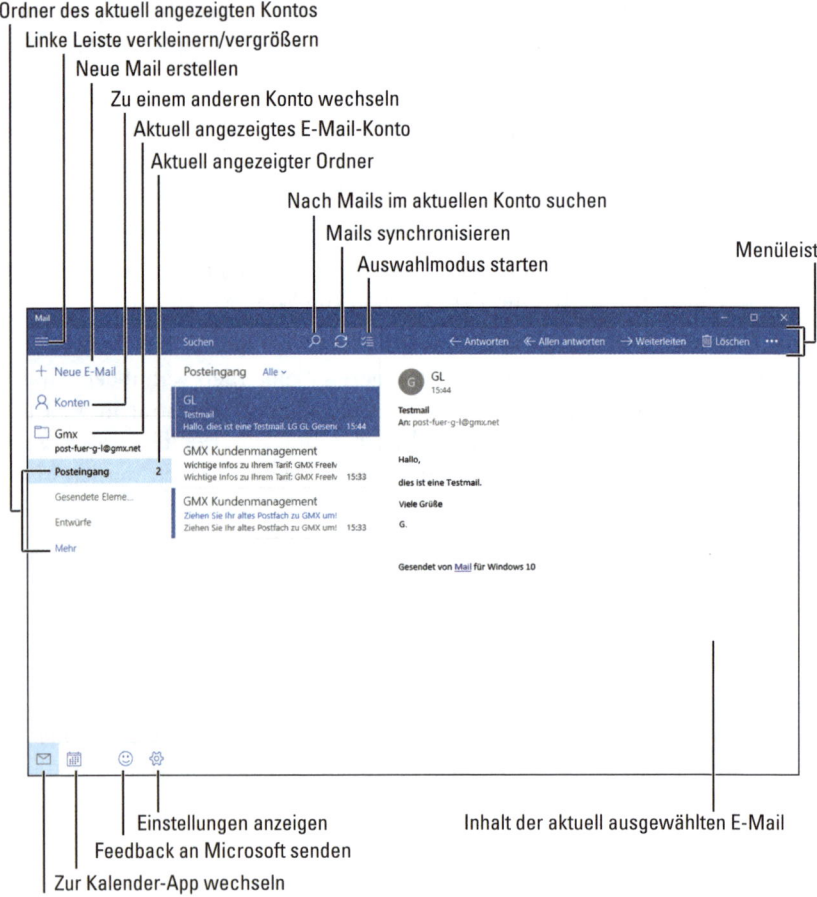

Ordner des aktuell angezeigten Kontos
Linke Leiste verkleinern/vergrößern
Neue Mail erstellen
Zu einem anderen Konto wechseln
Aktuell angezeigtes E-Mail-Konto
Aktuell angezeigter Ordner
Nach Mails im aktuellen Konto suchen
Mails synchronisieren
Auswahlmodus starten
Menüleiste

Einstellungen anzeigen
Feedback an Microsoft senden
Zur Kalender-App wechseln
Zur Mail-App wechseln
Inhalt der aktuell ausgewählten E-Mail

*Abbildung 6.2: E-Mail-Konten und -Ordner werden links angezeigt,
E-Mails in der Mitte und E-Mail-Inhalte auf der rechten Seite.*

Um die Mails von einem anderen Konto anzuzeigen, klicken Sie auf die Schaltfläche KONTEN und wählen das entsprechende Konto aus. Und schon sehen Sie den Postverkehr des gewählten Kontos.

In der linken Leiste unter dem Kontonamen listet die Mail-App Ihre Ordner auf:

✔  **POSTEINGANG:** Der Inhalt des Posteingangs wird nach jedem Start von Mail angezeigt. Hier finden Sie alle eingetroffenen Mails. Die Mail-App aktualisiert regelmäßig Ihren Posteingang. Wenn Sie es aber einmal gar nicht abwarten können, weil Sie eine unglaublich wichtige Mail erwarten, klicken Sie auf die Schaltfläche DIESE ANSICHT SYNCHRONISIEREN, um alle Mails, die gerade dabei sind einzutreffen, anzuzeigen.

✔ **GESENDETE ELEMENTE:** Klicken Sie auf diesen Ordner, um alle Nachrichten anzuzeigen, die Sie an andere gesendet haben.

✔ **ENTWÜRFE:** Wenn Sie eine Nachricht schreiben, sie aber aus welchem Grund auch immer noch nicht senden wollen, bleibt sie hier abgelegt, bis Sie sie brauchen.

✔ **MEHR:** Wenn Sie viele Ordner zum Sortieren Ihrer Mails erstellt haben, verstecken sich diese Ordner hinter dem Ordner MEHR. Hier finden Sie auch den Ordner POSTAUSGANG.

Mithilfe der Schaltflächen unten im linken Bereich können Sie zwischen der Kalender-App, Mail-App, Feedback-App und den Mail-Einstellungen hin und her wechseln.

Die Mail-App passt wie die meisten Apps ihre Größe an den Bildschirm an. Auf einem winzigen Tablet schrumpft der linke Bereich zu einem schmalen Streifen und zeigt nur Schaltflächen, aber keinen Text an (so wie in Abbildung 6.3). Sobald Sie auf eine Schaltfläche klicken, plustert sich der kleine Streifen auf und zeigt dieselben Informationen wie in Abbildung 6.2 an.

Ordner des aktuellen Kontos anzeigen

Zu einem anderen Konto wechseln

Neue E-Mail erstellen   Formatierungsoptionen anzeigen   Nachricht verwerfen

  Aktuell angezeigte Nachricht Datei, Tabelle, Bild oder Link einfügen Nachricht senden

                 Rechtschreibprüfung,
 Aktuell angezeigter Ordner   Wichtigkeit und Sprache

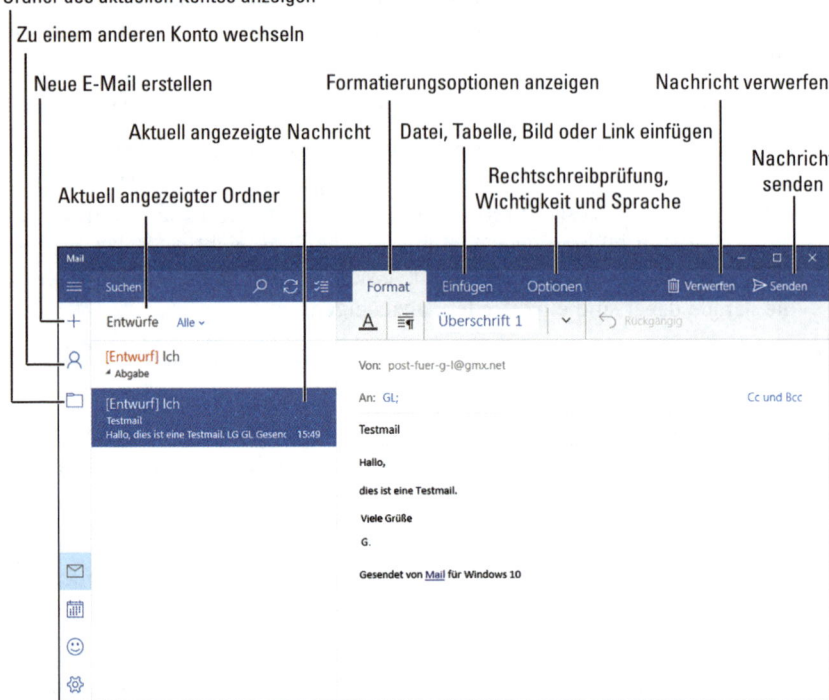

Abbildung 6.3: Die Fenstergröße der Mail-App passt sich der Bildschirmgröße an.

Eine E-Mail-Nachricht schreiben und senden

Führen Sie die folgenden Schritte aus, um eine eigene E-Mail-Nachricht zu verfassen und zu versenden:

1. **Klicken Sie im Startmenü auf die Kachel MAIL, um die App zu öffnen, und dann links oben auf die Schaltfläche NEUE E-MAIL.**

    Eine neue Mail macht sich rechts breit und wartet auf Ihre Eingaben.

     Wenn Sie mehr als ein E-Mail-Konto in der Mail-App eingerichtet haben, wählen Sie zuerst links oben das gewünschte Konto aus und klicken erst dann auf das Pluszeichen zum Erstellen einer neuen Mail.

2. **Geben Sie die E-Mail-Adresse des Empfängers in das Feld An ein.**

Sobald Sie mit der Eingabe beginnen, durchsucht die Mail-App die Kontakte-App nach Namen und E-Mail-Adressen, die den eingegebenen Zeichen entsprechen, und listet Übereinstimmungen auf.

3. **Klicken Sie in das Feld Betreff und geben Sie den Betreff des Schreibens ein.**

Sie können eine Nachricht auch ohne Betreff senden. Der Betreff hilft aber dem Empfänger beim Herausfiltern der für ihn wichtigen oder interessanten E-Mails.

4. **Geben Sie die Nachricht in das große Feld unterhalb des Betreffs ein.**

Während des Schreibens prüft Mail die Rechtschreibung. Klicken Sie mit der rechten Maustaste auf einen Fehler und wählen Sie im Kontextmenü die korrekte Schreibweise aus.

 Wenn die Rechtschreibprüfung ständig ein Wort moniert, das richtig geschrieben ist (vielleicht ein Eigenname?), dann nehmen Sie das Wort doch einfach in das integrierte Wörterbuch auf. Klicken Sie dazu in der Korrekturliste auf die Schreibweise mit dem Pluszeichen davor. Das war es auch schon! Die Mail-App wird zukünftig diese Schreibweise nicht mehr bemängeln.

5. **Fügen Sie bei Bedarf Formatierungen, Tabellen, Dateien oder Bilder in die E-Mail ein.**

Im Menüband direkt über Ihrer neuen Nachricht finden Sie drei Registerkarten mit verschiedensten Optionen:

- FORMAT: Auf dieser Registerkarte finden Sie die Schaltflächen zum Gestalten des Textes. Wählen Sie einen Teil der E-Mail aus und klicken Sie dann auf FETT, KURSIV, UNTERSTRICHEN oder SCHRIFTFARBE oder ändern Sie die Schriftart und die Schriftgröße. Je nach Fenstergröße müssen Sie vielleicht zuerst auf die Schaltfläche SCHRIFTFORMATIERUNG klicken, um auf diese Schätze zugreifen zu können.

- EINFÜGEN: Klicken Sie auf diese Registerkarte, um an die E-Mail eine Datei als Anhang anzuhängen.

- OPTIONEN: Hier definieren Sie die Wichtigkeit der E-Mail, legen die Sprache fest und merzen Rechtschreibfehler in der Mail aus.

Die meisten Internetdienstanbieter haben Probleme beim Senden und Empfangen von Anlagen, die größer als 25 MB sind.

6. Klicken Sie rechts oben auf die Schaltfläche Senden.

Wusch! Weg ist das Schreiben.

Sie wollen die Nachricht nicht senden? Dann klicken Sie rechts oben auf die Schaltfläche Verwerfen. Weg ist der Entwurf.

Eine empfangene Mail lesen

Wenn Ihr Computer mit dem Internet verbunden ist, erfahren Sie im Windows-Startmenü sofort, wenn eine neue Nachricht eingetroffen ist. Die Kachel der Mail-App kann dies einfach nicht für sich behalten. Sie zeigt den Absender und den Betreff der frisch eingetroffenen E-Mails an.

Um empfangene Mails zu lesen oder auch zu beantworten, gehen Sie wie folgt vor:

1. Klicken Sie im Startmenü auf die Kachel Mail.

Die Mail-App meldet sich zum Dienst und zeigt alle E-Mails im Posteingang an (siehe auch Abbildung 6.2 weiter vorn in diesem Kapitel). Der Absender und der Betreff jeder Nachricht werden akribisch nach Datum sortiert untereinander angeordnet. Ganz oben stehen die brandneuen Nachrichten.

 Wenn Sie in einem überquellenden Posteingang auf der Suche nach einer bestimmten Nachricht sind, klicken Sie oben in der Spalte mit den E-Mails auf die Lupe, um den Suchbereich in Mail zu aktivieren. Geben Sie dort dann den Absender der gesuchten Mail oder ein Schlüsselwort ein, das in der gesuchten Mail vorkommt. Bestätigen Sie Ihre Suche durch Drücken der ⏎-Taste.

2. Klicken Sie auf die Nachricht, die Sie lesen wollen.

Der Inhalt der gewählten Nachricht wird im rechten Bereich der App angezeigt.

3. Jetzt haben Sie verschiedene Möglichkeiten zu reagieren. Für jede Aktion steht die entsprechende Schaltfläche rechts oben in der App griffbereit zur Verfügung.

- Antworten: Klicken Sie oben in der Leiste auf die Schaltfläche Antworten. Die E-Mail ist dann bereits adressiert, und zwar an den Absender der Nachricht, auf die Sie gerade antworten. Außerdem wird der Betreff übernommen und die ursprüngliche Nachricht wird weiterhin unten angezeigt.

- ALLEN ANTWORTEN: Ist die Nachricht, die Sie beantworten wollen, an mehrere Empfänger gegangen, können Sie Ihre Antwort auch an alle Empfänger senden. Klicken Sie dazu oben in der Leiste auf die Schaltfläche ALLEN ANTWORTEN.

- WEITERLEITEN: Sie haben eine E-Mail erhalten, die für Ihre beste Freundin auch sehr interessant wäre? Dann senden Sie ihr doch einfach eine Kopie der Mail mit oder ohne nette Worte von Ihnen. Klicken Sie dazu oben in der Leiste auf die Schaltfläche WEITERLEITEN.

- LÖSCHEN: Klicken Sie oben in der Leiste auf die Schaltfläche LÖSCHEN, um die Mail in den Ordner GELÖSCHT zu verschieben. Dort können Sie sie bei Bedarf wieder herausholen oder endgültig löschen.

- KENNZEICHNUNG FESTLEGEN: Wenn Sie auf diese Schaltfläche klicken, wird neben der E-Mail eine kleine Flagge positioniert, die Sie erinnern soll, dass Sie sich mit dieser Nachricht später noch einmal beschäftigen müssen.

- **···** AKTIONEN: Klicken Sie auf diese Schaltfläche, um eine Liste mit weiteren Aktionen aufzuklappen. Hier sind alle Befehle untergebracht, die nicht mehr oben auf Ihren Bildschirm gepasst haben. Da wären ALS GELESEN MARKIEREN (beziehungsweise ALS UNGELESEN MARKIEREN), VERSCHIEBEN (aus dem Posteingang in einen anderen Ordner), VORHERIGE und NÄCHSTE (die vorherige beziehungsweise die nächste Mail in der Mailliste anzeigen), DRUCKEN und ZOOM (die Anzeige auf dem Bildschirm vergrößern oder verkleinern).

 Es ist Ihnen nicht recht, dass die Mail-Kachel im Startmenü den Absender und Betreff Ihrer Mails anzeigt? Klicken Sie im Startmenü mit der rechten Maustaste auf die Mail-Kachel und wählen Sie im Kontextmenü den Befehl LIVE-KACHEL DEAKTIVIEREN.

Phishing unterbinden

Irgendwann einmal werden Sie vielleicht eine E-Mail von Ihrer Bank, eBay, PayPal oder einer ähnlichen Website erhalten, die ein Problem mit Ihrem Konto ankündigt. Sie werden gebeten, auf einen Link zu klicken und dann Ihren Benutzernamen und das Kennwort einzugeben, denn nur so könnten die Probleme mit Ihrem Konto behoben werden.

Machen Sie das *niemals*! Ganz egal, wie realistisch und glaubwürdig die E-Mail oder die Website auch aussehen mag – Sie haben es hier eindeutig mit *Phishing* zu tun, dem betrügerischen Ausspionieren von Benutzernamen und Kennwörtern. Betrüger versenden weltweit Millionen dieser Nachrichten und hoffen, ein paar Naivlinge (zu denen Sie ja jetzt definitiv nicht zählen werden) davon zu überzeugen, ihre kostbaren Benutzernamen und Kennwörter preiszugeben.

Wenn Ihnen etwas nicht geheuer vorkommt, besuchen Sie die echte Website des Unternehmens – geben Sie die Webadresse von Hand ein. Die Chancen stehen gut, dass Sie dort keinerlei Hinweis darauf finden, dass mit Ihrem Konto etwas nicht in Ordnung ist.

Sowohl der Internet Explorer als auch der funkelnagelneue Browser Microsoft Edge verwenden sogenannte SmartScreen-Filter, mit denen die Adressen von Websites mit einer Liste bekannter Phishing-Websites verglichen werden. Stimmt die Website mit einem Namen in der Liste der Verdächtigen überein, schlägt der SmartScreen-Filter Alarm. Schließen Sie dann die entsprechende Webseite sofort.

Kontakte in der Kontakte-App pflegen

Wenn Sie Windows gestatten, Ihre E-Mail-Adressen in die Mail-App zu übernehmen (siehe den Abschnitt »Ihre Konten in Windows einbinden« am Kapitelanfang), tummeln sich dort Kontakte aus Outlook, Google Mail und anderen E-Mail-Konten, über die Sie Ihren Briefverkehr abwickeln.

 Die Kontakte-App von Windows 10 sieht anders aus als ihre Vorgängerinnen in Windows 8 und Windows 8.1. Und sie funktioniert auch anders. Die Windows 10-App ist nicht länger Dreh- und Angelpunkt Ihrer sozialen Kontakte. Es ist ein einfaches Adressbuch, in dem Sie die Namen und Kontaktdaten der Leute dokumentieren, die Ihnen wichtig sind. Nicht mehr, aber auch nicht weniger.

Um Ihre Kontakte anzuzeigen, klicken Sie im Startmenü auf die Kachel KONTAKTE. Die Kontakte werden in alphabetischer Reihenfolge aufgelistet (siehe Abbildung 6.4).

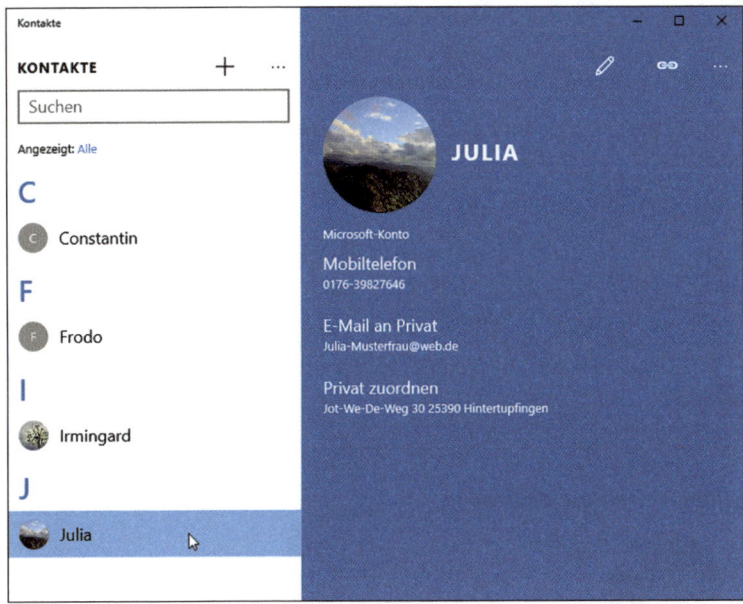

Abbildung 6.4: Die Kontakte-App sammelt fleißig Ihre Kontakte aus Ihren E-Mail-Konten.

Kontakte hinzufügen

Auch wenn die Kontakte-App gerne neue Bekanntschaften aus Ihren E-Mail-Konten bezieht, ist es überhaupt kein Thema, Kontakte ganz altmodisch per Hand einzutragen:

1. **Klicken Sie im Startmenü auf die Kachel KONTAKTE.**

   Die Kontakte-App wird geöffnet.

2. **Klicken Sie oben auf die »+«-Schaltfläche und legen Sie fest, falls die Kontakte-App nachfragt, in welchem Konto der Kontakt gespeichert werden soll.**

Machen Sie dies von Ihrem Handy beziehungsweise von Ihrer Arbeitsumgebung abhängig. Wenn Sie ein Android-Handy besitzen, wählen Sie Ihr Google-Konto. Dann erscheint der neue Kontakt in Ihren Gmail-Kontakten und er wird in der Kontakteliste Ihres Android-Handys angezeigt.

Wählen Sie Ihr Microsoft-Konto, wenn Sie ein Windows-Phone besitzen oder wollen, dass der neue Kontakt stets zur Hand ist, wenn Sie sich auf Ihrem Rechner mit Ihrem Microsoft-Konto anmelden.

Die Kontakte-App erinnert sich an Ihre Auswahl und wird nicht mehr nachfragen.

3. Füllen Sie das Formular aus.

Die meisten Felder erklären sich von selbst (siehe Abbildung 6.5). NAME, HANDY, TELEFON, E-MAIL ... Klicken Sie auf die Schaltfläche SONSTIGE, um Felder wie POSITION, PARTNERINFO, WEBSITE und NOTIZEN einzublenden.

4. Klicken Sie auf die Schaltfläche zum Speichern.

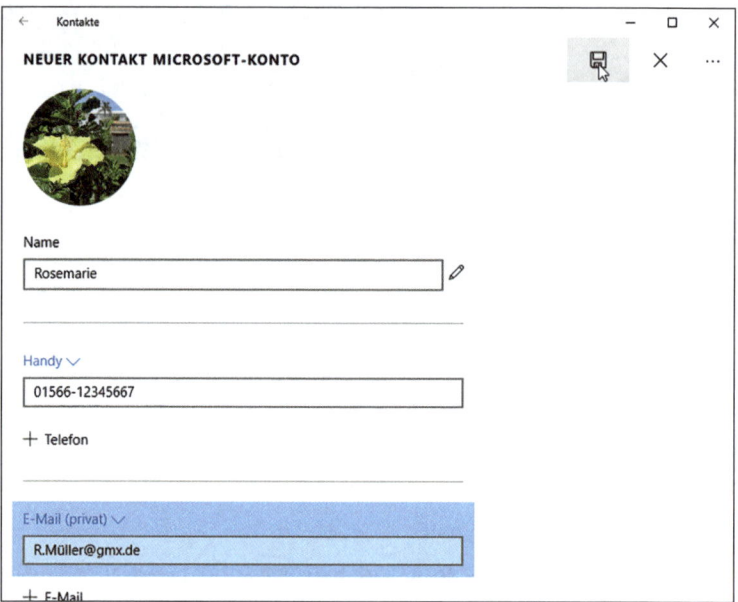

Abbildung 6.5: Geben Sie so viele Kontaktdaten ein, wie Sie wollen, und klicken Sie dann auf die Schaltfläche zum Speichern.

Kontakte löschen oder bearbeiten

Ist jemand bei Ihnen in Ungnade gefallen? Oder hat sich lediglich bei jemandem die Telefonnummer geändert? Wie dem auch sei, es ist ziemlich einfach, einen Kontakt zu entfernen oder zu bearbeiten.

1. **Klicken Sie im Startmenü auf die Kachel KONTAKTE.**

   Die Kontakte-App wird geöffnet (siehe Abbildung 6.4).

2. **Um einen Kontakt zu entfernen, klicken Sie mit der rechten Maustaste auf seinen Namen und wählen Sie im Kontextmenü den Befehl LÖSCHEN.**

   Der Kontakt wird sowohl aus der Kontakte-App als auch aus dem E-Mail-Konto entfernt, in dem er abgelegt war.

3. **Um einen Kontakt zu bearbeiten, wählen Sie ihn aus und klicken rechts oben auf die Schaltfläche zum Bearbeiten.**

   Die Kontaktdaten werden angezeigt und Sie können sie beliebig bearbeiten.

4. **Klicken Sie auf die Schaltfläche zum Speichern.**

   Die Kontakte-App aktualisiert ihre eigene Liste und das E-Mail-Konto, in dem der Kontakt abgelegt ist. Wenn Sie zum Beispiel einen Gmail-Kontakt in der Kontakte-App bearbeiten, werden Sie diese Änderungen auch in Gmail wiederfinden.

Termine in der Kalender-App verwalten

Wenn Sie Ihre Onlinekonten, Gmail, Outlook, Live.com und andere, wie weiter vorn in diesem Kapitel im Abschnitt »Ihre Konten in Windows einbinden« beschrieben, in die Mail-App integriert haben, steht mit Sicherheit bereits der eine oder andere Termin aus diesen Konten in der Kalender-App.

Wenn Sie die Kalender-App zum ersten Mal öffnen, müssen Sie vielleicht noch Ihre E-Mail-Konten hinzufügen. Wenn Sie das bereits in der Mail-App getan haben, sollten Ihnen in der Kalender-App die dort angegebenen E-Mail-Konten zur Verfügung stehen.

Die Kalender-App wird geöffnet und zeigt alle Termine aus Ihren E-Mail-Konten an. Um mehr oder weniger Tage anzuzeigen, klicken Sie oben in der Leiste auf TAGESANSICHT, ARBEITSWOCHE, WOCHE, MONAT oder HEUTE. Wenn Sie beispielsweise die Wochenansicht wählen, sieht Ihr Kalender wie in Abbildung 6.6 aus.

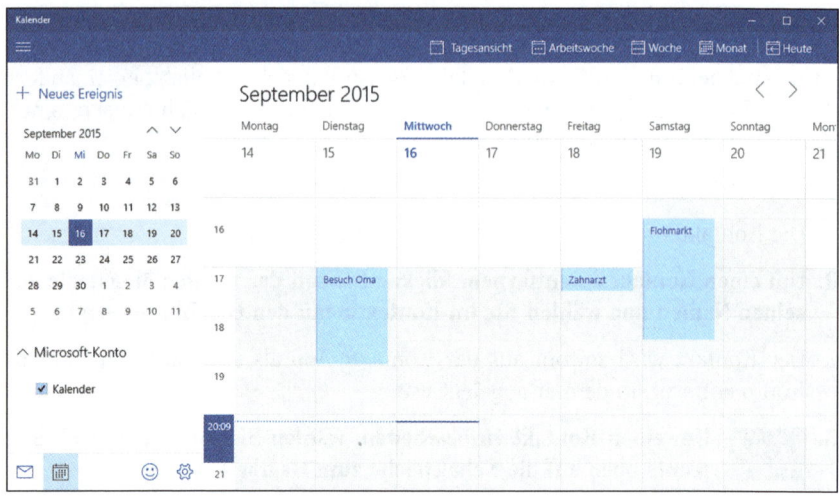

Abbildung 6.6: Was in dieser Woche so alles ansteht

 Egal welche Ansicht gerade angezeigt wird, Sie können stets mithilfe der kleinen Pfeile am oberen rechten Rand im Kalender blättern. Der nach links zeigende Pfeil führt Sie in die Vergangenheit, der nach rechts zeigende in die Zukunft.

Um einen Termin von Hand einzutragen, tun Sie Folgendes:

1. **Klicken Sie im Startmenü auf die Kachel Kalender.**

    Wenn Sie sich gerade in der Mail-App aufhalten, klicken Sie stattdessen links unten auf die Schaltfläche Zum Kalender wechseln.

2. **Klicken Sie links oben in der Kalender-App auf die Schaltfläche Neues Ereignis.**

   Ein leeres Terminformular wird angezeigt. Geben Sie die Termindaten Datum, Ort etc. ein und laden Sie bei Bedarf auch Leute ein.

3. **Füllen Sie die Termindetails aus.**

   Das meiste erklärt sich von selbst (siehe Abbildung 6.7).

   Die größte Herausforderung ist wohl das Kalenderfeld, das nur zur Verfügung steht, wenn Sie mehr als ein E-Mail-Konto mit der Mail-App verbunden haben. Für welches E-Mail-Konto soll der neue Termin sein?

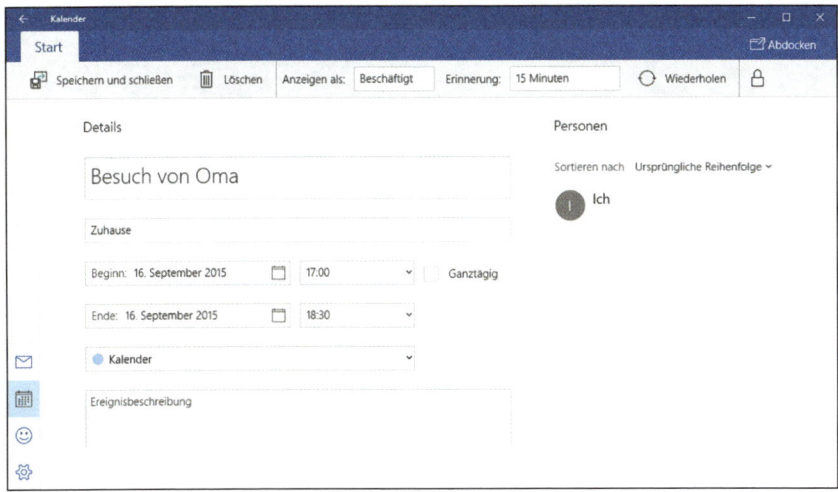

*Abbildung 6.7: Geben Sie für den neuen Termin das Datum, die Dauer,
den Ort und vieles mehr an.*

Und wieder hängt die Antwort auf diese Frage von Ihrem Handy beziehungsweise Ihrer Arbeitsumgebung ab. Wählen Sie das Google-Konto, um die Termine an Ihren Gmail-Kalender zu senden, der dann auf Ihrem Android-
Handy angezeigt wird.

Oder wählen Sie Ihr Microsoft-Konto und laden Sie dann die passende Out-
look-App herunter; es gibt sie für Android-Handys und iPhones. Die Outlook-
App kann dann die Termine in der Kalender-App mit Ihrem Handy synchronisieren.

4. Klicken Sie auf die Schaltfläche Speichern und schliessen.

Um einen Termin aus dem Kalender zu löschen, öffnen Sie ihn und klicken
oben auf die Schaltfläche Löschen. Um einen Termin zu ändern, öffnen Sie
ihn und geben die Änderungen ein. Speichern mit Speichern und schliessen
nicht vergessen!

Teil III

Die Windows-Werkstatt

In diesem Teil ...

✔ Die Einstellungen-App und die Systemsteuerung von Windows 10 unter Kontrolle halten

✔ Den Computer in Topform halten

✔ Den Computer mit mehreren Benutzern teilen

Windows anpassen

7

In diesem Kapitel

▷ Die Einstellungen-App und die Systemsteuerung kennenlernen

▷ Den Windows-Look ändern

▷ Mit Hardware und Sound zurechtkommen

▷ Windows für Menschen mit Behinderung einrichten

*W*indows – alles schön und gut. Aber das eine oder andere hätte ich schon gerne anders. Gibt es hier keine Schalttafeln, wie man sie aus Raumschiff Enterprise kennt, mit denen ein neuer Kurs eingegeben werden kann? Doch, doch, die gibt es. In Windows heißt das *Einstellungen* (klingt nicht sehr aufregend) und *Systemsteuerung* (klingt schon eher nach Weltraumabenteuer).

In diesem Kapitel lernen Sie die Schalter und Regler kennen, die Sie benötigen, um sich in Windows heimisch zu fühlen.

 Nur damit Sie sich nicht wundern, wenn es so gar nicht funktionieren sollte: Gewisse Einstellungen sind dem Administrator vorbehalten. Das ist in der Regel die Person, der der Rechner gehört. Wenn Windows also den einen oder anderen Einstellungswunsch ignoriert, könnte es sein, dass Sie nicht über Administratorrechte verfügen.

Die Einstellungen-App

Und wie gelangen Sie zur Einstellungen-App? Ganz einfach. Sie klicken auf die Schaltfläche Start und dann links unten im Startmenü auf den Eintrag Einstellungen. Die Einstellungen-App wird geöffnet (siehe Abbildung 7.1).

Die Einstellungen-App bietet in ihrem Startbildschirm jede Menge großer Schaltflächen, hinter denen sich die verschiedenen Einstellungskategorien verbergen, die weiter hinten in diesem Kapitel noch ausführlich besprochen werden.

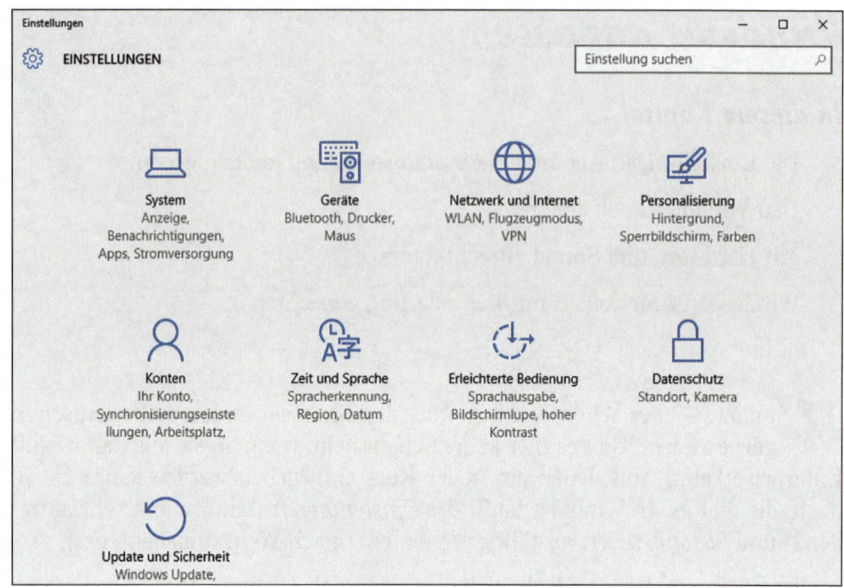

Abbildung 7.1: In der Einstellungen-App können Sie genau bestimmen, wie Ihr Rechner sich verhalten soll.

Die Systemsteuerung

Wem die Einstellungsmöglichkeiten der Einstellungen-App nicht ausreichen, der kann sich vertrauensvoll an die Systemsteuerung auf dem Desktop wenden. Hier finden Sie jede Menge Einstellungsmöglichkeiten.

Zur Systemsteuerung führen viele Wege. Klicken Sie beispielsweise links unten mit der rechten Maustaste auf die Schaltfläche START und wählen Sie im Kontextmenü den Befehl SYSTEMSTEUERUNG. Oder drücken Sie ⊞+X, um dasselbe Kontextmenü zu öffnen (für die, die nicht so gut mit der Maus treffen).

Damit Sie nicht ziel- und orientierungslos auf der Suche nach dem geeigneten Schalter in der Systemsteuerung umherirren, werden zusammengehörige Einstellungen in Kategorien zusammengefasst (ähnlich wie in der Einstellungen-App), wie in Abbildung 7.2 zu sehen ist. Wenn Sie die Maus über einer Hauptkategorie schweben lassen, werden die dort angebotenen Einstellungsmöglichkeiten in einer QuickInfo zusammengefasst. Außerdem bietet die Systemsteuerung rechts oben im Fenster ein Suchfeld an, in dem Sie nach Begriffen suchen können.

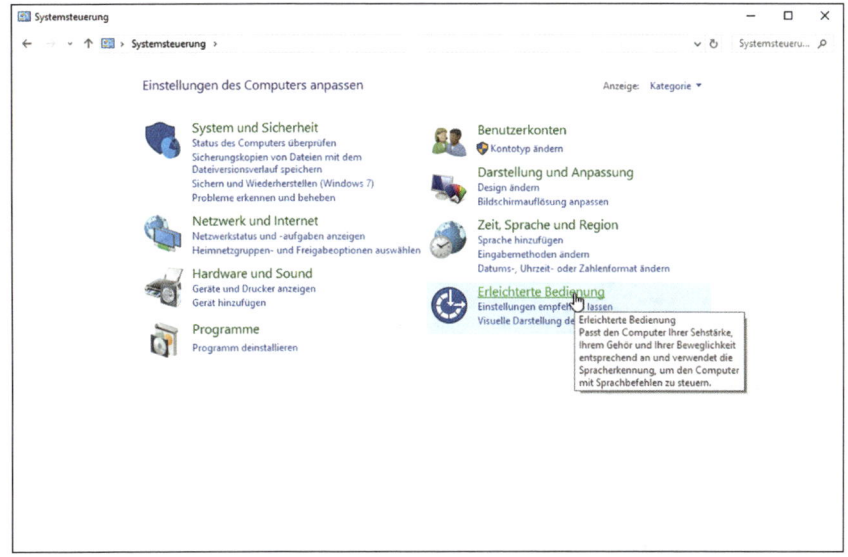

Abbildung 7.2: Zeigen Sie mit der Maus auf eine Hauptkategorie der Systemsteuerung, um Informationen dazu einzublenden.

 Unterhalb der Kategorienamen stehen jeweils Links zu den beliebteren Angeboten der jeweiligen Kategorie. So bietet beispielsweise die Kategorie SYSTEM UND SICHERHEIT die Links zum Dateiversionsverlauf, zum Prüfen des Rechnerstatus und zu den Werkzeugen für die Fehlerbehebung an.

Die eine oder andere Einstellung passt nicht wirklich zu der Kategorie und wird hier dann auch gar nicht erst aufgelistet. Wenn Sie also wirklich alle Links einer Kategorie sehen wollen, wählen Sie rechts oben in der Drop-down-Liste ANZEIGE entweder die Option mit den großen oder die mit den kleinen Symbolen. Dann füllt sich das Fenster blitzschnell mit einer Heerschar von Symbolen, wie in Abbildung 7.3 zu sehen. Wenn Sie zur Kategorienansicht zurückschalten wollen, wählen Sie in der Drop-down-Liste den Eintrag KATEGORIE.

Die Systemsteuerung sammelt die wichtigsten Schalter von Windows auf einer gut sortierten Schalttafel. Es gibt aber noch andere Wege, die Einstellungen von Windows zu ändern. Wenn Sie mit der rechten Maustaste auf den Desktop, auf ein Symbol oder auf einen Ordner klicken, gibt es eigentlich immer etwas zu verstellen. Wählen Sie dazu im Kontextmenü den Befehl EIGENSCHAFTEN.

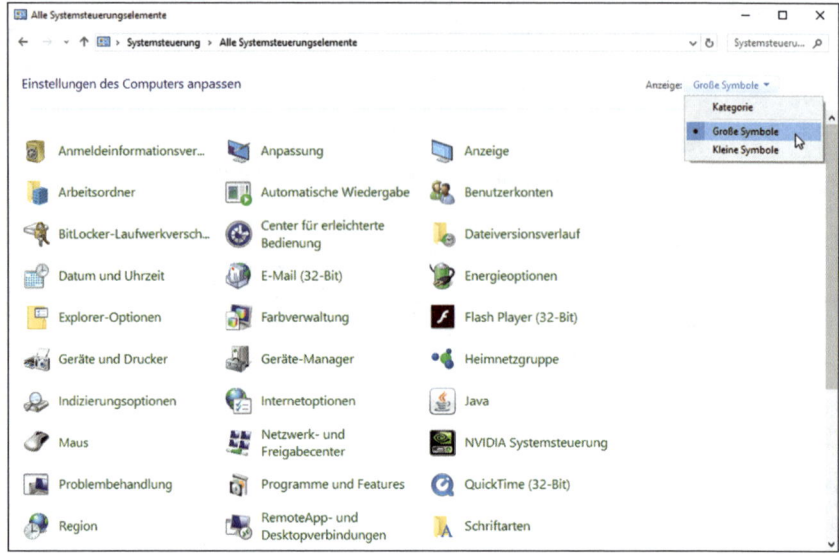

Abbildung 7.3: Erfahrene PC-Benutzer mit Adleraugen haben in der Darstellung mit den großen Symbolen einen guten Überblick.

Beliebte Einstellungen ändern

Tja, es ist leider immer noch etwas verwirrend, wann Windows Sie an die Einstellungen-App verweist und wann es ihm lieber ist, dass Sie in den Systemeinstellungen herumwerkeln. Wenn Sie nicht sicher sind, wohin Sie sich wenden sollen, geben Sie einen Suchbegriff in das Suchfeld rechts neben der Schaltfläche START ein und Windows zeigt Ihnen, wo Sie diese Einstellungen am besten ändern, in der Einstellungen-App oder in der Systemsteuerung.

In den restlichen Abschnitten dieses Kapitels zeige ich Ihnen, wie Sie verschiedene Einstellungen ändern können. Dabei landen Sie manchmal in der Einstellungen-App und manchmal in der Systemsteuerung, je nachdem, was gerade praktischer und effizienter ist. Lassen Sie sich nicht verwirren.

Das Design wechseln

Designs sind eigentlich nur eine Sammlung von Einstellungen: Sie können zum Beispiel Ihren Lieblingsbildschirmschoner zusammen mit Ihrem Lieblingsbildschirmhintergrund als Design speichern und im Fall der Fälle schnell zwischen verschiedenen Designs umschalten.

Um eines der in Windows integrierten Designs auszuprobieren, klicken Sie rechts neben der Schaltfläche Start in das Suchfeld, geben dort `Design än-dern` ein und drücken die ⟵-Taste.

Windows öffnet die Systemsteuerung, die stolz ihre Windows 10-Designs präsentiert, wie in Abbildung 7.4 zu sehen ist. Klicken Sie auf ein Design und Windows setzt Ihre Auswahl sofort um.

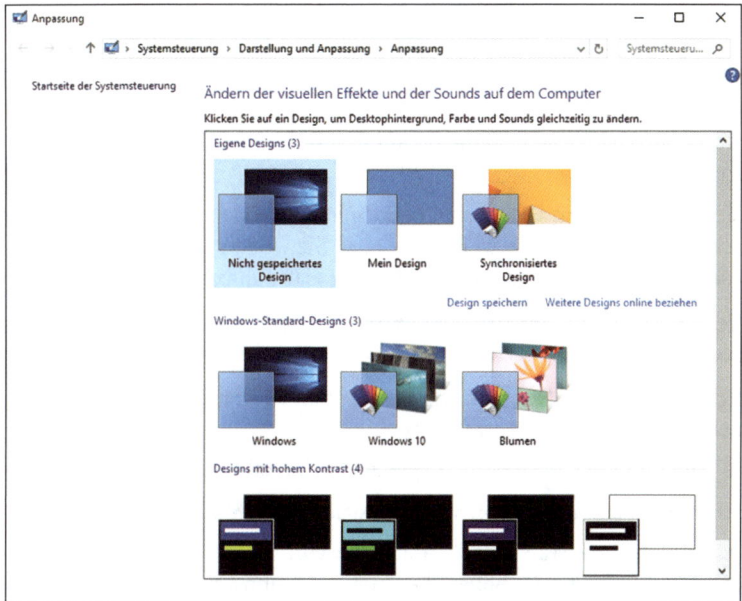

Abbildung 7.4: Windows bietet fix und fertige Designs an.
Sie können aber auch eigene erstellen.

Windows bietet die folgenden Designvarianten im Fenster Anpassung an:

✔ **Eigene Designs:** Hier werden alle Designs abgelegt, die Sie selbst gestaltet haben.

✔ **Windows-Standard-Designs:** Hier sind die Standarddesigns abgelegt. Nach der Installation wird Windows automatisch im Standarddesign Windows angezeigt.

✔ **Designs mit hohem Kontrast:** Diese Designs zeichnen sich durch hohe Kontraste aus – gut für Menschen mit Augenproblemen.

Wenn Ihnen ein Design in etwa zusagt, nehmen Sie es als Basis und ändern Sie es nach Lust und Laune. Vielleicht ein neuer Desktophintergrund oder eine andere Fensterfarbe? Ganz wie Sie wollen! Klicken Sie abschließend auf den Link DESIGN SPEICHERN, um Ihr neues Design unter einem Namen Ihrer Wahl zu speichern.

Die Bildschirmauflösung ändern

Eine der vielen Einmal-ändern-und-dann-braucht-man-es-nie-wieder-Optionen von Windows ist die Bildschirmauflösung, die festlegt, wie viele Elemente Windows gleichzeitig auf dem Bildschirm unterbringen kann. Mit einer niedrigeren Auflösung passen weniger Elemente auf den Bildschirm, mit einer höheren Auflösung mehr.

Vielleicht murmelt ein Programm oder Spiel etwas davon, die Bildschirmauflösung oder den Videomodus zu ändern, oder Sie wollen eine bessere Auflösung – in diesen Fällen führen Sie die folgenden Schritte durch:

1. **Klicken Sie auf die Schaltfläche START und dann links unten auf den Eintrag EINSTELLUNGEN.**

2. **Klicken Sie auf die Schaltfläche SYSTEM und dann rechts unten auf den Link ERWEITERTE ANZEIGEEINSTELLUNGEN.**

   Die gleichnamige Seite wird angezeigt (siehe Abbildung 7.5).

3. **Öffnen Sie die Drop-down-Liste AUFLÖSUNG und wählen Sie eine Auflösung aus.**

   Die Drop-down-Liste enthält eine Reihe von verschiedenen Auflösungen. Je größer die Zahl, umso höher die Auflösung und umso mehr kann auf dem Bildschirm angezeigt werden. Dadurch wird dann natürlich auch alles kleiner dargestellt.

   Hier gibt es keine richtige oder falsche Einstellung. Sie sollten sich an die Empfehlung von Windows halten, um das klarste und am besten lesbare Bild zu erhalten.

4. **Klicken Sie auf ANWENDEN, um die Auflösung zu testen. Ist die Auflösung okay, bestätigen Sie die dann angezeigte Windows-Abfrage durch Klicken auf ÄNDERUNGEN BEIBEHALTEN.**

   Windows gibt Ihnen 15 Sekunden Zeit, sich für Ihre Änderungen zu entscheiden. Wenn Sie durch einen technischen Änderungsfauxpas nichts mehr auf dem Bildschirm sehen, schaltet Windows nach diesen 15 Sekunden automatisch zu den alten Einstellungen zurück. Puh!

Wenn Sie die Bildschirmauflösung einmal geändert haben, werden Sie höchstwahrscheinlich niemals mehr hierher zurückkehren, es sei denn, Sie kaufen sich einen neuen, größeren Bildschirm oder Sie schließen einen zweiten Monitor an Ihren PC an. (Wie Letzteres geht, wird im nächsten Abschnitt »Den Arbeitsbereich mit einem zweiten Bildschirm oder einem Projektor vergrößern« näher erläutert.)

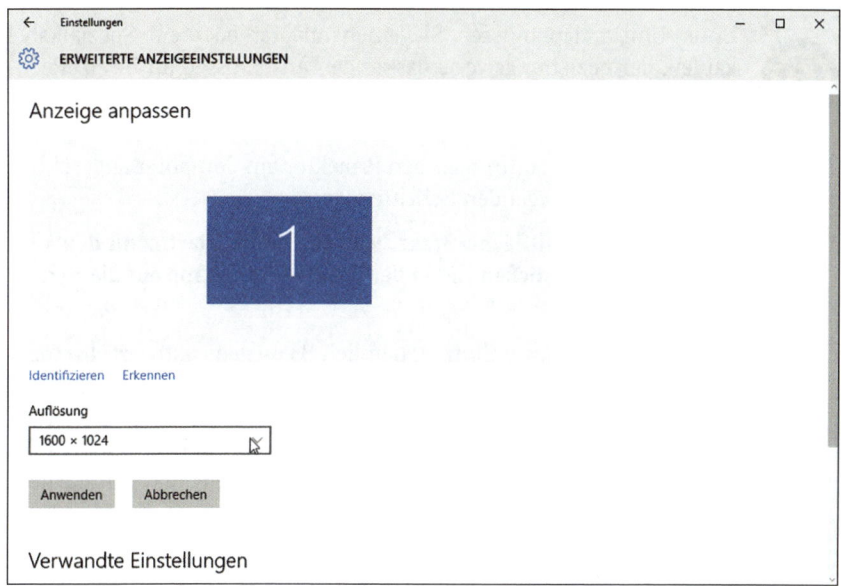

Abbildung 7.5: Je höher die Auflösung, umso mehr Elemente können auf dem Bildschirm angezeigt werden.

Den Arbeitsbereich mit einem zweiten Bildschirm oder einem Projektor vergrößern

Verfügen Sie eventuell über den Luxus eines zweiten Bildschirms, vielleicht ein Überbleibsel Ihres letzten PCs? Schließen Sie ihn an Ihren aktuellen Rechner an, und Sie haben Ihren Windows-Desktop verdoppelt. Windows erweitert den Arbeitsbereich auf beide Monitore. Oder wenn Sie einen Projektor an Ihr Notebook angeschlossen haben, können Sie den Bildschirminhalt des Notebooks auf den Projektor übertragen. Ja, es ist sogar möglich, Ihr Tablet an Ihren Breitbildfernseher anzuschließen, um dort Spielfilme anzuschauen.

Um diese Bildschirmgymnastik durchzuführen, benötigt Ihr PC eine Grafikkarte mit zwei Ausgängen, die zu den Anschlüssen am zweiten Bildschirm oder Projektor passen. Das ist gar kein Problem, wenn Ihre Geräte nicht älter als zwei oder drei Jahre sind. Die meisten Windows Desktop- und Tablet-PCs verfügen sogar über einen integrierten HDMI-Port, an den ein zweiter Bildschirm oder Projektor angeschlossen werden kann.

 Unter Umständen müssen Sie einen Adapter oder ein Spezialkabel kaufen, der beziehungsweise das zu den Anschlüssen an Ihrem Rechner und dem zweiten Monitor oder dem Projektor passt.

Nachdem Sie den zweiten Monitor oder den Projektor am Computer angeschlossen haben, führen Sie die folgenden Schritte aus:

1. **Klicken Sie auf die Schaltfläche START, wählen Sie im Startmenü den Eintrag EINSTELLUNGEN und klicken Sie in der Einstellungen-App auf die Schaltfläche SYSTEM.**

   Links im Fenster ist der erste Eintrag, nämlich BILDSCHIRM, aktiviert. Im rechten Bereich sehen Sie Ihre beiden angeschlossenen Bildschirme, wie Abbildung 7.6 beweist. (Klicken Sie auf die Schaltfläche ERKENNEN, falls der zweite Monitor nicht auf dem Bildschirm erscheint. Unter Umständen müssen Sie den zweiten Bildschirm ausschalten, 30 Sekunden warten und dann erneut einschalten.)

2. **Ziehen Sie die beiden Monitore mit der Maus nach rechts oder links, bis sie auf dem Bildschirm so wie im wirklichen Leben auf Ihrem Schreibtisch stehen, und bestimmen Sie den Hauptbildschirm.**

   Im Fenster sind zwei kleine Bildschirmquadrate zu sehen, die stellvertretend für Ihre Monitore stehen (siehe Abbildung 7.6). Wenn Sie nicht wissen, welches Quadrat welchen Bildschirm repräsentiert, klicken Sie auf die Schaltfläche IDENTIFIZIEREN. Windows blendet im Fenster Zahlen für die Quadrate sowie für Ihre realen Bildschirme ein. So wissen Sie, wer wer ist, und können die Bildschirmquadrate so verschieben, dass sie der Anordnung auf Ihrem Schreibtisch entsprechen.

   Klicken Sie dann noch auf das Bildschirmquadrat, das für Ihren Hauptbildschirm steht. Das ist der Bildschirm, auf dem die Schaltfläche START und die komplette Taskleiste angezeigt werden. Und aktivieren Sie das Kontrollkästchen DIESE ANZEIGE ALS HAUPTANZEIGE VERWENDEN.

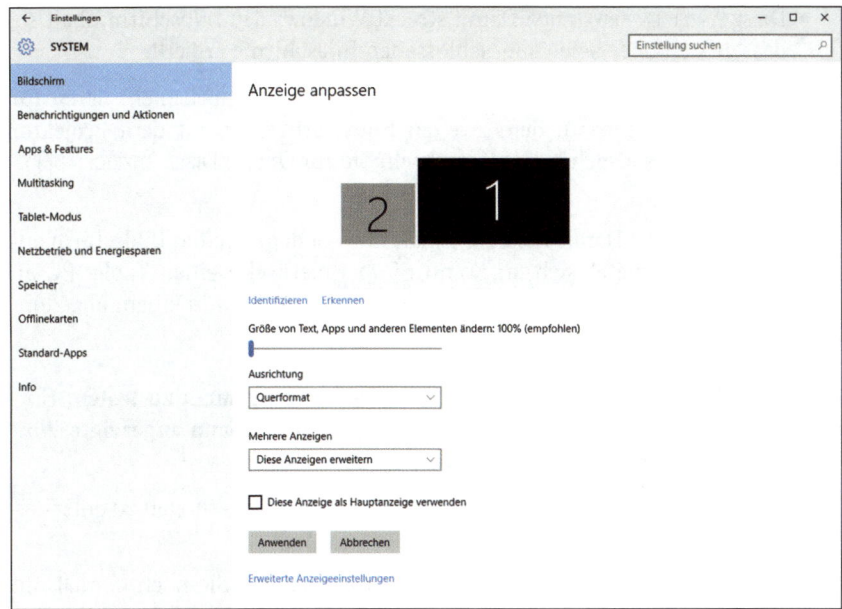

*Abbildung 7.6: Ziehen Sie die Bildschirme so hin,
wie sie auf Ihrem Schreibtisch stehen.*

3. Passen Sie bei Bedarf die Einstellungen AUSRICHTUNG und MEHRERE ANZEIGEN an.

Die Drop-down-Liste AUSRICHTUNG dient der Ausrichtung von Bildschirmen und Tablets in Dockingstationen. Damit teilen Sie Windows mit, wie Ihre Bildschirme gedreht werden sollen. Belassen Sie es bei der Standardeinstellung QUERFORMAT und schalten Sie nur dann auf HOCHFORMAT um, wenn Sie einen Monitor oder ein Tablet hochkant gestellt haben, um zum Beispiel Lesematerial zu präsentieren.

In der Drop-down-Liste MEHRERE ANZEIGEN bestimmen Sie, wie Windows den Desktopinhalt auf dem zweiten Bildschirm anzeigen soll. Hier stehen vier Möglichkeiten zur Verfügung:

- DIESE ANZEIGEN DUPLIZIEREN: Mit dieser Option wird auf beiden Monitoren derselbe Inhalt angezeigt – perfekt für einen angeschlossenen Projektor, mit dem Sie den Inhalt auf Ihrem Bildschirm an die Wand projizieren wollen.

- DIESE ANZEIGEN ERWEITERN: Damit streckt Windows den Bildschirminhalt so, dass er sich über beide angeschlossenen Bildschirme ergießt.

- NUR 1 ANZEIGEN: Wählen Sie diese Option, wenn Sie noch nicht bereit für eine Präsentation auf dem zweiten Bildschirm oder mit dem Projektor sind. Wenn es losgehen kann, wechseln Sie zur Option DIESE ANZEIGEN DUPLI-ZIEREN.

- NUR 2 ANZEIGEN: Damit wird der Inhalt nur auf dem zweiten Bildschirm angezeigt. Das bietet sich an, wenn Sie beispielsweise einen Tablet-PC an einen Fernseher angeschlossen haben, um einen Film in einem abgedunkelten Raum zu zeigen.

4. **Klicken Sie auf ANWENDEN, um Ihr Bildschirmarrangement zu testen. Entspricht alles Ihren Vorstellungen, bestätigen Sie die dann angezeigte Windows-Abfrage durch Klicken auf ÄNDERUNGEN BEIBEHALTEN.**

Windows gibt Ihnen 15 Sekunden Zeit, sich für Ihre Änderungen zu entscheiden.

Wenn Sie die Position der Bildschirme wechseln, fangen Sie noch einmal mit Schritt 1 an und arbeiten Sie sich durch die gerade gezeigte Schrittanleitung durch.

Um die Auflösung für beide Bildschirme zu ändern, wenden Sie sich vertrauensvoll an den vorherigen Abschnitt »Die Bildschirmauflösung ändern«. Dieses Mal werden aber im Fenster für die erweiterten Anzeigeeinstellungen beide Bildschirme angezeigt. Klicken Sie auf ein Bildschirmquadrat, um seine Bildschirmauflösung zu ändern. Die in der Drop-down-Liste AUFLÖSUNG gewählte Auflösung gilt dann nur für den gewählten Bildschirm.

Lautstärke und Sound anpassen

Über das betreffende Symbol in der Taskleiste können Sie die Lautstärke Ihres Computers anpassen, was bestimmt diejenigen unter Ihnen freut, die während einer langweiligen Sitzung heimlich auf dem Tablet-PC ein Computerspiel spielen wollen.

 Bei den meisten Tablet-PCs gibt es am linken Rand zwei Schalter zum Ändern der Lautstärke. Mit dem oberen Schalter erhöhen Sie die Lautstärke, mit dem unteren verringern Sie sie. Probieren Sie das Ganze aber aus, bevor Sie in der Sitzung ein Spiel starten.

Auf dem Desktop klicken Sie einfach in der Taskleiste auf das kleine Lautsprechersymbol und ziehen den Regler in die gewünschte Richtung (siehe Abbildung 7.7). Kein Lautsprechersymbol in der Taskleiste? Klicken Sie in diesem Fall mit der rechten Maustaste in der Taskleiste auf die digitale Uhrzeit, wählen Sie EIGENSCHAFTEN, klicken Sie auf SYMBOLE FÜR DIE ANZEIGE AUF DER TASKLEISTE AUSWÄHLEN und aktivieren Sie die Anzeige des Lautsprechersymbols.

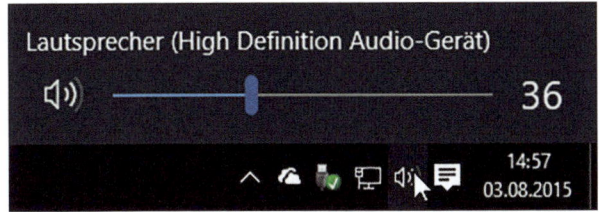

Abbildung 7.7: Klicken Sie in der Taskleiste auf das Lautsprechersymbol und stellen Sie die Lautstärke ein.

Wenn Sie Ihren PC stummschalten wollen, klicken Sie auf das kleine Lautsprechersymbol links neben dem Regler. Klicken Sie erneut darauf, wenn Sie wieder etwas hören möchten.

Klicken Sie mit der rechten Maustaste auf das Lautsprechersymbol und wählen Sie im Kontextmenü den Befehl LAUTSTÄRKEMIXER ÖFFNEN, um für Desktopprogramme unterschiedliche Lautstärken einzustellen. Lassen Sie beispielsweise die Minen in Minesweeper ganz leise explodieren, während Ihre Mails im Desktop-E-Mail-Programm mit einer lauten Fanfare angekündigt werden. (Hinweis: Es werden hier leider nur die klassischen Desktopprogramme aufgelistet.)

Lautsprecher einrichten

Die meisten PCs haben nur zwei Lautsprecher. Es gibt aber mittlerweile auch PCs mit vier Lautsprechern und PCs, bei denen diese Anzahl verdoppelt ist, wenn sie als Heimkino oder Spielemaschinen fungieren. Um diese Vielfalt von Einrichtungsmöglichkeiten bedienen zu können, stellt Windows einen Bereich zum Einstellen der Lautsprecher samt Lautsprechertest zur Verfügung.

Wenn Sie neue Lautsprecher installieren oder wenn Sie sich nicht sicher sind, ob die alten richtig funktionieren, arbeiten Sie sich durch die folgenden Schritte, um Windows mit den Lautsprechern bekannt zu machen.

1. **🔊** Klicken Sie mit der rechten Maustaste auf das Lautsprechersymbol in der Taskleiste und wählen Sie WIEDERGABEGERÄTE.

Das Dialogfeld SOUND der Systemsteuerung wird geöffnet.

2. Klicken Sie auf das Lautsprechersymbol (mit grünem Häkchen) und dann auf die Schaltfläche KONFIGURIEREN.

Das Dialogfeld LAUTSPRECHER-SETUP wird geöffnet (siehe Abbildung 7.8).

Abbildung 7.8: Klicken Sie auf die Schaltfläche »Testen«,
um die Lautsprecher nacheinander zu testen.

3. Klicken Sie auf die Schaltfläche TESTEN und ändern Sie bei Bedarf die Einstellungen. Klicken Sie abschließend auf WEITER.

Sie können die Anzahl der Lautsprecher und ihre Aufstellung festlegen. Dann wird ein Lautsprecher nach dem anderen angesteuert, damit Sie hören, ob sie richtig aufgestellt sind.

4. Richten Sie gegebenenfalls weitere Audiogeräte ein und klicken Sie auf FERTIG STELLEN, wenn Sie fertig sind.

Wenn Sie schon dabei sind, sollten Sie gleich Ihr Mikrofon testen. Klicken Sie dazu im Dialogfeld Sound auf die Registerkarte Aufnahme. Überprüfen Sie alle anderen angeschlossenen Soundgeräte.

Wenn kein Lautsprecher oder Mikrofon als Gerät angezeigt wird, erkennt Windows nicht, dass diese Geräte angeschlossen sind. In der Regel müssen Sie dann einen neuen Gerätetreiber installieren. Keine Panik, alles halb so schlimm. Lesen Sie in diesem Fall in Kapitel 8 nach, wie das geht.

Ein Bluetooth-Gerät anschließen

Bluetooth-Geräte sind Geräte, die aufgrund der Bluetooth-Technologie ohne Kabel auskommen. Für den Computer gibt es beispielsweise Bluetooth-Mäuse und -Tastaturen. Mithilfe von Bluetooth können so Tablet-PC-Benutzer eine Bluetooth-Maus an den Tablet-PC anschließen, wenn sie mit den Fingern in der filigranen Systemsteuerung einfach nichts mehr treffen.

Mit Bluetooth können Sie auch ein Handy an den Computer, an das Notebook oder an den Tablet-PC anschließen, um einen Hotspot für eine drahtlose Verbindung in das Internet zu erstellen – natürlich nur, wenn Sie für Ihr Handy einen solchen Dienst abonniert haben und bezahlen.

Um ein Bluetooth-Gerät mit Ihrem PC, Notebook oder Tablet-PC bekannt zu machen, führen Sie die folgenden Schritte aus:

1. **Vergewissern Sie sich, dass das Bluetooth-Gerät eingeschaltet und bereit ist, Verbindung mit Ihrem Rechner aufzunehmen.**

   Das Einschalten dürfte nicht das Problem sein. Dafür gibt es bei den meisten Bluetooth-Geräten einen Ein/Aus-Schalter. Die Bereitschaft, eine Verbindung aufzunehmen, man spricht hier auch von *Pairing*, bereitet schon eher ein Problem. Manchmal gibt es auch dafür einen Schalter. Manchmal müssen Sie einen Knopf so lange drücken, bis er zu blinken beginnt.

   Egal wie, sobald etwas blinkt, ist das Bluetooth-Gerät bereit, eine Verbindung zu Ihrem Rechner herzustellen.

2. **Klicken Sie auf die Schaltfläche Start, dann im Startmenü auf den Eintrag Einstellungen und zum Schluss in der Einstellungen-App auf Geräte.**

   Die Geräte-Seite wird angezeigt und die aktuell installierten Geräte werden aufgelistet.

3. Klicken Sie links auf den Eintrag BLUETOOTH.

Windows macht sich auf die Suche nach neuen Geräten und sollte über kurz oder lang das eingeschaltete Bluetooth-Gerät entdecken.

4. Wird das Bluetooth-Gerät aufgelistet, klicken Sie auf seinen Namen.

5. Geben Sie bei Bedarf den Gerätecode ein oder klicken Sie auf die Schaltfläche zum Verbinden, wenn Sie dazu aufgefordert werden.

Und hier wird es kompliziert. Aus Sicherheitsgründen müssen Sie beweisen, dass es sich bei der Person, die an dem Computer sitzt, wirklich um Sie selbst und nicht um eine fremde Person handelt, die sich ins System mogeln will. Leider wenden Geräte für diese Beweiserbringung unterschiedliche Taktiken an.

Die einen verlangen die Eingabe einer geheimen Nummernfolge sowohl auf dem Computer als auch im Gerät. (Diese geheime Nummer steht meist im Gerätehandbuch. Aber wo ist das Gerätehandbuch?)

Die anderen, und hierzu gehören vor allem Mäuse, wollen, dass Sie zum Zeitpunkt der Anmeldung einen kleinen Knopf an der Unterseite des Geräts drücken.

Handys haben es gerne, wenn Sie auf eine Taste zum Verbinden klicken, wenn die übereinstimmenden Codes auf dem Computer und auf dem Mobiltelefon angezeigt werden.

 Wenn Sie gar nicht mehr weiterwissen, geben Sie 0000 auf der Tastatur ein. Das wird öfter als Universalkennwort für frustrierte Besitzer von Bluetooth-Geräten verwendet, die verzweifelt versuchen, ihre Geräte anzumelden.

Wenn Sie ein Bluetooth-Gerät erfolgreich mit Ihrem Computer bekannt gemacht haben, werden der Name und das Symbol des Geräts in der Einstellungen-App in der Kategorie GERÄTE aufgelistet.

Um ein Bluetooth-Gerät auf dem Desktop anzumelden, klicken Sie in der Taskleiste auf das Bluetooth-Symbol, wählen BLUETOOTH-GERÄT HINZUFÜGEN und fahren in der obigen Anleitung mit Schritt 3 fort. Und wenn Sie wirklich weit und breit kein Bluetooth-Symbol sehen, ist Ihr Computer nicht Bluetooth-fähig und Sie haben den ganzen Abschnitt umsonst gelesen.

Einen Drucker hinzufügen

Leider können sich die Druckerhersteller nicht einigen, wie man Drucker installieren sollte. Deshalb gibt es zwei Verfahren, einen Drucker hinzuzufügen:

✔ Bei einigen Druckern reicht es, das Druckerkabel in den kleinen rechteckigen USB-Anschluss Ihres PCs zu stecken. Dann schalten Sie den Drucker ein. Windows erkennt ihn automatisch und nimmt ihn bereitwillig an. Versorgen Sie den Drucker mit Tinte oder Toner und Papier, und schon sind Sie fertig.

✔ Bei anderen Druckermodellen müssen Sie zunächst die mit dem Drucker gelieferte Software installieren, bevor Sie ihn anschließen können. Und wenn Sie die Software nicht zuerst installieren, kann es passieren, dass der Drucker nicht korrekt arbeitet.

Wie Ihr Drucker angeschlossen werden soll, können Sie nur herausfinden, indem Sie im Druckerhandbuch nachlesen. (Manchmal ist der Verpackung Ihres Druckers eine Installationsanleitung als einzelne Seite beigefügt.)

Wenn Ihr Drucker ohne Installationssoftware geliefert wurde, setzen Sie die Tonerkartusche oder die Tintenpatronen ein, legen Papier ein und folgen dieser Anleitung, um ihn zum Drucken zu bringen:

1. **Wenn Windows gestartet ist, schließen Sie den Drucker an den PC an und schalten den Drucker ein.**

   Windows gibt die Nachricht aus, dass der Drucker erfolgreich installiert wurde. Führen Sie aber noch die nächsten beiden Schritte aus, um das Ergebnis zu testen.

2. **Öffnen Sie die Systemsteuerung.**

   Klicken Sie mit der rechten Maustaste auf die Schaltfläche START und wählen Sie im Kontextmenü den Befehl SYSTEMSTEUERUNG.

3. **Wählen Sie die Kategorie HARDWARE UND SOUND und klicken Sie dort auf GERÄTE UND DRUCKER.**

   Die Systemsteuerung zeigt die eingerichteten Geräte an, zu denen auch Ihr Drucker gehört – wenn Sie Glück haben. Wenn Sie Ihren USB-Drucker erspähen, der entweder mit seinem Modell- oder seinem Herstellernamen aufgeführt sein sollte, klicken Sie mit der rechten Maustaste auf sein Symbol, wählen DRUCKEREIGENSCHAFTEN und klicken dann auf die Schaltfläche TESTSEITE DRUCKEN. Wenn der Ausdruck fehlerfrei durchgeht, sind Sie fertig. Herzlichen Glückwunsch.

Das Ausdrucken der Testseite hat nicht geklappt? Prüfen Sie, ob Sie alle Verpackungsutensilien am und im Drucker entfernt und die Tintenpatronen beziehungsweise die Tonerkartusche eingesetzt haben. Wenn Ihr Drucker dann immer noch nicht funktioniert, ist er möglicherweise defekt. Kontaktieren Sie das Geschäft, in dem Sie den Drucker gekauft haben, und bitten Sie um Hilfe.

 Wenn Sie ein Dokument in eine Datei »drucken« möchten, die quasi jeder andere Benutzer auf seinem Rechner anzeigen kann, klicken Sie auf MICROSOFT PRINT TO PDF. Damit wird Ihr Dokument, so wie es aussieht, als PDF-Datei gespeichert. Fast alle PCs, Tablets und Smartphones können dieses Format lesen. (Und wenn jemand meckert, dass er keine PDFs lesen kann, empfehlen Sie ihm, den kostenlosen Adobe Reader unter `https://acrobat.adobe.com/de/de/products/pdf-reader.html` herunterzuladen.)

Das war's. Ihr Drucker sollte jetzt problemlos drucken.

 Wenn an Ihrem Computer zwei oder mehr Drucker hängen, klicken Sie im Fenster GERÄTE UND DRUCKER mit der rechten Maustaste auf den Drucker, den Sie am häufigsten benutzen, und wählen den Befehl ALS STANDARDDRUCKER FESTLEGEN. Solange Sie keine anderen Angaben machen, druckt jede App dann mit diesem Drucker.

✔ Um einen Drucker zu entfernen, den Sie nicht mehr benutzen, klicken Sie im Fenster GERÄTE UND DRUCKER mit der rechten Maustaste auf den entsprechenden Drucker und wählen im Kontextmenü den Befehl GERÄT ENTFERNEN. Der Drucker wird nicht mehr angeboten. Sollte Windows fragen, ob der Druckertreiber und die Software deinstalliert werden sollen, klicken Sie auf JA, es sei denn, Sie möchten den Drucker zu einem späteren Zeitpunkt erneut einrichten.

✔ Sie können die Druckeroptionen meistens direkt in einem Programm ändern. Wählen Sie dazu im Programm auf der Registerkarte beziehungsweise im Menü DATEI den Befehl DRUCKEN (oder so ähnlich) und legen Sie Einstellungen wie Papiergröße, Ausrichtung, Schriftarten und so weiter fest.

✔  Um einen Drucker schnell in einem Netzwerk freizugeben, erstellen Sie eine Heimnetzgruppe. Wie das genau geht, erfahren Sie in Kapitel 9. Der Drucker wird dann den anderen Computern im Netzwerk sofort als neues Gerät angeboten.

✔ Wenn Sie die Druckersoftware verwirrt, nutzen Sie in den Dialogfeldern die Hilfe-Schaltflächen, die häufig explizit auf Ihr Druckermodell angepasst sind und daher präzise Hilfestellungen bieten können, die Sie in Windows nicht finden.

Windows für Menschen mit Behinderungen einrichten

Windows stellt sowohl in der Einstellungen-App als auch in der Systemsteuerung die Kategorie Erleichterte Bedienung zur Verfügung. Diese enthält Einstellungsmöglichkeiten für Menschen, die nicht gut hören, nicht gut sehen oder die Maus nicht bedienen können.

Um eine Einstellung in der Kategorie Erleichterte Bedienung vorzunehmen, gehen Sie folgendermaßen vor:

1. **Öffnen Sie die die Einstellungen-App.**

   Klicken Sie auf die Schaltfläche Start und dann im Startmenü auf den Eintrag Einstellungen.

2. **Klicken Sie in der Einstellungen-App auf die Schaltfläche Erleichterte Bedienung.**

   Die Seite Erleichterte Bedienung wird geöffnet (siehe Abbildung 7.9).

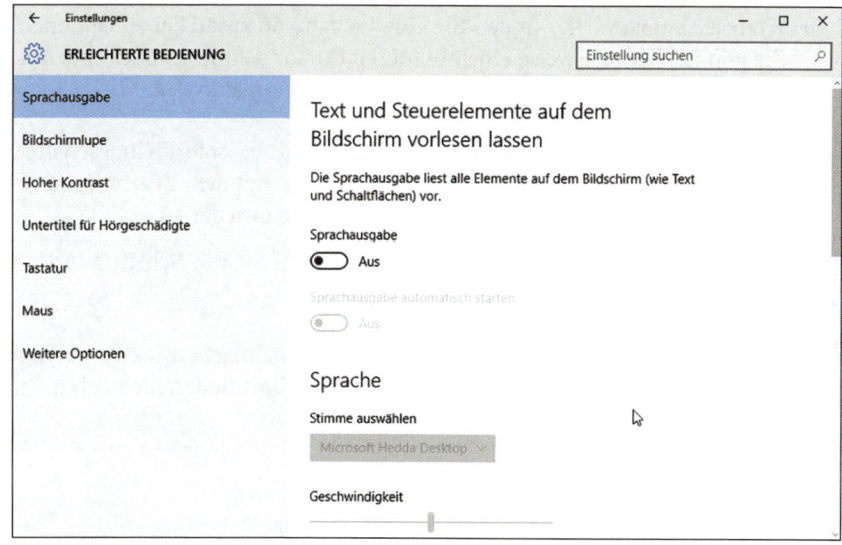

Abbildung 7.9: Die Seite »Erleichterte Bedienung« in der Einstellungen-App

3. Führen Sie die gewünschten Änderungen durch.

Es werden die folgenden Optionen angeboten, mit denen die Tastatur, die Sprachausgabe, die Anzeige und die Maus leichter gesteuert werden können. Um eine Option ein- oder auszuschalten, klicken Sie auf den entsprechenden Schalter.

- SPRACHAUSGABE: Der in Windows integrierte »Erzähler« liest den Bildschirmtext für Menschen vor, die den Text nicht gut erkennen können.

- BILDSCHIRMLUPE: Diese Option vergrößert die Darstellung an der Position des Mauszeigers.

- HOHER KONTRAST: Hiermit werden die meisten Bildschirmfarben entfernt, was Sehbehinderten hilft, den Bildschirm und den Cursor deutlicher zu erkennen.

- UNTERTITEL FÜR HÖRGESCHÄDIGTE: Hier können Sie Untertitel für Filme einblenden lassen, die diese Funktion unterstützen.

- TASTATUR: Damit wird am unteren Bildschirmrand eine Tastatur eingeblendet, auf der Sie durch Zeigen und Klicken schreiben können.

- MAUS: Hier sind Sie richtig, wenn Sie den Mauszeiger vergrößern wollen, um ihn besser erkennen zu können.

- WEITERE OPTIONEN: Hier finden Sie eine Vielfalt von zusätzlichen Optionen. Sie können beispielsweise einen breiteren Cursor definieren oder eine Animation für das Öffnen und Schließen von Fenstern aktivieren.

Wenn Sie eine dieser Optionen auswählen, wird sie sofort eingeschaltet. Schließen Sie das entsprechende Fenster, wenn Sie mit dem Ergebnis zufrieden sind. Ansonsten schalten Sie die Option einfach wieder aus.

Wenn Sie immer noch nicht zufrieden sind, fahren Sie mit Schritt 4 fort.

4. Besuchen Sie die Systemsteuerung.

Klicken Sie mit der rechten Maustaste auf die Schaltfläche START und dann im Kontextmenü auf den Befehl SYSTEMSTEUERUNG. Dort finden Sie noch mehr Einstellungsmöglichkeiten.

Windows hegen und pflegen

8

In diesem Kapitel

▶ Wichtige Arbeitsdaten mit dem Dateiversionsverlauf sichern

▶ Festplattenspeicher freischaufeln

▶ Die Funktion der Schaltfläche EIN/AUS in Windows bestimmen

▶ Neue Gerätetreiber installieren

▶ Wiederherstellungspunkte setzen

▶ Windows Defender einsetzen

*D*ieses Kapitel fungiert als eine Art Checkliste. In jedem Abschnitt wird eine ziemlich einfache, aber notwendige Aufgabe erklärt, die zur optimalen Funktionsweise von Windows beiträgt. Sie erfahren hier beispielsweise, wie Sie Ihre Datenschätze mit der Funktion mit dem sperrigen Namen Dateiversionsverlauf sichern.

Feineinstellungen mit den integrierten Wartungswerkzeugen von Windows vornehmen

Windows enthält eine Reihe von Werkzeugen, die das reibungslose Funktionieren Ihres Computers unterstützen. Einige von ihnen laufen automatisch ab. Und Ihr Job beschränkt sich darauf zu prüfen, ob sie eingeschaltet sind. Andere helfen Ihnen dabei, Katastrophen vorzubeugen, indem sie die Dateien Ihres PCs sichern.

Um einen Blick auf diese Werkzeuge zu werfen, klicken Sie mit der rechten Maustaste auf die Schaltfläche START, wählen im Kontextmenü den Befehl SYSTEMSTEUERUNG und klicken dann in der Systemsteuerung auf die Kategorie SYSTEM UND SICHERHEIT. Hier finden Sie alles, was Sie brauchen (siehe Abbildung 8.1).

Diese Werkzeuge werden in den folgenden Abschnitten ausführlich beschrieben.

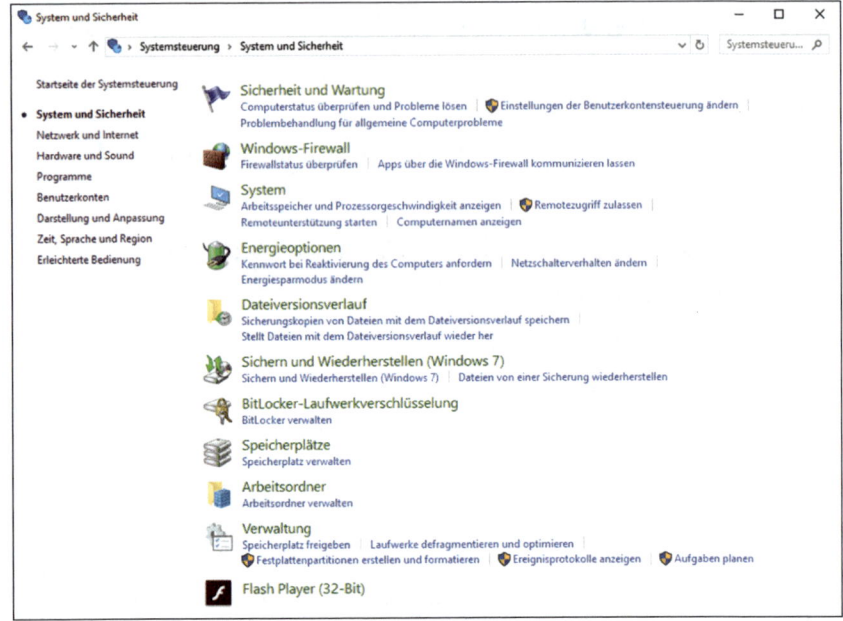

Abbildung 8.1: Mit diesen Werkzeugen der Systemsteuerung sind Sie bestens gerüstet.

Daten mit dem Dateiversionsverlauf retten

Unglücklicherweise kann es passieren, dass Ihre Festplatte den Geist aufgibt. Alles, was Sie auf der Festplatte über Jahre angesammelt haben, ist plötzlich weg – digitale Fotos, Songs, Briefe, Finanzdaten, gescannte Erinnerungen und alles, was Sie sonst noch auf Ihrem PC erstellt oder gespeichert haben.

Aus diesem Grund müssen Sie Ihre Dateien regelmäßig sichern. Diese Sicherungskopie gibt Ihnen die Möglichkeit, den Schaden zu begrenzen, wenn Ihre Festplatte plötzlich nicht mehr mag.

Windows 8 hat die Funktion *Dateiversionsverlauf* ins Spiel gebracht. Wenn diese Funktion erst einmal eingeschaltet ist (was sie standardmäßig nicht ist), sichert sie jede Stunde alle Dateien in den Hauptordnern. Das Einschalten der Funktion ist ein Kinderspiel, das Programm läuft automatisch ab und es sichert alle Ihre privaten Datenschätze.

Bevor Sie den Dateiversionsverlauf verwenden können, brauchen Sie zwei Dinge:

✔ **Eine externe Festplatte:** Die gibt es in jedem Computershop. Wenn Sie die externe Festplatte anschließen, erkennt Windows sie sofort. Lassen Sie die externe Festplatte an Ihrem Rechner angeschlossen, und die Datensicherung wird automatisch durchgeführt.

 Es kann schon etwas anstrengend und kontraproduktiv werden, wenn Sie immer eine externe Wechselplatte zusammen mit Ihrem Tablet oder Notebook herumschleppen müssen. Deshalb tut es auch ein USB-Stick, den Sie nur einfach in einen USB-Anschluss des Rechners stecken müssen. Aber Achtung, wird der Stick gestohlen, verlieren Sie Ihre Backups.

✔ **Die Funktion einschalten:** Der Dateiversionsverlauf ist im Lieferumfang von Windows 10 enthalten. Die Funktion ist aber standardmäßig ausgeschaltet. Sie müssen sie also einschalten, damit sie ihrer Arbeit nachgehen kann.

Führen Sie die folgenden Schritte aus, damit der Dateiversionsverlauf Ihre Arbeitsdaten stündlich sichert:

1. **Schließen Sie das externe Laufwerk an oder stecken Sie eine Speicherkarte in den betreffenden Tablet-Anschluss.**

   Wenn Sie das Backup auf einer Speicherkarte ablegen wollen, prüfen Sie im Tablet-Handbuch, welcher Speicherkartentyp und welche Speicherkartengröße passen.

2. **Öffnen Sie die Systemsteuerung.**

   Klicken Sie mit der rechten Maustaste auf die Schaltfläche Start und wählen Sie im Kontextmenü den Befehl Systemsteuerung.

3. **Klicken Sie auf die Kategorie System und Sicherheit und dann auf den Bereich Dateiversionsverlauf.**

   Die Funktion Dateiversionsverlauf meldet sich zum Dienst und sucht sich das passende externe Laufwerk für die Datensicherung. Wenn es das richtige Laufwerk findet, fahren Sie mit Schritt 5 fort. Sollte sich die Funktion im Laufwerk irren, führen Sie Schritt 4 aus.

4. **Klicken Sie im Fenster Dateiversionsverlauf im linken Bereich auf den Link Laufwerk auswählen, wählen Sie ein anderes Laufwerk aus und bestätigen Sie mit OK.**

   Klicken Sie auf das gewünschte Laufwerk und bestätigen Sie mit OK. Wenn das gewünschte Laufwerk hier nicht steht, wurde es von Windows nicht erkannt. Entfernen Sie es, starten Sie den Rechner neu und schließen Sie es an einen anderen USB-Anschluss an.

Das Fenster LAUFWERK AUSWÄHLEN bietet auch an, die Datensicherung auf ein Netzlaufwerk zu sichern.

5. Klicken Sie auf die Schaltfläche EINSCHALTEN (siehe Abbildung 8.2).

Der Dateiversionsverlauf nimmt seine Arbeit auf und sichert Ihre wertvollen Datenschätze.

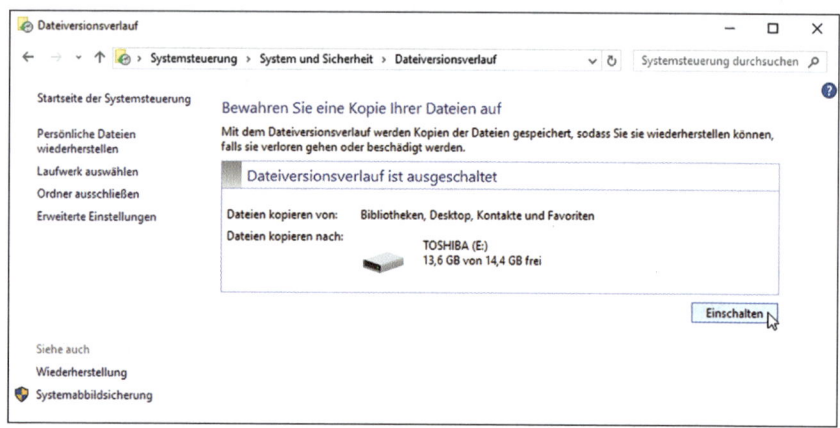

Abbildung 8.2: Der Dateiversionsverlauf wird aktiviert.

Unter Umständen fragt der Dateiversionsverlauf ab, ob Sie das neue Laufwerk zum Sichern der Backups den Mitgliedern des Heimnetzwerks (siehe Kapitel 9) empfehlen wollen.

- Klicken Sie auf JA, wenn Sie auf ein großes Laufwerk sichern, das sich nicht großartig von der Stelle bewegt, zum Beispiel eine kabellose Festplatte oder ein großes geteiltes Netzlaufwerk.

- Klicken Sie auf NEIN, wenn Sie die Backups auf eine Speicherkarte Ihres Tablets sichern oder auf einer Wechselfestplatte, die Sie mitnehmen.

Der Dateiversionsverlauf ist eine prima Sache. Alles läuft fast von allein. Es gibt aber doch die eine oder andere Einstellungsmöglichkeit:

 Wenn Sie versuchen, die Daten auf ein vernetztes Laufwerk oder einen vernetzten Computer zu sichern, fordert Windows Sie auf, den Benutzernamen und das Kennwort des Administrators für den anderen Computer einzugeben.

✔ Die Funktion Dateiversionsverlauf sichert alle Daten in den Hauptordnern BILDER, DESKTOP, DOKUMENTE, DOWNLOADS, MUSIK und VIDEOS. Um einen Ordner aus der Datensicherung auszuschließen, klicken Sie im Fenster DATEIVERSIONSVERLAUF im linken Bereich auf den Link ORDNER AUSSCHLIESSEN und fügen den auszuschließenden Ordner in die Liste ein.

✔ Standardmäßig sichert der Dateiversionsverlauf die Daten stündlich. Um dieses Intervall zu ändern, klicken Sie im Fenster DATEIVERSIONSVERLAUF im linken Bereich auf den Link ERWEITERTE EINSTELLUNGEN und wählen in der Drop-down-Liste SPEICHERN VON DATEIKOPIEN ein anderes Zeitintervall aus.

✔ Wenn Sie die Funktion einschalten, beginnt Windows sofort mit der Datensicherung. Nachdem alles gesichert ist, werden nur noch die geänderten Dateien stündlich gesichert. Die Originaldateien bleiben selbstverständlich erhalten.

✔ Wie Sie die mit der Funktion Dateiversionsverlauf gesicherten Daten wiederherstellen können, erfahren Sie in Kapitel 10.

✔ Windows speichert die Datensicherung im Ordner FILEHISTORY auf dem ausgewählten Laufwerk. Verschieben Sie diesen Ordner auf keinen Fall, sonst findet Windows ihn im Notfall nicht und kann die Dateien nicht mehr wiederherstellen.

Ein Systemabbild sichern

 Es gibt eine Methode, eine Datensicherung des Rechners zu erstellen. Dabei wird der gesamte Inhalt des Festplattenlaufwerks in eine einzige Datei gesichert. Diese Backupdatei wird dann als Sicherungskopie auf einer anderen Festplatte aufbewahrt. Das Systemabbild kann auf demselben Wechseldatenträger gesichert werden, auf dem auch der Dateiversionsverlauf seine Arbeit verrichtet. Achten Sie darauf, dass das Laufwerk größer ist als die Festplatte C: des Rechners.

Und wie wird nun ein solches Systemabbild generiert? Klicken Sie mit der rechten Maustaste auf die Schaltfläche START und wählen Sie im Kontextmenü den Befehl SYSTEMSTEUERUNG. Wählen Sie in der Systemsteuerung die Kategorie SYSTEM UND SICHERHEIT und dort den Eintrag SICHERN UND WIEDERHERSTELLEN (WINDOWS 7).

Das gleichnamige Fenster wird geöffnet. Wählen Sie dort links den Eintrag SYSTEMABBILD ERSTELLEN. Führen Sie dann die auf dem Bildschirm angezeigten Schritte aus, um ein Systemabbild zu erstellen.

Am besten machen Sie das täglich – oder zumindest wöchentlich. Und wenn Sie eines Tages Ihren Computer zur Reparatur bringen müssen, klemmen Sie sich den Wechseldatenträger unter den Arm und teilen dem Techniker so ganz nebenbei mit, dass Sie über ein Systemabbild verfügen. Das macht Eindruck! Und der beeindruckte Techniker kann wiederum mithilfe dieser Sicherung alle Dateien und Programme aus dem zuletzt erstellten System-abbild wiederherstellen. Jetzt sind Sie beeindruckt.

Platz auf der Festplatte freiräumen

Wenn Programme anfangen, sich bitterlich darüber zu beklagen, dass es auf der Festplatte Ihres Computers langsam eng wird, sorgt die folgende Lösung zumindest für kurze Zeit für Ruhe:

1. **Klicken Sie mit der rechten Maustaste auf die Schaltfläche START und wählen Sie im Kontextmenü den Befehl SYSTEMSTEUERUNG.**

2. **Klicken Sie in der Systemsteuerung auf die Kategorie SYSTEM UND SICHERHEIT und dann ziemlich weit unten in der Liste unter VERWALTUNG auf den Link SPEICHERPLATZ FREIGEBEN.**

   Wenn es auf Ihrem Rechner mehrere interne Festplatten gibt, fragt Windows nach, wo es sauber machen soll.

3. **Belassen Sie es, wie angeboten, bei Laufwerk C: und klicken Sie auf OK.**

   Das Datenträgerbereinigungsprogramm berechnet, wie viel Speicherplatz gewonnen werden kann, und präsentiert sein Ergebnis im Dialogfeld DATENTRÄ-GERBEREINIGUNG (siehe Abbildung 8.3). Ganz oben im Dialogfeld steht, wie viel Festplattenspeicher freigeschaufelt werden kann.

4. **Aktivieren Sie die Kontrollkästchen aller Elemente und klicken Sie dann auf OK.**

   Für jedes aktivierte Kontrollkästchen wird eine Beschreibung zu den zu lö-schenden Daten angezeigt. Wenn Sie auf OK klicken, fragt Windows nach, ob Sie all diese Dateien wirklich löschen wollen.

 Wenn Sie auf die Schaltfläche SYSTEMDATEIEN BEREINIGEN stoßen, klicken Sie darauf. Damit entfernen Sie den Müll, den Ihr PC – nicht Sie – erzeugt hat.

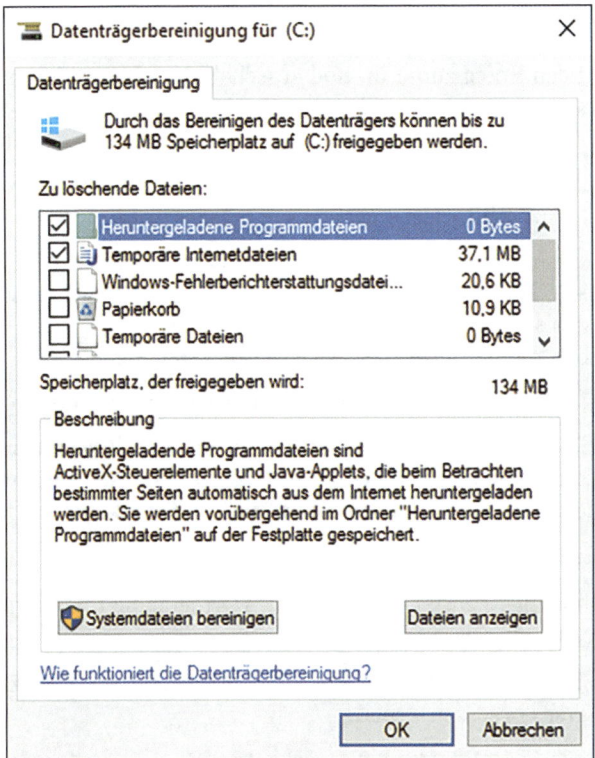

*Abbildung 8.3: Achten Sie darauf, dass alle Kontrollkästchen
mit einem Häkchen versehen sind.*

5. Klicken Sie auf DATEIEN LÖSCHEN, um die nicht benötigten Dateien von der Festplatte zu eliminieren.

Wenn Sie auf Windows 10 aktualisiert haben, verbleibt die vorherige Windows-Version in der Regel auf Ihrem Rechner, und zwar im Ordner WINDOWS.OLD. Und dieser Ordner braucht wirklich viel Platz. Klicken Sie auf die Schaltfläche SYSTEMDATEIEN BEREINIGEN und aktivieren Sie das Kontrollkästchen VORHERIGE WINDOWS-INSTALLATION(EN), um ihn zu entfernen. Dies bedeutet natürlich, dass es kein Zurück zu Ihrer alten Windows-Version gibt. Ansonsten geht das nämlich, wie ich in Kapitel 10 zeige.

Alle Macht dem Netzschalter

Anstatt den Knopf zum Ein- und Ausschalten an Ihrem Computer zu drücken, sollten Sie Windows lieber mit seiner eigenen EIN/AUS-Schaltfläche im Startmenü beenden, wie Sie vielleicht schon in Kapitel 2 gelesen haben.

Die Schaltfläche EIN/AUS stellt drei Möglichkeiten zur Verfügung: ENERGIE SPAREN (die gängigste Auswahl), HERUNTERFAHREN und NEU STARTEN.

Damit Sie nicht nach jeder Arbeitssitzung die gewünschte Form der Beendigung wählen müssen, können Sie generell bestimmen, wie Windows standardmäßig beendet werden soll, wenn Sie auf die EIN/AUS-Schaltfläche klicken beziehungsweise wenn Sie bei einem Notebook den Deckel schließen.

Um die Mission des Netzschalters zu ändern, gehen Sie folgendermaßen vor:

1. **Klicken Sie mit der rechten Maustaste auf die Schaltfläche START, wählen Sie im Kontextmenü den Befehl SYSTEMSTEUERUNG und klicken Sie in der Systemsteuerung auf die Kategorie SYSTEM UND SICHERHEIT.**

2. **Klicken Sie auf den Eintrag ENERGIEOPTIONEN.**

   Das gleichnamige Fenster wird geöffnet. Dort sind die Energiesparpläne auf AUSBALANCIERT (EMPFOHLEN) gesetzt.

3. **Wählen Sie im linken Bereich den Link AUSWÄHLEN, WAS BEIM DRÜCKEN DES NETZSCHALTERS GESCHEHEN SOLL.**

   Ein Fenster wie in Abbildung 8.4 wird geöffnet.

4. **Nehmen Sie Ihre Änderungen vor.**

   Legen Sie fest, was Ihr Computer tun soll, wenn Sie den Netzschalter drücken: NICHTS UNTERNEHMEN, ENERGIE SPAREN, RUHEZUSTAND oder HERUNTERFAHREN.

Für Notebooks und Tablet-PCs stehen weitere Optionen zur Verfügung. Für diese Geräte können Sie für den Akku- und Netzbetrieb unterschiedliche Aktionen bestimmen. So können Sie sich beispielsweise dafür entscheiden, im Netzbetrieb nichts zu tun und im Akkubetrieb in den Energiesparmodus zu schalten, um Strom zu sparen.

Notebook-Besitzer können hier auch noch bestimmen, was passiert, wenn der Deckel geschlossen beziehungsweise die Schlummertaste gedrückt wird. (Auch hier kann zwischen Akku- und Netzbetrieb unterschieden werden.)

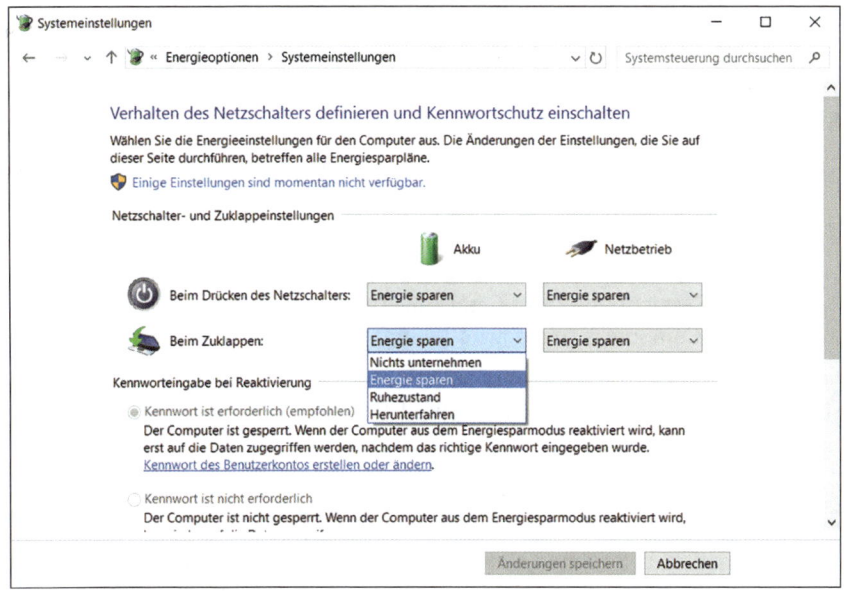

*Abbildung 8.4: Legen Sie hier fest, was der Computer machen soll,
wenn der Netzschalter betätigt wird.*

 Aktivieren Sie zum Erhöhen der Sicherheit die Option KENNWORT IST
ERFORDERLICH, damit zum Aufwecken des Rechners die Eingabe Ihres
Kennworts erforderlich ist.

5. **Klicken Sie auf die Schaltfläche ÄNDERUNGEN SPEICHERN.**

Mit Gerätetreibern hantieren

Windows hat ein ganzes Arsenal von Treibern – das sind Programme, die dafür
sorgen, dass Windows mit den Geräten kommunizieren kann, die an Ihrem
Rechner angeschlossen sind. Normalerweise erkennt Windows ein neues Gerät
automatisch und sorgt dafür, dass es funktioniert. Ist dies nicht der Fall, geht
Windows ins Internet und holt sich Anweisungen, um das Gerät erfolgreich zu
integrieren.

Gelegentlich kann es vorkommen, dass Sie ein Gerät anschließen, das so neu ist,
dass es Windows noch nicht kennt, oder das so alt ist, dass sich Windows nicht

daran erinnern kann. Oder das Gerät funktioniert mit Ach und Krach, murmelt aber ständig etwas von einem neuen Treiber.

In diesen drei Fällen liegt es an Ihnen, einen neuen Treiber aufzuspüren. Gehen Sie wie folgt vor, um einen neuen Treiber zu finden und zu installieren:

1. **Besuchen Sie die Website des Herstellers und laden Sie den neuesten Treiber für Windows herunter.**

   Schauen Sie auf der Website in den Bereichen »Support«, »Download« oder »Kundendienst« (oder »Customer Service«) nach. Dort müssen Sie dann meist die Bezeichnung Ihres Geräts, die Gerätenummer und das Betriebssystem Ihres Computers (Windows 10) eingeben, bevor die Website den Treiber herausrückt.

   Es gibt keinen Treiber für Windows 10? Versuchen Sie es stattdessen mit einem Treiber für Windows 8, Windows 7 oder Windows Vista, weil die manchmal genauso gut funktionieren.

2. **Starten Sie das Installationsprogramm des Treibers.**

   Manchmal reicht es schon, auf die heruntergeladene Datei zu klicken, damit das Installationsprogramm aktiv wird und den Treiber für Sie einrichtet. Wenn das der Fall ist, sind Sie fertig. Andernfalls machen Sie mit Schritt 3 weiter.

   Falls die heruntergeladene Datei in einem ansprechenden Ordnersymbol mit Reißverschluss verpackt ist, klicken Sie mit der rechten Maustaste auf das Symbol und wählen im Kontextmenü ALLE EXTRAHIEREN. Damit wird der Inhalt der Datei in einen neuen Ordner entpackt. (Windows gibt dem neuen Ordner den Namen der Datei, die Sie entpackt haben, damit es für Sie einfacher ist, ihn wiederzufinden.)

3. **Klicken Sie mit der rechten Maustaste auf die Schaltfläche START und wählen Sie den Befehl GERÄTE-MANAGER.**

   Der Geräte-Manager mit allen in und am Rechner angeschlossenen Geräten wird angezeigt. Das Problemgerät ist mit einem gelben Ausrufezeichen gekennzeichnet.

4. **Klicken Sie auf das problematische Gerät. Öffnen Sie dann im Geräte-Manager das Menü AKTION und wählen Sie LEGACYHARDWARE HINZUFÜGEN.**

   Der Hardware-Assistent meldet sich zu Wort, führt Sie durch die Schritte der Installation der neuen Hardware und installiert gegebenenfalls den neuen Treiber. Diese Prozedur kann aber manchmal selbst den hartgesottensten Technikfreak frustrieren.

Wiederherstellungspunkte setzen

 Windows entfernt sich langsam, aber sicher von diesem Verfahren und setzt mehr auf die neueren Methoden der Systemaktualisierung und Systemzurücksetzung, die Thema in Kapitel 10 sind. Wer sich aber zu den alten Ich-setze-einen-Wiederherstellungspunkt-Fans zählt, kann weiterhin auf das Verfahren der Wiederherstellungspunkte zurückgreifen, um damit die Uhr zurückdrehen und den Rechner in einen Zustand versetzen zu können, als alles noch gut war.

Um einen Wiederherstellungspunkt zu setzen, gehen Sie folgendermaßen vor:

1. **Geben Sie in der Taskleiste im Suchfeld Wiederherstellung ein und klicken Sie im Suchbereich auf das Suchergebnis WIEDERHERSTELLUNGSPUNKT ERSTELLEN.**

   Das Dialogfeld SYSTEMEIGENSCHAFTEN wird geöffnet. Die Registerkarte COMPUTERSCHUTZ ist ausgewählt.

2. **Klicken Sie im Listenfeld VERFÜGBARE LAUFWERKE bei Bedarf auf Laufwerk C: und dann auf die Schaltfläche KONFIGURIEREN.**

3. **Aktivieren Sie im Dialogfeld SYSTEMSCHUTZ FÜR LAUFWERK C: die Option COMPUTERSCHUTZ AKTIVIEREN und klicken Sie dann auf OK.**

   Damit schalten Sie den Systemschutz für Laufwerk C: ein, was wiederum Voraussetzung für die Systemzurücksetzung ist.

4. **Klicken Sie im Dialogfeld SYSTEMEIGENSCHAFTEN auf ERSTELLEN, geben Sie im Dialogfeld COMPUTERSCHUTZ einen Namen für den Wiederherstellungspunkt ein und klicken Sie dann auf die Schaltfläche ERSTELLEN.**

   Windows setzt einen Wiederherstellungspunkt mit dem von Ihnen vergebenen Namen. Sie müssen nur noch ein paar Fenster schließen und die Aufgabe ist erledigt.

Wenn Sie an guten Tagen Wiederherstellungspunkte setzen, wissen Sie an schlechten Tagen sofort, auf welchen Sie zurückgreifen wollen. In Kapitel 10 erfahren Sie im Kasten »Wiederherstellungspunkte verwenden«, wie Sie Ihren Computer mit einem Wiederherstellungspunkt reanimieren.

Viren mit Windows Defender meiden

Viren lauern überall. Sie können über eine E-Mail, ein Programm, eine Datei, das Netzwerk oder ein externes Laufwerk auf Ihren Rechner gelangen. Selbst in Bildschirmschonern, Designs, Symbolleisten und sonstigen Windows-Add-ons können sie übertragen werden.

Aber Windows ist nicht untätig. Es stellt zur effektiven Virenbekämpfung den Windows Defender zur Verfügung. Das ist ein kostenloses Sicherheits- und Virenschutzprogramm.

Egal, was oder wer Ihren Rechner betritt, Windows Defender prüft alles und jeden. Ob Download, E-Mail, Netzwerk, Nachrichtenprogramme, externe Laufwerke – alles wird gecheckt. Und auch auf OneDrive hat er ein wachsames Auge, es sei denn, Sie untersagen dies.

Wird der Defender fündig, das heißt, irgendetwas Übles versucht, sich Zugang zu Ihrem Rechner zu verschaffen, teilt er Ihnen das sofort in einer entsprechenden Meldung auf dem Bildschirm mit (siehe Abbildung 8.5). Dann wird der gefundene Eindringling eliminiert.

Abbildung 8.5: Wenn Windows Defender einen Eindringling bemerkt, teilt er Ihnen dies mit und eliminiert ihn.

Windows Defender aktualisiert sich immer wieder selbst auf den neuesten Stand, was es da draußen an Viren gibt, und prüft Ihren Rechner Tag und Nacht. Wenn Sie aber irgendetwas Verdächtiges bemerken, sollten Sie dem Programm Bescheid geben, dass es sofort einen neuen Prüfdurchlauf beginnen soll:

1. **Klicken Sie in der Taskleiste auf die Schaltfläche WINDOWS DEFENDER.**

   Vielleicht müssen Sie auf die kleine nach oben zeigende Pfeilspitze klicken, um das Symbol für den Windows Defender anzeigen zu lassen. Sobald Sie darauf klicken, wird das Programm geöffnet.

2. Klicken Sie auf die Schaltfläche JETZT ÜBERPRÜFEN.

Windows Defender legt los.

 Wenn Sie den Virenschutz lieber einem anderen Programm eines Drittanbieters überlassen wollen, ist das kein Problem. Windows Defender wird beim Installieren eines anderen Virenschutzprogramms automatisch deaktiviert. Aber installieren Sie bitte niemals zwei Virenschutzprogrammen von Drittanbietern gleichzeitig. Das geht meist schief, weil sie sich in die Quere kommen.

Einen Rechner mit anderen teilen

9

In diesem Kapitel

▶ Benutzerkonten verstehen

▶ Benutzerkonten hinzufügen, löschen oder ändern

▶ Zwischen Benutzern hin und her wechseln

▶ Kennwörter verstehen

▶ Eine Heimnetzgruppe einrichten

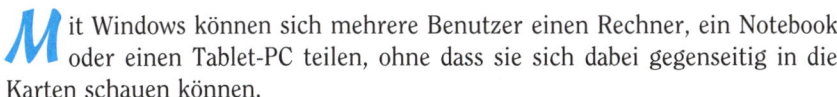

*M*it Windows können sich mehrere Benutzer einen Rechner, ein Notebook oder einen Tablet-PC teilen, ohne dass sie sich dabei gegenseitig in die Karten schauen können.

Und wie macht Windows das? Windows erstellt für jeden Benutzer ein *Benutzerkonto*, in dem sich die jeweiligen Dateien sozusagen in einem geschützten und isolierten Raum bewegen. (Sie werden in diesem Zusammenhang auch immer wieder auf den Begriff *Account* stoßen; das ist auch nichts anderes als ein Benutzerkonto.) Sobald jemand den Benutzernamen samt Kennwort eingibt, stellt sich der Rechner maßgeschneidert für den angemeldeten Benutzer zur Verfügung. Desktophintergrund, Sperrbildschirm, Startmenü, Menüwahl, Programme und Dateien – alles genau auf die angemeldete Person abgestimmt.

In diesem Kapitel wird erklärt, wie Sie verschiedene Benutzerkonten einrichten, egal ob für sich selbst als Eigentümer des Rechners, für Familienmitglieder oder für Mitbewohner.

Benutzerkonten verstehen lernen

Windows bietet zwei verschiedene Benutzerkontentypen an: Administrator und Standard. (Außerdem gibt es noch ein Kinderkonto.) Jeder Benutzer, der die Bühne Ihres PCs betreten will, muss zunächst auf der Anmeldeseite seinen Namen (mit oder ohne Bild) auswählen.

Anhand des Benutzerkontos kann Windows erkennen, was Sie auf dem Rechner alles tun dürfen. Folgende Typen gibt es:

✔ **Administrator:** Der Administrator steuert den gesamten Rechner und entscheidet, wer auf den Rechner zugreifen und welche Aufgaben derjenige erledigen darf. Der Boss richtet die Benutzerkonten ein und weist die Rechte zu.

✔ **Standard:** Die Standardbenutzer haben jeweils ihren eigenen Bereich und können dort in der Regel nach Belieben schalten und walten. Aber sie dürfen keine größeren Änderungen am Rechner vornehmen. So ist es ihnen untersagt, neue Programme zu installieren. Sie können aber mit den vorhandenen arbeiten.

✔ **Kind:** Eigentlich ist das Kinderkonto nur ein ganz normales Standardkonto, bei dem der elektronische Jugendschutz »Ihre Familie« automatisch aktiviert ist.

✔ In Windows 10 gibt es kein Gastkonto mehr. Die meisten Gäste sind nämlich autark und haben ihr Smartphone oder ihren Tablet-PC oder sogar beides immer dabei.

Geben Sie sich selbst auch ein Standardkonto!

Sollte es irgendwann einmal einer bösartigen Software gelingen, sich auf Ihren Rechner zu schmuggeln, und Sie sind dann gerade als Administrator angemeldet, kann das üble Folgen haben. Die Software hat dann nämlich genauso viele Rechte wie Sie. Sie kann alles löschen. Daher schlägt Microsoft vor, dass Sie für sich selbst zwei Konten einrichten, ein Administrator- und ein Standardkonto. Für Ihren Computeralltag können Sie sich stets mit Ihrem Standardkonto anmelden.

Dann behandelt Windows Sie wie jeden anderen Nullachtfünfzehn-Benutzer. Sobald Sie etwas machen wollen, was nur der Administrator tun darf, werden Sie aufgefordert, das Administratorkennwort einzugeben. Geben Sie das angeforderte Topsecret-Kennwort ein und Sie haben wieder alle wichtigen Rechte. Wenn Sie aufgefordert werden, das Administratorkennwort einzugeben, aktuell aber gar nichts Besonderes am Rechner machen, wissen Sie, dass irgendetwas nicht stimmt, und verweigern die Eingabe des angeforderten Kennworts.

Das zweite Konto ist eindeutig umständlich, aber Sie erhöhen dadurch die Sicherheit Ihres Rechners und Ihrer Daten.

Ein Benutzerkonto ändern oder ein neues erstellen

Windows 10 bietet zwei verschiedene Wege, ein Standardbenutzerkonto hinzuzufügen. Es unterscheidet dabei zwischen zwei Typen von Personen, für die Sie ziemlich wahrscheinlich ein Benutzerkonto hinzufügen werden:

✔ FAMILIENMITGLIED HINZUFÜGEN: Wenn Sie sich für diesen Kontotyp entscheiden, können Sie eine Überwachung für Kinderkonten automatisch einrichten lassen. Jeder Erwachsene, den Sie hier hinzufügen, kann die Kinderkonten ebenfalls überprüfen. Alle Familienmitglieder müssen über ein Microsoft-Konto verfügen. Ist das nicht der Fall, werden Sie beim Hinzufügen des Kontos gleich durch den Prozess der Erstellung eines Microsoft-Kontos geführt.

✔ WEITERE BENUTZER: Dieser Kontotyp eignet sich für WG-Mitglieder oder Dauergäste, die Ihren Rechner nutzen, aber nicht überwacht werden müssen und auch nicht Ihre Kinder überwachen sollen.

Ein Konto für ein Familienmitglied oder einen Freund hinzufügen

Als Administrator fügen Sie ein neues Benutzerkonto, egal ob für ein Familienmitglied oder für sonstige Benutzer, folgendermaßen hinzu:

1. **Klicken Sie auf die Schaltfläche START und dann im Startmenü auf den Eintrag EINSTELLUNGEN.**

2. **Klicken Sie in der Einstellungen-App auf die Schaltfläche KONTEN.**

Die KONTEN-Seite wird angezeigt (siehe Abbildung 9.1).

Um Änderungen am eigenen Konto vorzunehmen, klicken Sie links auf den Eintrag IHR KONTO. Ändern Sie hier beispielsweise Ihr Kennwort oder wechseln Sie von Ihrem Microsoft-Konto zu einem lokalen Konto. Beides wird weiter unten in diesem Kapitel noch ausführlicher erklärt.

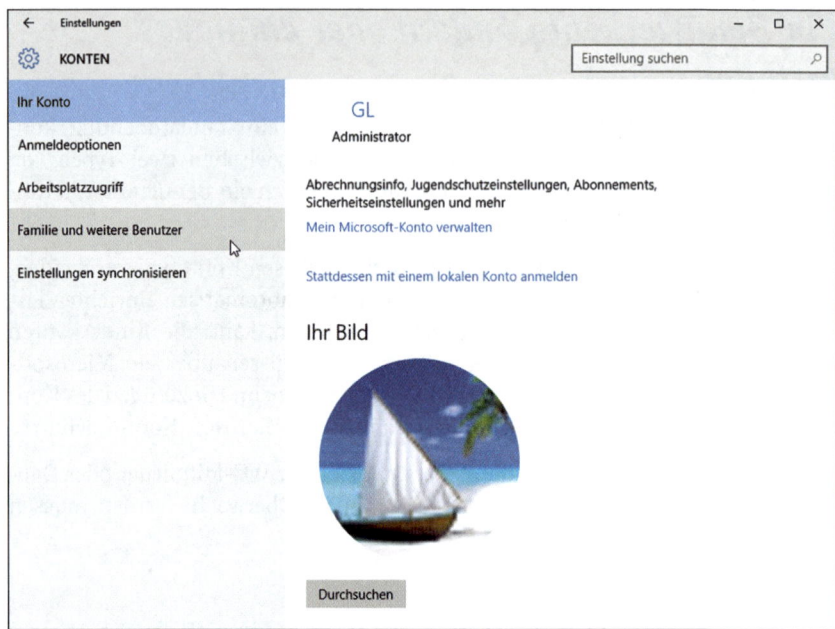

Abbildung 9.1: Wenn Sie auf »Familie und weitere Benutzer« klicken, legen Sie ein neues Benutzerkonto an.

3. Klicken Sie links auf FAMILIE UND WEITERE BENUTZER.

Im rechten Bereich können Sie nun entweder ein Konto für ein Familienmitglied (fahren Sie mit Schritt 4 fort) oder für einen weiteren Benutzer (fahren Sie mit Schritt 5 fort) hinzufügen.

4. Klicken Sie rechts in der Einstellungen-App auf FAMILIENMITGLIED HINZUFÜGEN und führen Sie die auf dem Bildschirm angezeigten Schritte durch, um dem neuen Familienmitglied eine Einladung zu senden.

Windows fragt ab, ob Sie ein Kind oder einen Erwachsenen hinzufügen wollen (siehe Abbildung 9.3). Aktivieren Sie die entsprechende Option und geben Sie darunter die E-Mail-Adresse des Kindes oder der erwachsenen Person ein:

- Wenn Sie die E-Mail-Adresse kennen, geben Sie sie einfach ein und klicken dann auf die Schaltfläche WEITER. Wenn es keine E-Mail-Adresse für ein Microsoft-Konto ist, erfolgt automatisch die Umwandlung in eine E-Mail-Adresse für ein Microsoft-Konto. So schnell kann es gehen!

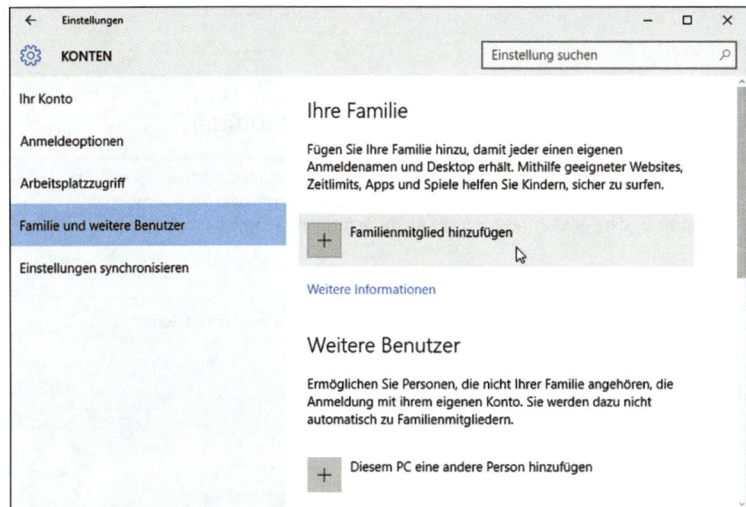

Abbildung 9.2: Klicken Sie auf »Familienmitglied hinzufügen«,
um genau das zu tun.

- Wenn Sie die E-Mail-Adresse nicht kennen, klicken Sie auf DIE PERSON, DIE ICH HINZUFÜGEN MÖCHTE, BESITZT KEINE E-MAIL-ADRESSE. Schwupp landen Sie auf einer Seite, auf der Sie die Person für eine neue E-Mail-Adresse anmelden können, die als Microsoft-Konto dient.

Egal für welche Variante Sie sich entscheiden, dem eingeladenen Familienmitglied, Kind oder Erwachsener, wird eine E-Mail zugestellt. Es ist eine Einladung, ein Familienmitgliedskonto auf Ihrem PC anzunehmen. Sobald diese Einladung angenommen wurde, wird das neue Konto automatisch auf Ihrem Rechner angezeigt.

Wird die Einladung ignoriert oder nicht innerhalb von zwei Wochen beantwortet, wird die Einladung ungültig. (Wenn Sie das Konto trotzdem einrichten wollen, müssen Sie die Einladung erneut versenden.)

5. **Wählen Sie auf der KONTEN-Seite im Bereich FAMILIENMITGLIED UND WEITERE BENUTZER den Eintrag DIESEM PC EINE ANDERE PERSON HINZUFÜGEN.**

Windows erkundigt sich sofort interessiert nach der E-Mail-Adresse der betreffenden Person.

Entweder Sie kennen die E-Mail-Adresse, dann geben Sie sie ein. Handelt es sich dabei nicht um eine E-Mail-Adresse für ein Microsoft-Konto, merkt das

*Abbildung 9.3: Wählen Sie, ob Sie ein Konto für ein Kind
oder für einen Erwachsenen einrichten wollen.*

Windows sofort und bittet Sie, hier ein Microsoft-Konto anzugeben oder ein neues Microsoft-Konto einzurichten. Alternativ dazu habe Sie die Wahl, einen Benutzer ohne Microsoft-Konto hinzuzufügen. Das ist dann ein lokales Konto.

Sie haben also zwei Möglichkeiten:

- **Microsoft-Konto:** Ein Microsoft-Konto wird in Windows 10 für ganz viele Features benötigt. Wie in Kapitel 2 beschrieben stellt ein Microsoft-Konto einfach eine E-Mail-Adresse mit einer Verknüpfung zu Microsoft dar. Nur Inhaber eines Microsoft-Kontos können Apps aus dem Store herunterladen und auf den virtuellen Speicher von OneDrive zugreifen. Um ein Microsoft-Konto einzurichten, fahren Sie mit Schritt 6 fort.

- **Lokales Konto:** Entscheiden Sie sich dafür, einen Benutzer ohne Microsoft-Konto hinzuzufügen, wenn der neue Benutzer nicht an einem Micro-

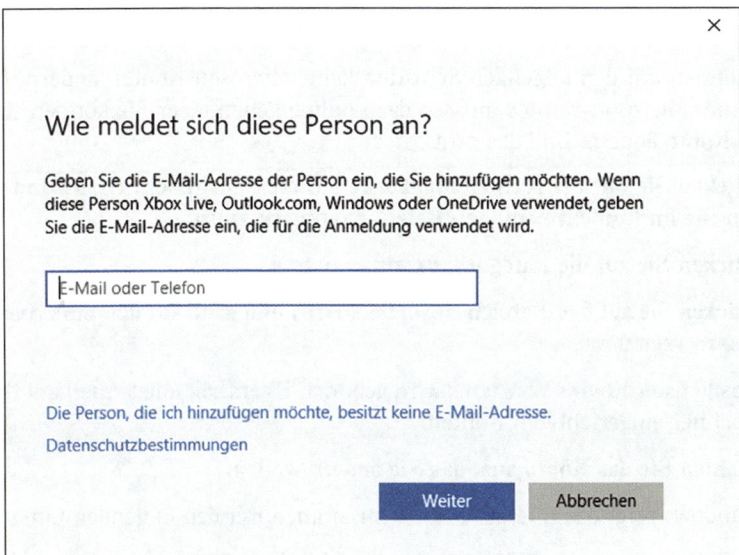

Abbildung 9.4: Geben Sie eine E-Mail-Adresse ein,
um ein Microsoft-Konto einzurichten.

soft-Konto und den damit verbundenen Vorteilen interessiert ist. Um ein lokales Konto einzurichten, fahren Sie mit Schritt 7 fort.

6. **Geben Sie die E-Mail-Adresse für das Microsoft-Konto des neuen Kontoinhabers ein, klicken Sie auf WEITER und bestätigen Sie mit FERTIGSTELLEN.**

Das war es auch schon. Das neue Konto wartet auf der Anmeldeseite auf den neuen Benutzer.

Soll es ein lokales Konto werden, fahren Sie mit Schritt 7 fort.

7. **Klicken Sie auf DIE PERSON, DIE ICH HINZUFÜGEN MÖCHTE, BESITZT KEINE E-MAIL-ADRESSE und dann auf BENUTZER OHNE MICROSOFT-KONTO HINZUFÜGEN.**

Sie werden nach dem Benutzernamen, dem Benutzerkennwort und einem Kennworthinweis gefragt.

8. **Geben Sie den Namen, das Kennwort sowie den Kennworthinweis ein und klicken Sie dann auf WEITER.**

Teilen Sie dem neuen Benutzer den Namen, das Kennwort und den Kennworthinweis mit. Er kann sich dann anmelden und den Namen, das Kennwort und den Hinweis ändern.

Ein vorhandenes lokales Konto ändern

Sie können mit den folgenden Schritten keine Microsoft-Konten ändern. Inhaber eines Microsoft-Kontos müssen dazu online gehen. Aber Sie können ein lokales Konto ändern. Und das geht so:

1. **Klicken Sie mit der rechten Maustaste auf die Schaltfläche START und wählen Sie im Kontextmenü den Befehl SYSTEMSTEUERUNG.**

2. **Klicken Sie auf die Kategorie BENUTZERKONTEN.**

3. **Klicken Sie auf den Bereich BENUTZERKONTEN und dann auf den Link ANDERES KONTO VERWALTEN.**

   Das Fenster KONTEN VERWALTEN wird geöffnet. Es enthält alle aktuell auf Ihrem Rechner eingerichteten Konten.

4. **Wählen Sie das Konto aus, das Sie ändern wollen.**

   Windows zeigt das Bild des Kontos zusammen mit den folgenden Links an:

   - KONTONAMEN ÄNDERN: Hier können Sie fehlerhaft geschriebene Namen korrigieren oder ein klangvolleres Pseudonym vergeben.

   - KENNWORT ÄNDERN beziehungsweise KENNWORT ERSTELLEN: Jedes Konto sollte mit einem Kennwort vor dem Zugriff anderer Benutzer geschützt werden. Geben Sie hier ein Kennwort ein oder ändern Sie ein vorhandenes.

   - KONTOTYP ÄNDERN: Befördern Sie ein Standardkonto zum Administratorkonto oder degradieren Sie ein Administratorkonto zum Standardkonto.

   -  KONTO LÖSCHEN: Wählen Sie diese Option auf keinen Fall vorschnell. Damit löschen Sie das Konto und alle zum Konto gehörenden Dateien. So kann man sich Feinde machen! Sie haben nach einem Klick auf diesen Link aber noch eine Chance und können sich für die Variante DATEIEN BEHALTEN entscheiden. Damit wird das Konto des Benutzers gelöscht, seine Dateien werden aber in einem Ordner aufbewahrt.

   - ANDERES KONTO VERWALTEN: Die durchgeführten Änderungen werden gespeichert und Sie können ein neues Konto wählen, um dort Änderungen durchzuführen.

   -  Wenn ein Kinderkonto auf Ihrem Rechner eingerichtet ist, können Sie hier auch mit der Funktion »Ihre Familie« die Computerei Ihres Kindes einschränken.

5. **Wenn Sie alle Änderungen durchgeführt haben, klicken Sie oben in der Titelleiste des Fensters auf die Schaltfläche mit dem »x«, um das Fenster zu
   schließen.**

   Alle durchgeführten Änderungen werden sofort übernommen.

Mit dem Profilbild Profil zeigen

Jetzt wird es wirklich wichtig. Das Bild, das Windows automatisch Ihrem Benutzerkonto zuweist, ist ja so was von langweilig. Es steht Ihnen frei, dies zu ändern
und Ihr wahres Ich zu zeigen.

Um Ihrem Benutzerkonto ein Foto zuzuweisen, wechseln Sie ins Startmenü, klicken dort links oben auf die Silhouette und wählen im Menü den Befehl Kontoeinstellungen ändern. Schwupp landen Sie in der Einstellungen-App gleich auf
der richtigen Seite und können das Profilbild anpassen.

Prinzipiell haben Sie zwei Möglichkeiten, ein neues Profilbild zu definieren, und
eine, um den Ausschnitt des vorhandenen Profilbildes zu ändern:

✔ **Durchsuchen:** Befindet sich das gewünschte neue Bild auf Ihrem Rechner,
   klicken Sie auf die Schaltfläche Durchsuchen. Schon präsentiert Ihnen Windows alle Bilder aus dem Ordner Bilder. Klicken Sie auf das gewünschte Bild
   und dann auf die Schaltfläche Bild auswählen. Das war es auch schon.

✔ **Kamera:** Diese Möglichkeit steht Ihnen nur dann offen, wenn Sie über eine
   integrierte Kamera verfügen. Sobald Sie auf den Bildschirm klicken oder tippen, wird der Schnappschuss gemacht.

Schnell zwischen verschiedenen Benutzern wechseln

Der schnelle Wechsel zwischen Benutzern ist überhaupt kein Problem. Wenn
der Rechner gerade kurz frei ist und Sie sich schnell zwischendurch anmelden
wollen, um beispielsweise Ihre Mails zu lesen, tun Sie Folgendes:

1. **Öffnen Sie das Startmenü.**

   Drücken Sie die ⊞-Taste oder klicken Sie unten links auf die Schaltfläche Start.

2. **Klicken Sie links oben im Startmenü auf das Foto des aktuell angemeldeten
   Benutzers.**

   Alle eingerichteten Konten werden in einem kleinen Menü angeboten.

3. Wählen Sie Ihren Benutzernamen aus, um sich anzumelden.

Der zuvor angemeldete Benutzer bleibt angemeldet. Dennoch ist Windows damit einverstanden, dass Sie Ihr Kennwort eingeben, sich anmelden und am Rechner arbeiten.

Wenn Sie Ihre Mails gelesen haben, melden Sie sich wieder ab. Klicken Sie dazu auf das Benutzerkontofoto und wählen Sie im Menü den Befehl ABMELDEN. Windows schließt Ihre Arbeitssitzung und der nächste Benutzer kann sich anmelden.

Kennwörter und sonstige Sicherheitsvorkehrungen

Ohne Kennwort ist ein Benutzerkonto nicht viel wert. Administrator ohne Kennwort, das geht erst recht nicht.

Inhaber eines Microsoft-Kontos können ihr Kennwort online ändern. (Klicken Sie dazu in der Einstellungen-App auf die Schaltfläche KONTEN und dann im Bereich IHR KONTO auf den Link MEIN MICROSOFT-KONTO VERWALTEN.) Inhaber eines lokalen Kontos führen die folgenden Schritte aus, um ihr Konto mit einem Kennwort vor dem unberechtigten Zugriff anderer zu schützen:

1. Klicken Sie auf die Schaltfläche START und dann im Startmenü auf den Eintrag EINSTELLUNGEN.

2. Klicken Sie in der Einstellungen-App auf die Schaltfläche KONTEN.

Die KONTEN-Seite präsentiert ihre Optionen (siehe Abbildung 9.1).

3. Klicken Sie links auf ANMELDEOPTIONEN.

4. Klicken Sie rechts unter KENNWORT auf die Schaltfläche ÄNDERN.

Für diejenigen, die bisher noch kein Kennwort hatten, lautet der Name der Schaltfläche ERSTELLEN.

5. Geben Sie Ihr altes Kennwort ein. Denken Sie sich dann ein Kennwort aus, an das Sie sich gut erinnern können, geben Sie es in das Feld NEUES KENNWORT ein und wiederholen Sie die Eingabe im Feld KENNWORT ERNEUT EINGEBEN. Klicken Sie auf WEITER.

Scheuen Sie sich nicht davor, Ihr Kennwort regelmäßig zu wechseln. Sicherheit geht über alles.

Heimnetzgruppe einrichten

Wenn mehrere Rechner in einem Netzwerk verbunden sind, ist es einfach, gemeinsam auf Ressourcen wie Internet, Drucker und Dateien zuzugreifen. Aber wie gelingt es, ein paar Elemente zu teilen und andere für sich zu behalten?

Die Lösung von Microsoft heißt *Heimnetzgruppe*. Eine Heimnetzgruppe bietet jedem Windows-PC, der in einem Netzwerk verbunden ist, die Möglichkeit, die Dinge gemeinsam zu nutzen, die eigentlich jeder gerne mit anderen teilt, Songs, Fotos, Videos und den einzigen Drucker im Haus. Richten Sie eine Heimnetzgruppe ein oder treten Sie einer vorhandenen bei, und Windows fängt sofort an zu teilen. Außen vor bei dieser ganzen Teilerei bleibt allerdings Ihr DOKUMENTE-Ordner, was sicherlich in Ihrem Interesse ist.

Abhängig von Ihrem Netzwerk kann es passieren, dass Sie eine Einladung zum Beitreten des Heimnetzwerks erhalten, sobald sich Ihr Rechner mit dem Router verbindet. Wenn das der Fall ist, steigen Sie bei Schritt 2 ein.

Halten Sie sich an folgende Anleitung, um eine Heimnetzgruppe einzurichten und einer Heimnetzgruppe beizutreten:

1. **Klicken Sie mit der rechten Maustaste auf die Schaltfläche START und wählen Sie im Kontextmenü den Befehl SYSTEMSTEUERUNG.**

2. **Klicken Sie in der Systemsteuerung auf die Schaltfläche NETZWERK UND INTERNET und dann auf HEIMNETZGRUPPE.**

3. **Klicken Sie im Fenster HEIMNETZGRUPPE auf den Link NETZWERKADRESSE ÄNDERN und bestätigen Sie die Abfrage in der rechts eingeblendeten Leiste mit JA.**

Sollte der Link nicht angezeigt werden, ist das alles bereits erledigt und Sie können mit Schritt 4 fortfahren.

Ansonsten: Wenn Sie ein kabelloses Netzwerk einrichten, geht Windows davon aus, dass es sich um ein öffentliches Netzwerk handelt. Und Windows geht selbstverständlich auch davon aus, dass Sie nicht wollen, dass irgendjemand in Ihrem Rechner herumstöbert. Windows sorgt also dafür, dass Ihr Computer unsichtbar bleibt. Und andere Computer bleiben wiederum unsichtbar für Sie.

Mit dem JA in Abbildung 9.5 teilen Sie Windows mit, dass es sich um ein privates Netzwerk handelt, in dem Sie Dateien, Drucker etc. mit anderen austauschen und teilen wollen.

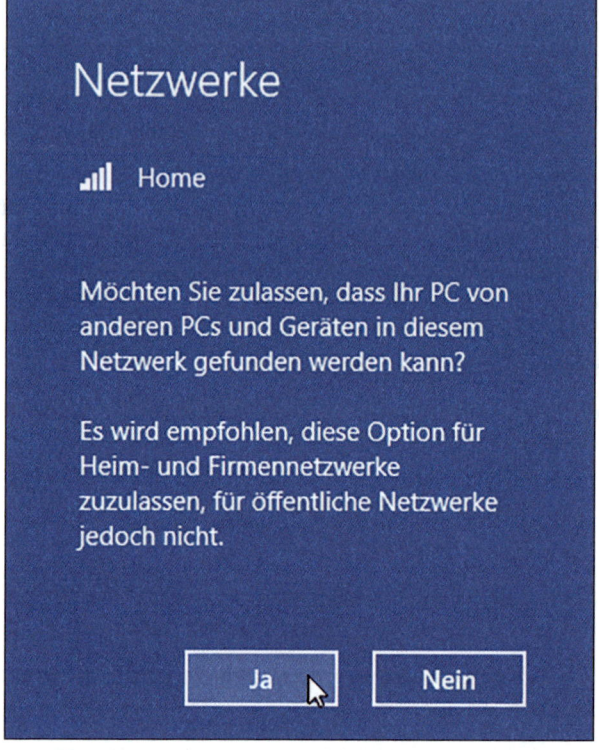

Abbildung 9.5: Sagen Sie »Ja« zu einem drahtlosen privaten Netzwerk.

4. Klicken Sie entweder auf die Schaltfläche H<small>EIMNETZWERKGRUPPE</small> <small>ERSTELLEN</small> oder J<small>ETZT</small> <small>BEITRETEN</small>.

Wenn Sie auf der Seite die Schaltfläche H<small>EIMNETZWERKGRUPPE</small> <small>ERSTELLEN</small> sehen, gibt es in Ihrem Netzwerk noch keine Heimnetzgruppe und Sie können eine erstellen.

Wenn Sie auf der Seite die Schaltfläche J<small>ETZT</small> <small>BEITRETEN</small> sehen (siehe Abbildung 9.6), gibt es in Ihrem Netzwerk bereits eine Heimnetzgruppe, der Sie beitreten können.

Egal ob Sie die Heimnetzgruppe erstellen oder ihr beitreten, Sie werden gefragt, was Sie teilen wollen.

Sollten Sie aufgefordert werden, Privacy-Einstellungen auf Ihrem Rechner zu ändern, achten Sie darauf, P<small>RIVAT</small> und keinesfalls Ö<small>FFENTLICH</small> zu wählen.

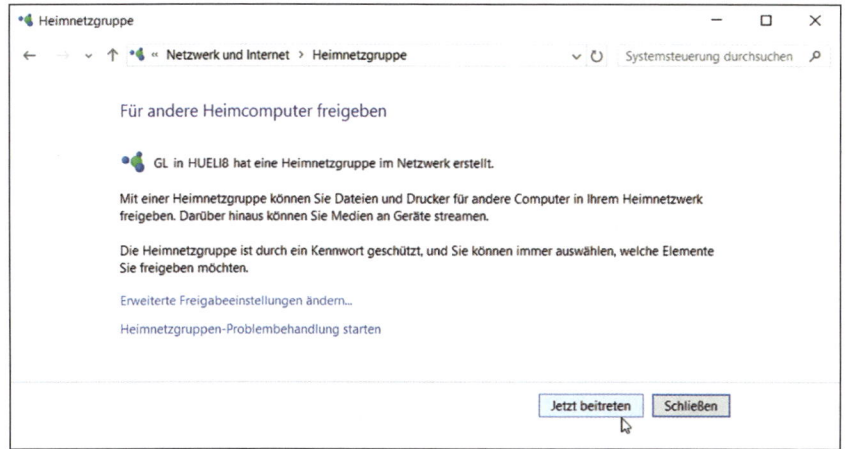

Abbildung 9.6: Treten Sie einer bestehenden Heimnetzgruppe bei oder gründen Sie eine neue Heimnetzgruppe.

5. Wählen Sie die Elemente aus, die Sie teilen möchten, klicken Sie auf WEITER und wenn Sie einer vorhandenen Heimnetzgruppe beitreten, geben Sie das Kennwort der Heimnetzgruppe ein.

Abbildung 9.7 zeigt, welche Ordner Sie in der Heimnetzgruppe freigeben können. Um ein Element freizugeben, wählen Sie in seinem Drop-down-Menü den Eintrag FREIGEGEBEN. Um ein Element für sich zu behalten, wählen Sie NICHT FREIGEGEBEN.

Die meisten Benutzer teilen gerne ihre Songs, Bilder, Videos sowie Drucker und Mediengeräte. Da der Ordner DOKUMENTE häufig private Schriftstücke enthält, wird er nicht so gerne freigegeben.

Teilen heißt im Heimnetzwerk lediglich, dass andere Benutzer die Dateien in den entsprechenden Ordnern ansehen können. Sie dürfen sie weder bearbeiten noch löschen. Auch ist es für andere nicht möglich, in den geteilten Ordnern neue Dateien zu erstellen oder dort zu speichern.

Wenn Sie einem Heimnetzwerk beitreten wollen, müssen Sie das Kennwort eingeben. Sie kennen das Kennwort nicht? Ich verrate Ihnen, wo es hinterlegt ist. Klicken Sie im Explorer links im Navigationsbereich mit der rechten Maustaste auf HEIMNETZGRUPPE und dann auf HEIMNETZGRUPPEN-KENNWORT ANZEIGEN. (Beachten Sie bei der Eingabe unbedingt die Groß- und Kleinschreibung.)

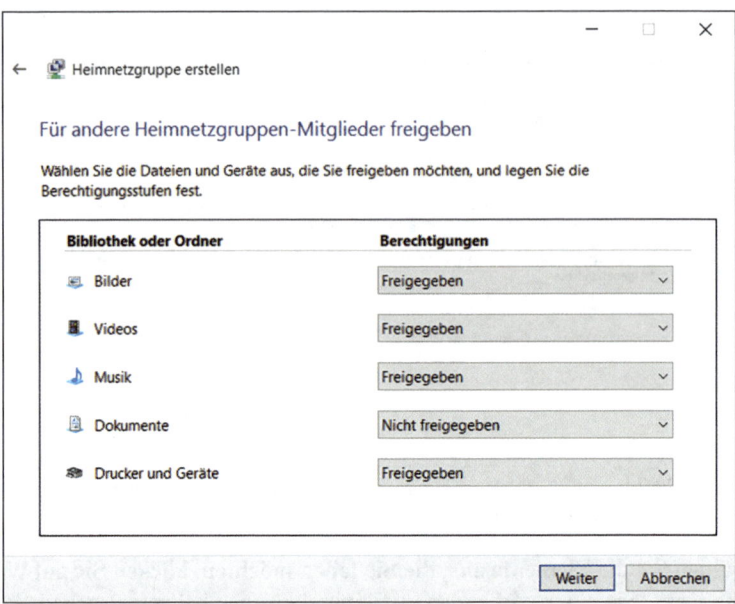

Abbildung 9.7: Die meisten Benutzer teilen Musik, Bilder, Videos, Drucker und Mediengeräte.

Wenn Sie in dieser Schrittanleitung einer Heimnetzgruppe beigetreten sind, haben Sie jetzt alles erledigt.

6. **Wenn Sie gerade in Schritt 4 eine Heimnetzgruppe erstellt haben, notieren Sie sich das Kennwort und geben es an diejenigen weiter, die der Heimnetzgruppe beitreten wollen und auch dürfen.**

Jeder Rechner, der der Heimnetzgruppe beitritt, muss das Kennwort wissen.

Übrigens, Smartphones und iPads müssen leider draußen bleiben. Um Dateien mit diesen Geräten auszutauschen, laden Sie die OneDrive-App herunter (siehe auch Kapitel 4).

✔ Wenn Sie eine Heimnetzgruppe erstellen oder einer solchen Gruppe beitreten, gelten die von Ihnen gewählten Ordnerfreigaben nur für Ihr Konto. Alle anderen Benutzer auf Ihrem Rechner müssen ihre Ordner separat freigeben. Dazu müssen sie im Explorer im Navigationsbereich mit der rechten Maustaste auf HEIMNETZGRUPPE und dann im Kontextmenü auf HEIMNETZGRUPPEN-EINSTELLUNGEN ÄNDERN klicken, die Freigaben bestimmen und speichern.

✔ Wenn Sie einer Heimnetzgruppe beigetreten sind, müssen Sie unter Umständen ein paar Minuten warten, bis Sie Dateien und Drucker mit den anderen vernetzten Rechnern teilen können.

Um zu sehen, was in den geteilten Ordnern der anderen Leute auf Ihrem Rechner oder im Netzwerk los ist, klicken Sie in der Taskleiste auf die Schaltfläche EXPLORER.

Klicken Sie im Explorer im Navigationsbereich auf den Eintrag HEIMNETZGRUPPE. Rechts werden alle Mitglieder der Heimnetzgruppe angezeigt, die sich dafür entschieden haben, Dateien in der Gruppe freizugeben.

Um die Ordner zu durchsuchen, die Mitgliedern Ihrer Heimnetzgruppe gehören, doppelklicken Sie im Fenster HEIMNETZGRUPPE auf das entsprechende Konto. Das Fenster zeigt sofort die freigegebenen Ordner der entsprechenden Person an.

Wenn gar nichts mehr geht ...

10

In diesem Kapitel

▶ Die magischen Wartungsfunktion in Windows genießen

▶ Gelöschte Dateien und Ordner und ihre älteren Versionen wiederbeleben

▶ Wiederherstellungspunkte nutzen

▶ Ein vergessenes Kennwort zurückholen

▶ Eingefrorene Bildschirme und Rechner in den Griff kriegen

▶ Datentransfer von einem alten auf einen neuen Rechner

*M*anchmal haben Sie nur so ein komisches Gefühl, dass etwas falsch läuft. Der Computer gibt leise grummelnde Geräusche von sich oder Windows arbeitet langsamer als der Bundestag.

Manchmal allerdings ist etwas ganz offensichtlich verkehrt. Programme frieren ein, Menüs schießen Ihnen entgegen oder Windows begrüßt Sie mit einer hässlichen Fehlermeldung, wenn Sie Ihren Computer einschalten.

Viele Probleme, die sehr schlimm aussehen, lassen sich recht einfach lösen. Dieses Kapitel weist Ihnen den rechten Weg.

Versuchen Sie zuerst immer das ...

Sie haben das komische Gefühl, dass irgendetwas nicht stimmt. Und dieses Gefühl wird immer deutlicher. Die drahtlose Internetverbindung funktioniert nicht wirklich gut. Der Drucker mag Ihren Rechner nicht. Die Anzeige einer Website dauert ewig. Ein Programm verweigert den Dienst. Ich weiß auch nicht! Da stimmt was nicht!

Ob Sie es glauben oder nicht, manchmal lassen sich solche Probleme mit einem einfachen Neustart beheben:

1. **Klicken Sie mit der rechten Maustaste auf die Schaltfläche Start, wählen Sie im Kontextmenü den Befehl Herunterfahren oder abmelden und dann den Befehl Neu starten.**

Alle Programme werden geschlossen. Wenn Sie in einem Programm noch nicht alles gespeichert haben, merkt Windows das und fragt ab, ob Sie speichern wollen. Tun Sie das! Und zum Schluss schaltet sich Ihr Rechner selbst ab. Sekunden später legt er aber auch schon wieder los und startet erneut. Der Sperrbildschirm wird angezeigt und Sie können sich anmelden.

Die magischen Wartungsfunktionen von Windows

Jahrelang gab es nur eine Möglichkeit, wenn Ihr Computer nicht mehr richtig wollte: die Systemwiederherstellung. Es gibt sie in Windows 10 immer noch – lesen Sie hierzu die Informationen im Kasten »Wiederherstellungspunkte verwenden« weiter hinten in diesem Kapitel. Aber Windows bietet weitere leistungsstarke Werkzeuge, die einen erkrankten Rechner wieder gesunden lassen. In diesem Abschnitt werden diese Werkzeuge vorgestellt.

Den PC wiederherstellen

Aha! Vielleicht eine Verjüngungskur? Nein, eigentlich nicht! Wenn der Rechner sich krank fühlt, seltsam agiert und alles einfach nicht mehr so ist, wie es sein sollte, hilft oft nur noch eine Radikalkur: Windows neu installieren. Früher bedeutete das viel Arbeit und brauchte viel Zeit. Die Installation und das Hin- und Herkopieren der Dateien – da war schnell ein halber Arbeitstag weg.

Die harten Zeiten sind vorbei. In Windows 10 gibt es das Feature *Wiederherstellung* (nicht zu verwechseln mit der Funktion Systemwiederherstellung). Sie müssen nur ein paar Tasten drücken, und Windows installiert sich ganz selbstständig neu auf Ihrem Rechner. Dabei bringt das Betriebssystem alle Benutzerkonten, alle persönlichen Dateien, alle aus dem Windows Store heruntergeladenen Apps und die meisten wichtigen Einstellungen in Sicherheit.

Um Ihren PC wiederherzustellen, führen Sie die folgenden Schritte durch:

1. **Klicken Sie auf die Schaltfläche Start und dann im Startmenü auf den Eintrag Einstellungen.**

2. **Klicken Sie auf die Schaltfläche Update und Sicherheit und dann links auf den Eintrag Wiederherstellung.**

3. Klicken Sie im rechten Bereich unter Diesen PC zurücksetzen **auf das salop-pe** Los geht's.

Falls Sie aufgefordert werden, den Installationsdatenträger einzulegen, CD, Flashlaufwerk oder was auch immer Sie für die Windows-Installation verwendet haben, tun Sie das. Sie haben keinen Installationsdatenträger? Tut mir leid. Dann können Sie Windows auch nicht »auffrischen«. Klicken Sie auf Abbrechen, um den Vorgang abzubrechen.

Wenn alles okay ist, zeigt Windows das mit dem Fenster in Abbildung 10.1 an, in dem es zwei Wiederherstellungsverfahren anbietet.

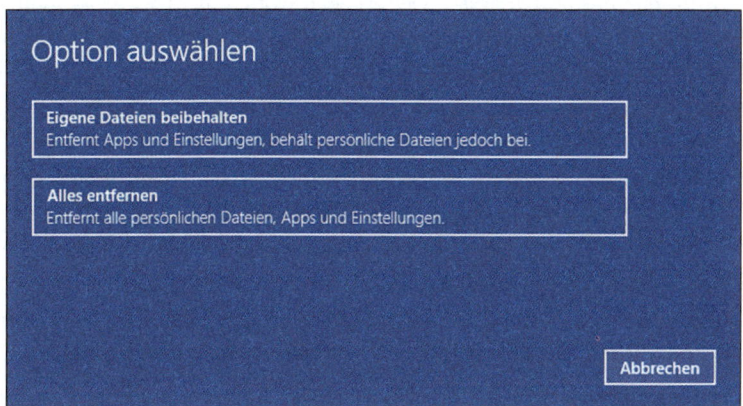

Abbildung 10.1: Wenn nichts dagegenspricht, entscheiden Sie sich für die Option »Eigene Dateien beibehalten«.

4. Entscheiden Sie sich für eine Option und klicken Sie auf Weiter.

Die Wiederherstellungsfunktion bietet zwei Möglichkeiten:

- Eigene Dateien beibehalten: Sie sollten sich in der Regel für diese Option entscheiden. Damit wird Windows neu installiert. Die Benutzerkonten und Dateien bleiben aber unbehelligt auf dem Rechner. Sie verlieren nur Ihre Desktopprogramme. Diese müssen Sie leider neu installieren. Sie erhalten aber zumindest eine praktische Liste mit den entsprechenden Programmen, sogar mit Websiteverknüpfungen. Wenn Sie sich für diese Option entscheiden, fahren Sie mit Schritt 7 fort.

- Alles entfernen: Wenn Sie wirklich Tabula rasa machen und alles auf Ihrem Rechner eliminieren wollen, einschließlich sämtlicher Benutzerkonten und Dateien, dann sind Sie hier richtig. Nachdem Windows 10 neu installiert ist, haben Sie quasi einen funkelnagelneuen Rechner. Wenn Sie sich für diese Option entscheiden, fahren Sie mit Schritt 5 fort.

5. **Wählen Sie bei Bedarf, ob nur das Laufwerk, auf dem Windows installiert ist, bereinigt werden soll oder alle Laufwerke bereinigt werden sollen.**

6. **Wählen Sie, ob Sie nur die Dateien entfernen oder zusätzlich auch noch das Laufwerk bereinigen wollen.**

Und wieder haben Sie die Qual der Wahl:

- NUR DATEIEN ENTFERNEN: Entscheiden Sie sich für diese Option, wenn Sie Ihren Rechner an jemanden weitergeben wollen, dem Sie vertrauen. Ihre persönlichen Dateien werden zwar gelöscht, aber jemand mit dem richtigen Werkzeug kann unter Umständen einige dieser Daten wiederherstellen.

- DATEIEN ENTFERNEN UND LAUFWERK BEREINIGEN: Wählen Sie diese Option, wenn Sie Ihren Rechner an eine Organisation verschenken oder auf dem Sperrmüll entsorgen wollen. Damit wird auf Ihrem Rechner gründlich geputzt. Ihre Daten werden regelrecht ausradiert. Da kommt keiner mehr ran, außer vielleicht echte Experten mit teurer Spezialausrüstung zur Datenwiederherstellung.

7. **Notieren Sie sich, welche Desktopprogramme neu installiert werden müssen, und klicken Sie dann auf die Schaltfläche zum Wiederherstellen.**

Windows installiert sich neu. Das dauert in der Regel von 15 Minuten bis zu einer Stunde. Wenn Ihr Rechner wieder erwacht, sollte er frisch und schwungvoll seine Arbeit wieder aufnehmen.

 Wenn Sie in Schritt 2 der obigen Anleitung eine Windows-DVD eingelegt haben, passen Sie beim Neustart des Rechners auf. Unter Umständen werden Sie aufgefordert, eine beliebige Taste zu drücken, um von der DVD zu starten. Drücken Sie *keine* Taste, sondern warten Sie, bis diese Meldung von allein verschwindet. Dann startet Ihr Rechner von der Festplatte aus neu und nicht von der DVD.

Installieren Sie nach dem Auffrischen ein Desktopprogramm nach dem anderen. Starten Sie nach jeder Installation den Rechner neu. Damit haben Sie eine gute Chance, dass die Programme, die eventuell zum Erkranken von Windows beigetragen haben, zukünftig ordnungsgemäß funktionieren werden.

Wenn Ihr PC mit einem Netzwerk verbunden ist, müssen Sie Windows mitteilen, ob es sich um ein privates oder um ein öffentliches Netzwerk handelt. Sie müssen außerdem der Heimnetzgruppe – sofern vorhanden – erneut beitreten. Das geht ganz einfach und wird in Kapitel 9 beschrieben.

Wenn Sie die Festplatte vollständig geputzt haben, können Sie mithilfe des Dateiversionsverlaufs (siehe nächster Abschnitt) die Dateien wiederherstellen, die sich zuvor in den Ordnern DOKUMENTE, MUSIK, BILDER und VIDEOS aufgehalten haben.

Zu einer älteren Windows-Version zurückkehren

Windows 7-, Windows 8- und Windows 8.1-Benutzer können im ersten Jahr nach Erscheinen von Windows 10 kostenlos auf Windows 10 upgraden (siehe auch Kapitel 1). Aber was tun, wenn Sie auf Windows 10 aktualisieren und dann doch wieder zu Ihrer früheren Windows-Version zurückwollen? Geht das? Ja, das geht! Und zwar mit einem weiteren Trick aus der Trickkiste der Kategorie UPDATE UND SICHERHEIT in der Einstellungen-App.

Begeben Sie sich also in der Einstellungen-App zur Kategorie UPDATE UND SICHERHEIT, wie in den ersten beiden Schritten der vorherigen Schrittanleitung beschrieben. Dort entscheiden Sie sich rechts für das saloppe LOS GEHT's der Option ZUM FRÜHEREN BUILD ZURÜCKKEHREN, um zu Ihrer früheren, bequemeren Windows-Version zurückzukehren. Sie werden dort von all Ihren vertrauten Dateien und Programmen empfangen. Die Windows 10-Apps stehen dann nicht mehr zur Verfügung.

Daten aus dem Dateiversionsverlauf wiederherstellen

Die Funktion zur Datensicherung, *Dateiversionsverlauf*, legt den Schwerpunkt auf die Sicherung Ihrer ganz persönlichen Daten. Apps und Programme interessieren sie nicht. Man kann sie ja jederzeit erneut installieren. Aber was bleibt von Ihnen übrig, wenn all Ihre Dokumente, Bilder, Videos und Songs für immer ausradiert sind?

Um Ihre persönliche digitale Welt zu sichern, erstellt die Funktion Dateiversionsverlauf automatisch eine Kopie aller Dateien der Ordner BILDER, DOKUMENTE, DOWNLOADS, MUSIK und VIDEOS sowie aller Dateien auf dem Desktop. Standardmäßig wird die Sicherung stündlich durchgeführt.

Die Funktion Dateiversionsverlauf nimmt ihre Tätigkeit erst auf, wenn Sie sie explizit einschalten. Wie das geht, erfahren Sie in Kapitel 8. Bitte schalten Sie sie ein, je früher, desto besser.

Um durch Ihre gesicherten Dateien und Ordner zu blättern und die gewünschten Dateien und Ordner wiederherzustellen, gehen Sie folgendermaßen vor:

1. **Klicken Sie in der Taskleiste auf die Schaltfläche Explorer und öffnen Sie dort den Ordner mit den Elementen, die Sie wiederherstellen wollen.**

   Um zum Beispiel alle Elemente aus Ihren persönlichen Ordnern Bilder, Desktop, Dokumente, Downloads, Musik und Videos wiederherzustellen, klicken Sie links im Navigationsbereich auf den Eintrag Dieser PC. Doppelklicken Sie auf einen der Unterordner, um ihn zu öffnen.

2. **Klicken Sie im Menüband auf der Registerkarte Start in der Gruppe Öffnen auf die Schaltfläche Verlauf.**

   Die Funktion Dateiversionsverlauf meldet sich zu Wort (siehe Abbildung 10.2). Sie sieht recht unspektakulär aus, ein bisschen wie ein Ordnerfenster.

   Die Funktion Dateiversionsverlauf zeigt, was sie gesichert hat. Sehen Sie sich nach Belieben in den angezeigten Ordnern um. Sie können auch eine Datei in einem Ordner auswählen, um ihren Inhalt anzuzeigen.

3. **Wählen Sie die wiederherzustellenden Elemente aus.**

   Zeigen und klicken Sie sich Ihren Weg durch die Ordner und Dateien, bis Sie das Element oder die Elemente gefunden haben, das beziehungsweise die Sie wiederherstellen wollen.

   - **Ihre Hauptordner:** Um einen Hauptordner komplett wiederherzustellen, beispielsweise den Ordner Dokumente, doppelklicken Sie auf ihn, um ihn zu öffnen.

   - **Ordner:** Um einen ganzen Ordner an seiner ursprünglichen Position wiederherzustellen, doppelklicken Sie auf den betreffenden Ordner, um ihn zu öffnen.

   - **Dateien:** Um mehrere Dateien wiederherzustellen, öffnen Sie den Ordner, in dem sie abgelegt sind, sodass sie angezeigt werden.

   - **Einzelne Datei:** Um eine einzige Datei wiederherzustellen, öffnen Sie den Ordner, in dem sie abgelegt ist.

   Sobald Sie auf dem Bildschirm genau das sehen, was Sie wiederherstellen wollen, fahren Sie mit Schritt 4 fort.

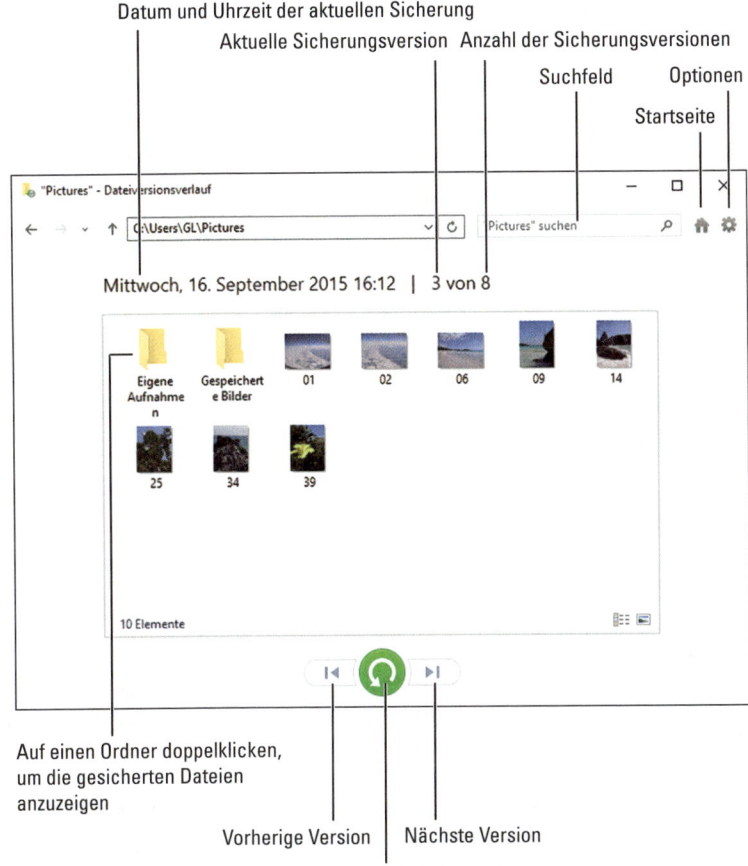

Abbildung 10.2: Mit der Funktion »Dateiversionsverlauf« können Sie Ihre persönlichen Habseligkeiten sichern und bei Bedarf wiederherstellen.

4. Blättern Sie in den Versionen, um die Version zu finden, die wiederherge-stellt werden soll.

Klicken Sie auf den nach links zeigenden Pfeil, um zu älteren Versionen zu scrollen, beziehungsweise auf den nach rechts zeigenden Pfeil, um neuere Versionen anzuzeigen (siehe Abbildung 10.3).

Zeigen und klicken Sie sich in älteren und neueren Versionen durch Ordner und Dateien, bis die Version angezeigt wird, die Sie wiederherstellen wollen.

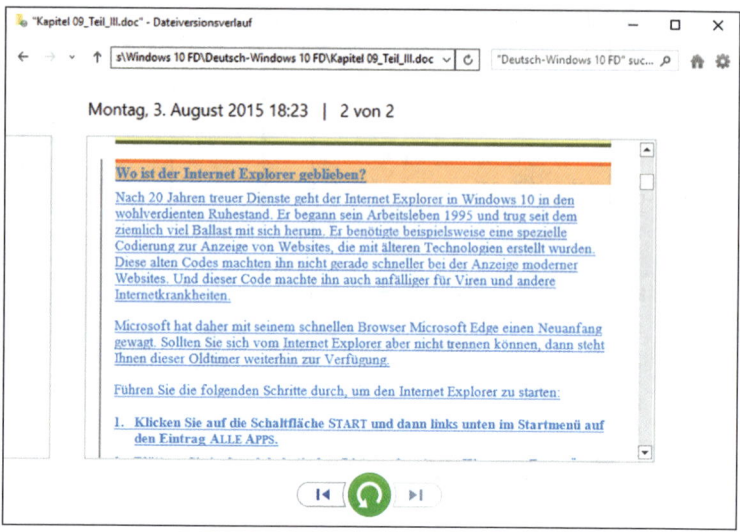

Abbildung 10.3: Klicken Sie auf den nach links oder auf den nach rechts zeigenden Pfeil, um ältere beziehungsweise neuere Versionen einer Datei anzuzeigen.

 Wenn Sie nicht sicher sind, ob ein bestimmter Ordner auch wirklich das Element enthält, das Sie wiederherstellen möchten, geben Sie den Namen rechts oben in das Suchfeld des Dateiversionsverlaufs ein.

5. Klicken Sie auf die Schaltfläche zum Wiederherstellen, um die gewählte Version zurück auf Ihren Rechner zu kopieren.

Egal ob Sie eine einzelne Datei oder einen ganzen Ordner anzeigen, durch Klicken auf die Schaltfläche zum Wiederherstellen wird das gewählte Element auf der Festplatte dort abgelegt, wo es früher gespeichert war.

Das kann zu einem Problem führen: Was passiert, wenn Sie eine ältere Version der Datei »xyz« wiederherstellen und es auf der Festplatte im entsprechenden Ordner eine neuere Version dieser Datei gibt? Windows macht Sie mit der in Abbildung 10.4 gezeigten Meldung auf das Problem aufmerksam. Fahren Sie in diesem Fall mit Schritt 6 fort.

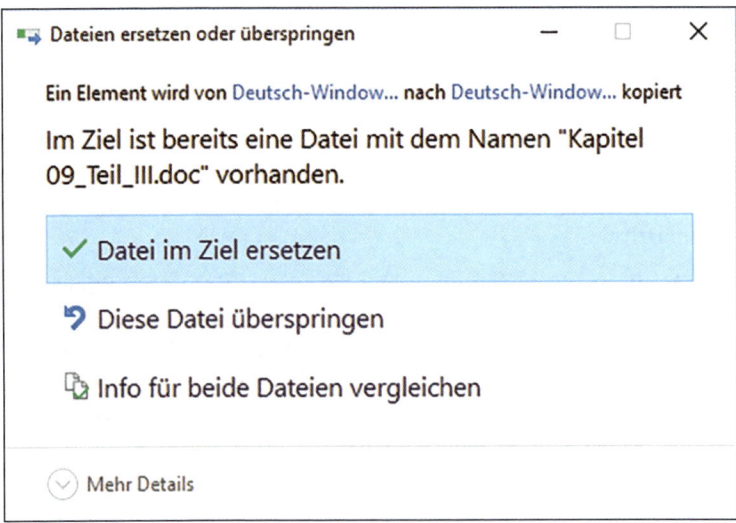

Abbildung 10.4: Ersetzen oder überspringen?

6. Entscheiden Sie, wie der Konflikt zu lösen ist.

Die Funktion Dateiversionsverlauf bietet drei Lösungsmöglichkeiten an:

- DATEI IM ZIEL ERSETZEN: Entscheiden Sie sich nur dann für diese Option, wenn Sie sicher sind, dass die ältere Version besser als die auf der Festplatte vorhandene ist.

- DIESE DATEI ÜBERSPRINGEN: Klicken Sie auf diese Option, wenn Sie von der Wiederherstellung dieser Datei oder dieses Ordners die Finger lassen wollen. Damit schalten Sie zurück zum Fenster DATEIVERSIONSVERLAUF und können sich weiter in den Versionen umsehen.

- INFO FÜR BEIDE DATEIEN VERGLEICHEN: Dies ist meist die klügste Wahl. Mit dieser Option werden Größe und Datum der beiden Dateiversionen verglichen und Sie entscheiden auf der Basis des Vergleichs. Es ist sogar möglich, beide Versionen zu erhalten. Windows hängt dann an den Dateinamen der hinzukommenden Datei eine Zahl an.

7. Klicken Sie in der Titelleiste auf die Schaltfläche mit dem »x«, um das Fenster DATEIVERSIONSVERLAUF zu schließen.

Folgende Punkte gibt es noch zur Funktion Dateiversionsverlauf zu berichten:

✔ Die Funktion Dateiversionsverlauf erstellt nicht nur eine Datensicherung Ihrer Hauptordner- und Desktopelemente, sondern rettet auch Ihre Favoriten im Schnellzugriff und die mit Ihrem Rechner synchronisierten Schätze auf OneDrive.

✔  Wenn Sie sich eine Wechselfestplatte, einen USB-Stick oder eine Speicherkarte zum Erstellen von Datensicherungen zulegen, geizen Sie nicht mit der Größe. Je größer das Medium, umso mehr Datensicherungen können Sie erstellen. Wenn genug Speicherplatz verfügbar ist, werden Sie die Funktion Dateiversionsverlauf sicher sehr zu schätzen wissen.

Wiederherstellungspunkte verwenden

Die neuen Funktionen zum Auffrischen und Zurücksetzen Ihres Rechners wirken oft Wunder, wenn Ihr Rechner spinnt, und sie sind leistungsstärker als die ältere Technologie zur Systemwiederherstellung aus vorherigen Windows-Versionen. Für den Fall, dass Sie mit der Systemwiederherstellung gute Erfahrungen gemacht haben, kommt hier die gute Neuigkeit: Es gibt diese Funktion weiterhin in Windows 10. Mit der Systemwiederherstellung setzen Sie in guten Zeiten einen Wiederherstellungspunkt, zu dem Sie in schlechten Zeiten zurückkehren können. (Wie das Setzen eines Wiederherstellungspunkts geht, erfahren Sie in Kapitel 8.) Die Rückkehr findet folgendermaßen statt:

1. Klicken Sie mit der rechten Maustaste auf die Schaltfläche START und wählen Sie im Kontextmenü den Befehl SYSTEMSTEUERUNG. Klicken Sie in der Systemsteuerung auf SYSTEM UND SICHERHEIT und dann auf SYSTEM. Klicken Sie links auf COMPUTERSCHUTZ und Sie landen im Dialogfeld SYSTEMEIGENSCHAFTEN, in dem Sie auf die Schaltfläche SYSTEMWIEDERHERSTELLUNG klicken.

Das Fenster SYSTEMWIEDERHERSTELLUNG wird angezeigt.

2. Klicken Sie auf WEITER.

Alle vorhandenen Wiederherstellungspunkte werden angezeigt.

3. **Klicken Sie auf einen der Wiederherstellungspunkte.**

4. **Klicken Sie auf die Schaltfläche Nach betroffenen Programmen suchen.**

   Ganz praktisch. Hier erfahren Sie, welche Programme Sie nach der Wiederherstellung neu installieren müssen.

5. **Klicken Sie auf Weiter, um den gewählten Wiederherstellungspunkt zu bestätigen, und dann auf Fertig stellen.**

   Ihr Rechner grummelt ein bisschen vor sich hin und startet dann neu mit den Einstellungen, als alles noch gut war.

Kennwort vergessen

Wenn Windows auf dem Anmeldebildschirm das Kennwort für Ihr lokales Konto nicht mehr akzeptiert, haben Sie sich nicht für immer und ewig ausgesperrt. Überprüfen Sie die folgenden Punkte, bevor Sie in die Tastatur beißen:

✔ **Prüfen Sie die Feststelltaste.** Die Kennwörter von Windows berücksichtigen Groß- und Kleinschreibung. Dies bedeutet, dass `SesamÖffneDich` und `sesamöffnedich` zwei unterschiedliche Kennwörter darstellen. Wenn auf Ihrer Tastatur das Lämpchen für die ⬚-Taste leuchtet, drücken Sie genau diese Taste, um sie zu deaktivieren.

✔ **Lassen Sie Ihr Kennwort durch einen anderen Benutzer zurücksetzen.** Der allmächtige Administrator kann Ihr Kennwort jederzeit zurücksetzen. Falls der Administrator davon keine Ahnung hat, können Sie ihm erzählen, wie das geht: Klicken Sie als Administrator in der Systemsteuerung auf die Kategorie Benutzerkonten und dann auf Benutzerkonten. Dort klicken Sie auf den Link Anderes Konto verwalten, dann auf das gewünschte Konto und anschließend auf Kennwort ändern. Legen Sie nun ein neues Kennwort fest und vergessen Sie nicht, es dem armen Standardnutzer mitzuteilen.

Wenn Sie das Kennwort für Ihr Microsoft-Konto vergessen haben, wechseln Sie im Webbrowser zur Website `www.live.com`. Die Site führt Sie durch die Schritte, die Sie zum Zurücksetzen des Kennworts durchführen müssen.

Wenn keine dieser Optionen greift, haben Sie leider schlechte Karten. Ihnen bleibt nichts anderes übrig, als den Wert Ihrer kennwortgeschützten Daten gegen die Kosten abzuwägen, die ein Spezialist für die Kennwortwiederherstellung in Rechnung stellen wird. Solche Leute finden Sie im Internet unter dem Suchbegriff `Kennwort wiederherstellen`.

Das Programm ist eingefroren!

Es kommt manchmal vor, dass ein Programm absolut nicht mehr reagiert und Sie keine Möglichkeit mehr haben, es zu beenden. Die folgenden Schritte befreien das eingefrorene Programm aus dem Arbeitsspeicher (und vom Bildschirm) Ihres Rechners:

1. **Drücken Sie die Tastenkombination** `Strg`+`Alt`+`Entf`.

   Damit ziehen Sie stets die Aufmerksamkeit von Windows auf sich. Windows meldet sich mit einem fast leeren Bildschirm, auf dem sich lediglich ein paar Optionen tummeln. (Sollten Sie einmal versehentlich die Tastenkombination `Strg`+`Alt`+`Entf` drücken, drücken Sie anschließend `Esc`, um zu Windows zurückzuschalten.)

2. **Wählen Sie die Option** TASK-MANAGER.

3. **Wechseln Sie im Task-Manager zur Registerkarte** PROZESSE **und klicken Sie mit der rechten Maustaste auf den Namen des eingefrorenen Programms.**

4. **Klicken Sie im Kontextmenü auf** TASK BEENDEN **und Windows schließt das abgestürzte Programm.**

   Wenn Ihr Rechner noch etwas erschöpft wirkt, gönnen Sie ihm zur Erholung einen Neustart.

Rechner eingefroren

Wenn sich auf dem Bildschirm nichts bewegt (im Höchstfall noch der Mauszeiger), ist der Computer vollständig eingefroren. Probieren Sie die folgenden Methoden in der angegebenen Reihenfolge, um ihn wieder aufzutauen:

✔ **Methode 1:** Drücken Sie zweimal `Esc`.

Das hilft zwar fast nie, aber Sie haben es versucht.

✔ **Methode 2:** Drücken Sie gleichzeitig `Strg`+`Alt`+`Entf` und klicken Sie dann auf die Option TASK-MANAGER.

Wenn Sie Glück haben, reagiert der Task-Manager noch und Sie können wie im Kasten »Das Programm ist eingefroren« beschrieben fortfahren.

Wenn das alles immer noch nicht hilft, drücken Sie erneut ⌜Strg⌝+ ⌜Alt⌝+⌜Entf⌝ und klicken dann in der rechten unteren Ecke des Bildschirms auf die Schaltfläche Herunterfahren. Wählen Sie Neu starten, um den Rechner herunterzufahren und anschließend neu zu starten. Hoffentlich sind der Rechner und Windows jetzt besser gelaunt.

✔ **Methode 3:** Wenn die vorhergehenden Methoden nicht funktioniert haben, drücken Sie kurz den Ein/Aus-Schalter des Computers. Sollten sich doch noch die drei Wahlmöglichkeiten beim Herunterfahren auf dem Bildschirm melden, klicken Sie schnell auf Neu starten, um den Rechner herunterzufahren und anschließend neu zu starten.

✔ **Methode 4:** Wenn alle bisherigen Methoden nicht geholfen haben, drücken Sie so lange den Ein/Aus-Schalter des Rechners, bis dieser aufgibt und abschaltet.

Hilfe beim Windows-Hilfesystem anfordern

Hier auf die Schnelle die schnellsten Wege, an hilfreiche Informationen zu gelangen, wenn Sie nicht mehr weiterkommen:

✔ **Drücken Sie** ⌜F1⌝: Drücken Sie in Windows oder in einem Windows-internen Desktopprogramm die ⌜F1⌝-Taste.

✔ **Startmenü:** Klicken Sie auf die Schaltfläche Start und dann im Startmenü auf den Eintrag Erste Schritte.

✔ **Fragezeichen:** Wenn Sie in der oberen rechten Ecke eines Fensters auf ein kleines Fragezeichen stoßen, stürzen Sie sich mit einem schnellen Klick darauf.

App-Menü: Klicken Sie links oben in einer App auf die drei kleinen Linien (wenn es sie gibt) und dann auf den Eintrag Einstellungen. Dort sehen Sie dann die Schaltfläche Hilfe (wenn es sie gibt).

Von einem alten Rechner auf einen Windows 10-Computer umziehen

Selbst dem aufregendsten neuen Windows 10-Computer fehlt das Wichtigste: die Dateien Ihres alten Computers. Wie bringen Sie Ihre Daten von dem guten alten, in die Jahre gekommenen Windows-Computer auf den neuen, aufregenden Windows 10-Rechner? Und wie schaffen Sie es bloß, alles zu finden, was Sie umziehen wollen?

Sie können so einen Umzug selbst erledigen. Sie brauchen dazu ein Microsoft-Konto und das in Windows integrierte Programm Dateiversionsverlauf. Auf Ihrem alten Rechner weisen Sie den Dateiversionsverlauf an, Ihre Daten zu sichern, und auf dem neuen Rechner weisen Sie ihn an, Ihre Daten wiederherzustellen. Klingt logisch und simpel, oder?

Sie brauchen dafür aber auch eine externe Festplatte. Diese kostet nicht viel; es gibt sie bereits ab circa 50 Euro. Und sie hat einen weiteren Vorteil: Wenn Sie alle Daten transferiert haben, können Sie sie optimal für die Datensicherung auf Ihrem neuen Rechner nutzen.

Um Dateien von einem alten Windows 7-, Windows 8-, Windows 8.1- oder Windows 10-Rechner auf einen neuen Windows 10-Rechner zu übertragen, gehen Sie wie folgt vor:

1. **Wenn auf Ihrem alten Rechner Windows 7 läuft, aktualisieren Sie ihn auf Windows 10.**

   In Windows 7 gibt es noch keinen Dateiversionsverlauf und auch kein Microsoft-Konto. Aber wenn Sie das Angebot von Microsoft nutzen, kostenlos auf Windows 10 zu aktualisieren, unterstützt Ihr guter, alter Rechner dank Windows 10 sowohl den Dateiversionsverlauf als auch das Arbeiten mit Microsoft-Konten.

   Dateiversionsverlauf und Microsoft-Konto für Windows 7-Rechner gibt es nur, wenn Sie auf Windows 10 upgraden.

   Wenn auf Ihrem alten Rechner Windows 8, Windows 8.1 oder Windows 10 läuft, fahren Sie mit Schritt 2 fort.

2. **Wenn Sie Ihre Daten bereits mit der Funktion Dateiversionsverlauf auf eine externe Festplatte sichern, springen Sie weiter zu Schritt 5. Ansonsten fahren Sie mit Schritt 3 fort.**

3. Melden Sie sich auf dem alten Rechner mit Ihrem Microsoft-Konto an.

Wenn Sie sich mit Ihrem Microsoft-Konto anmelden, erinnert sich Microsoft an viele Einstellungen und Dienste, die es dann auf andere Rechner übertragen kann, auf denen Sie sich anmelden.

4. Schließen Sie die externe Festplatte am alten Rechner an und schalten Sie die Funktion Dateiversionsverlauf ein, um Ihre Dateien auf der externen Festplatte zu sichern.

Den Dateiversionsverlauf gibt es in Windows 8, Windows 8.1 und Windows 10. Wie Sie ihn einrichten und einschalten, erfahren Sie in Kapitel 8. Es kann ein paar Minuten bis zu ein paar Stunden dauern, wenn Sie das erste Mal eine Datensicherung erstellen.

Während der Datensicherung wird eine Meldung angezeigt, der Sie entnehmen können, dass der Dateiversionsverlauf Ihre Daten zum ersten Mal sichert. Sie haben die Möglichkeit, auf BEENDEN zu klicken, falls Sie die Datensicherung anhalten wollen.

Ist die erste Sicherung erfolgreich beendet, wird stattdessen DATEIEN ZULETZT KOPIERT angezeigt, gefolgt von Datum und Uhrzeit der Datensicherung (siehe Abbildung 10.5).

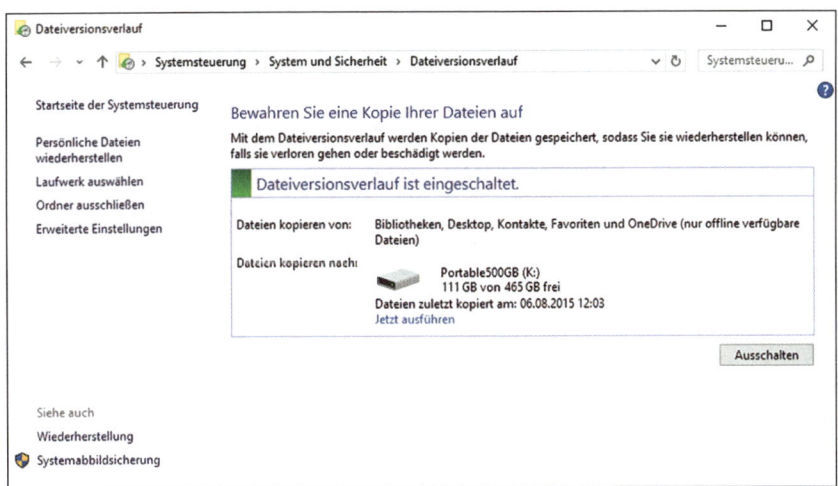

Abbildung 10.5: Sie haben Ihren alten Rechner erfolgreich gesichert.

5. **Melden Sie sich auf Ihrem neuen Computer mit demselben Microsoft-Konto wie auf dem alten Rechner an. Schließen Sie die externe Festplatte am neuen Rechner an.**

Durch die Anmeldung mit demselben Microsoft-Konto werden die Einstellungen des alten Rechners auf den neuen übertragen.

6. **Öffnen Sie den Dateiversionsverlauf auf dem neuen Rechner und zeigen Sie ihm die Datensicherung Ihres alten Rechners.**

Geben Sie auf dem neuen Rechner in das Suchfeld in der Taskleiste Datei-versionsverlauf ein. Das betreffende Fenster wird geöffnet (siehe auch Abbildung 10.6). Aktivieren Sie das Kontrollkästchen ICH MÖCHTE EINE VORHANDENE SICHERUNG ...

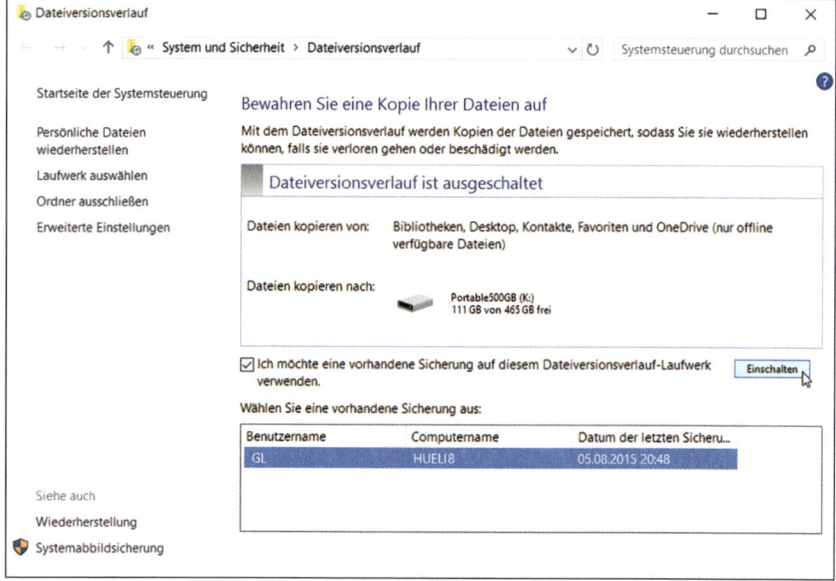

Abbildung 10.6: Teilen Sie dem Dateiversionsverlauf mit, dass Sie eine vorhandene Sicherung auf diesem Rechner wiederherstellen wollen.

Ein Fenster klappt auf und zeigt die Datensicherung des alten Rechners an. Klicken Sie darauf und dann auf die Schaltfläche EINSCHALTEN.

Ihr neuer PC erstellt zum ersten Mal eine Datensicherung, die aber keinen Einfluss auf die Datensicherung des alten Rechners hat.

7. Wählen Sie links im Dateiversionsverlauf den Eintrag PERSÖNLICHE DATEIEN WIEDERHERSTELLEN.

Werfen Sie noch einmal einen Blick auf Abbildung 10.6.

8. Wählen Sie die Dateien und Ordner aus, die Sie wiederherstellen möchten, und klicken Sie dann auf die grüne Schaltfläche WIEDERHERSTELLEN.

(Grün ist die Hoffnung? Wahrscheinlich!) Klicken Sie so lange auf die Pfeile ZURÜCK beziehungsweise WEITER, bis das Datum und die Uhrzeit für die Daten angezeigt werden, die Sie wiederherstellen wollen.

Angenommen, Sie haben den Dateiversionsverlauf auf Ihrem alten Rechner zum ersten Mal verwendet. Dann brauchen Sie nur einmal auf den Pfeil ZU-RÜCK zu klicken, um zum Backup mit der Nummer 1 zu wechseln.

Wenn der Dateiversionsverlauf auf Ihrem alten Rechner ständig in Betrieb war, klicken Sie auf den Pfeil WEITER, um zur neuesten Datensicherung zu gelangen.

Sobald Sie die Dateien und Ordner sehen, die Sie wiederherstellen wollen, klicken Sie unten im Fenster auf die grüne Schaltfläche (siehe Abbildung 10.2), um die aktuell angezeigten Dateien und Ordner auf dem neuen Rechner wiederherzustellen.

Wenn alles glatt läuft, wird Ihr neuer PC ziemlich bald über alle Dateien und Ordner des alten Rechners verfügen.

✔ Wenn Sie schon länger Ihre Daten auf dem alten PC gesichert haben, stehen alle Backups auch auf dem neuen PC zur Verfügung.

✔ Ihr neuer PC wird seine Backups weiterhin auf der externen Festplatte durchführen. Trennen Sie sie daher nicht von Ihrem neuen Rechner. (Wenn Sie mit einem Notebook oder Tablet arbeiten, brauchen Sie sie natürlich nicht immer mit sich herumzuschleppen. Schließen Sie die externe Festplatte aber so oft wie möglich an das tragbare Gerät an, um ein Backup Ihrer Daten zu erstellen.)

✔ Dank Microsoft-Konto und Dateiversionsverlauf können Sie mit Ihren Einstellungen sowie Dateien und Ordnern problemlos umziehen. Ihre Desktopprogramme schaffen damit den Umzug aber nicht. Sie müssen sie auf dem neuen Rechner erneut installieren.

Beim Umzug von einem Windows 8- oder Windows 8.1-Rechner auf einen Windows 10-Rechner warten Ihre Apps im Windows-Store auf Sie (siehe Kapitel 2). Klicken Sie rechts oben im Store auf Ihr Profilbild und dann auf MEINE BIBLIO-THEK. Dann werden alle Ihre App-Schätze aufgelistet und Sie können sie erneut herunterladen.

Teil IV

Musik, Fotos und Filme

In diesem Teil ...

✔ Musik genießen

✔ Ihre ganz persönlichen »Best Hits« zusammenstellen

✔ Fotos und Filme sortieren und anschauen

Musik abspielen und kopieren

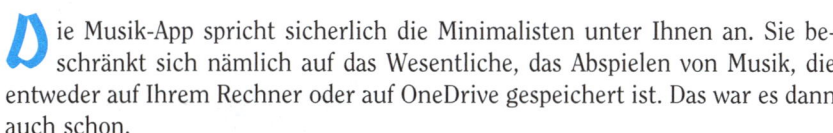

In diesem Kapitel

▶ Musik, Videos und CDs abspielen

▶ Wiedergabelisten erstellen, speichern und bearbeiten

▶ Videos und TV-Aufzeichnungen wiedergeben

Die Musik-App spricht sicherlich die Minimalisten unter Ihnen an. Sie beschränkt sich nämlich auf das Wesentliche, das Abspielen von Musik, die entweder auf Ihrem Rechner oder auf OneDrive gespeichert ist. Das war es dann auch schon.

Auf einem Desktoprechner haben Sie zusätzlich die Möglichkeit, auf ein Programm von gestern auszuweichen, auf den Windows Media Player. In diesem Kapitel erfahren Sie, wie Sie Musik sowohl mit der Musik-App als auch mit Windows Media Player abspielen und wie Sie das Optimum aus dem Wiedergabemedium Ihrer Wahl herausholen können.

Musik mit der Groove-Musik-App abspielen

Die Musik-App (auch Groove-Musik-App genannt) erkennt alle Musikdateien, die auf Ihrem Rechner, auf OneDrive oder – wenn man es ihr explizit mitteilt – auf einem USB-Stick abgelegt sind. Wenn es um altmodische CDs oder DVDs geht, rümpft sie nur die Nase und versucht erst gar nicht, darauf zuzugreifen.

Wenn Sie aber einfach nur Musik abspielen oder kaufen möchten, macht die Musik-App einen guten Job. Wenn Sie die App zum ersten Mal öffnen, zeigt sie gleich ganz eifrig alle Musikdateien, die im MUSIK-Ordner auf Ihrem Rechner und – wenn Sie mit Ihrem Microsoft-Konto angemeldet sind – auf OneDrive abgelegt sind (siehe Abbildung 11.1).

Um die Musik-App zu starten und Musik abzuspielen, führen Sie die folgenden Schritte aus:

1. Klicken Sie im Startmenü auf die Kachel GROOVE-MUSIK.

Die Musik-App wird in einem Fenster geöffnet und bietet Kacheln an, hinter denen Ihre Alben oder die Interpreten stehen (siehe Abbildung 11.1).

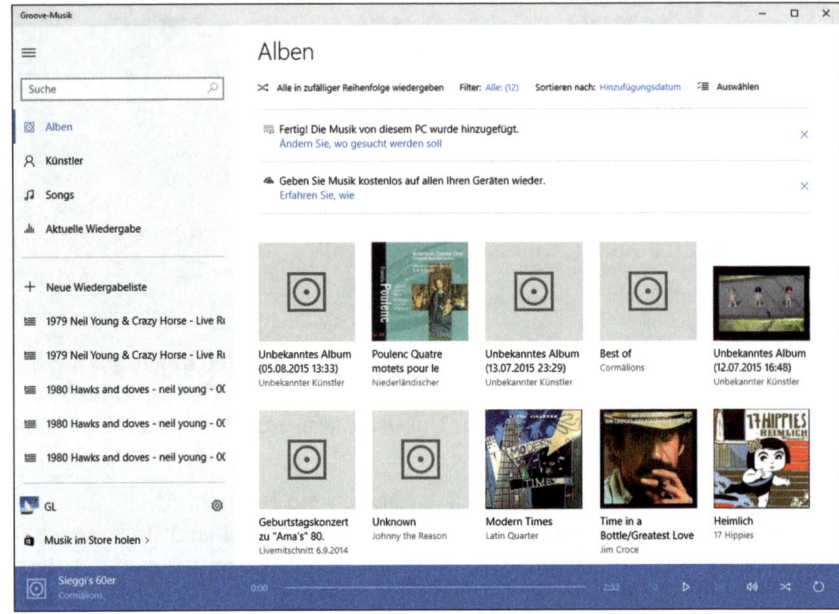

Abbildung 11.1: Die Groove-Musik-App spielt Musik ab, die auf Ihrem Rechner und auf OneDrive abgelegt ist.

2. Um ein Album oder einen Song abzuspielen, klicken Sie auf seine Kachel oder auf das Lied und anschließend auf die Schaltfläche zum Abspielen.

3. Steuern Sie die Wiedergabe.

Die App-Leiste, die Sie unten in Abbildung 11.1 erkennen können, enthält einige Schaltflächen zum Steuern der Musikwiedergabe: ZURÜCK, WIEDERGABE/ PAUSE, WEITER, WIEDERHOLEN, ZUFÄLLIGE WIEDERGABE und, und, und. Zu leise oder zu laut? Klicken Sie unten in der App-Leiste auf den kleinen Lautsprecher. Wenn er schon auf ganz laut gestellt ist und Sie trotzdem nichts hören, müssen Sie sich um die Lautstärkeregelung für Ihren PC kümmern: Klicken Sie dazu in der Taskleiste auf das kleine Lautsprechersymbol und ziehen Sie den Regler nach rechts.

Mehr Funktionen aus der Musik-App herausquetschen

 Die Musik-App tut also nicht viel mehr, als Ihre Musik abzuspielen. Aber Sie können noch mehr aus der App herausholen, wenn Sie die folgenden Tipps ausprobieren:

✔ **Wiedergabelisten erstellen:** Halten Sie beim Abspielen eines Lieblingslieds Ausschau nach einem Pluszeichen neben einem Lied oder über einer Liederliste. Wenn Sie auf dieses Pluszeichen klicken, werden in der Drop-down-Liste alle Wiedergabelisten angezeigt. Suchen Sie sich eine Wiedergabeliste aus, um den aktuell abgespielten Song in die gewählte Wiedergabeliste aufzunehmen. Wenn Sie noch gar keine Wiedergabenlisten erstellt haben, klicken Sie in der Drop-down-Liste auf den Befehl NEUE WIEDERGABELISTE, vergeben Sie einen Namen und – voilà – Sie haben Ihre erste Wiedergabeliste erstellt.

✔ **OneDrive-Zugriff:** Mit der Musik-App können Sie bis zu 50.000 Songs aus dem MUSIK-Ordner in OneDrive abspielen. Dazu brauchen Sie aber eine Internetverbindung. Um ein Album von OneDrive auf den Rechner herunterzuladen, klicken Sie mit der rechten Maustaste auf das Coversymbol des Albums und wählen Sie im Kontextmenü den Befehl DOWNLOAD.

✔ **In das Startmenü aufnehmen:** Wenn Sie im gerade genannten Kontextmenü den Befehl AN STARTBILDSCHIRM ANPINNEN wählen, wird das entsprechende Album als Kachel in das Startmenü aufgenommen.

✔ **Musik kaufen:** Um Musik zu kaufen, klicken Sie in der Musik-App links unten auf MUSIK IM STORE HOLEN. Windows wechselt zur Store-App, wo Sie den Musikbereich nach neuer Musik durchstöbern können.

Musik mit Windows Media Player abspielen

Mit seinen großen Schaltflächen eignet sich die Musik-App ausgezeichnet für Touchscreen-Tablets. Auf einem Desktoprechner könnte es allerdings passieren, dass Sie sich nach einem leistungsstärkeren Musikprogramm sehnen. Glücklicherweise stellt Windows 10 immer noch Windows Media Player zur Verfügung, ein Programm, das es schon Jahrzehnte gibt.

Wenn Sie also lieber mit dem komplexeren Programm Windows Media Player arbeiten wollen, führen Sie die folgenden Schritte aus:

1. **Klicken Sie auf die Schaltfläche Sᴛᴀʀᴛ und dann im Startmenü auf den Eintrag Aʟʟᴇ Aᴘᴘs.**

2. **Blättern Sie in der Liste nach unten, klicken Sie mit der rechten Maustaste auf den Eintrag Wɪɴᴅᴏᴡs Mᴇᴅɪᴀ Pʟᴀʏᴇʀ und dann im Kontextmenü auf Aɴ "Sᴛᴀʀᴛ" ᴀɴʜᴇꜰᴛᴇɴ.**

Und schon wird im rechten Bereich des Startmenüs eine Kachel für Windows Media Player eingerichtet. Das heißt, Sie können jetzt ganz schnell und einfach auf das Programm zugreifen. Außerdem können Sie im selben Kontextmenü mit dem Befehl Aɴ Tᴀsᴋʟᴇɪsᴛᴇ ᴀɴʜᴇꜰᴛᴇɴ einen zusätzlichen Link auf Windows Media Player in der Taskleiste generieren. In Kapitel 13 erfahren Sie, wie der Windows Media Player zum Standard-Programm zum Öffnen von Musik-Dateien wird.

Windows Media Player zum ersten Mal starten

Wenn Sie Windows Media Player zum ersten Mal öffnen, werden Sie gefragt, wie Sie mit dem Datenschutz, dem Ablagesystem, der Ablage von Musikdateien und anderen Einstellungen umgehen wollen. Die Abfrage bietet zwei Möglichkeiten an:

✔ **Eᴍᴘꜰᴏʜʟᴇɴᴇ Eɪɴsᴛᴇʟʟᴜɴɢᴇɴ:** Diese Option, die für die Ungeduldigen entwickelt wurde, öffnet den Player mit den Einstellungen, die Microsoft für richtig hält. Windows Media Player richtet sich selbst als Standardsoftware für das Abspielen jeder Art von Musik und Videodateien ein, aber nicht für MP3-Dateien. (Für dieses gängige Musikformat fühlt sich weiterhin die Musik-App zuständig.) Der Player rauscht durch das Internet, um Ihre Musiktitel zu aktualisieren, und berichtet Microsoft, was Sie sich so anhören und anschauen. Wählen Sie Eᴍᴘꜰᴏʜʟᴇɴᴇ Eɪɴsᴛᴇʟʟᴜɴ-ɢᴇɴ, wenn Sie es eilig haben. Und: Sie können die Einstellung jederzeit wieder ändern.

✔ **Bᴇɴᴜᴛᴢᴇʀᴅᴇꜰɪɴɪᴇʀᴛᴇ Eɪɴsᴛᴇʟʟᴜɴɢᴇɴ:** Dieser Punkt gibt Ihnen die Möglichkeit, die Funktionsweise von Windows Media Player genau einzustellen. Sie können in einer Reihe von Dialogfeldern auswählen, welche Art von Musik- und Videodateien der Player abspielen soll und wie viel von Ihrem Hörverhalten an Microsoft übermittelt werden darf.

Wenn Sie diese Einstellungen später anpassen wollen, klicken Sie in Windows Media Player oben links auf die Schaltfläche ORGANISIEREN und dann auf OPTIONEN.

Musikdateien abspielen

Windows Media Player kann verschiedenste digitale Musikdateien abspielen, die alle eines gemeinsam haben: Sobald Sie sie abspielen, übernimmt Windows Media Player sie in seine *aktuelle Wiedergabeliste*, eine Liste, deren Songs nacheinander abgespielt werden.

Sie können die Wiedergabe von Musik auf unterschiedliche Weise starten, selbst wenn der Player aktuell noch gar nicht ausgeführt wird.

✔ Klicken Sie in der Taskleiste auf das Symbol für den Explorer. Klicken Sie dann im Explorer mit der rechten Maustaste auf ein Album oder in einem Ordner mit Musikdateien auf eine Auswahl von Dateien und wählen Sie im Kontextmenü den Befehl MIT WINDOWS MEDIA PLAYER WIEDERGEBEN. Der Player springt auf den Bildschirm und spielt die von Ihnen gewählten Musikdateien ab.

✔ Klicken Sie im Explorer im Ordner MUSIK mit der rechten Maustaste auf ein Element und wählen Sie den Befehl ZU WINDOWS MEDIA PLAYER-WIEDERGABELISTE HINZUFÜGEN.

✔ Legen Sie eine Musik-CD in das CD-Laufwerk Ihres Rechners ein. Sobald rechts unten das kleine Fensterchen mit der Meldung AUDIO-CD ABSPIELEN erscheint, klicken Sie darauf, um den Klängen zu lauschen.

✔ Doppelklicken Sie im Explorer oder auf dem Desktop auf eine Musikdatei, und Windows Media Player spielt sie unverzüglich ab.

Um Musikdateien in der Windows Media Player-Bibliothek abzuspielen, klicken Sie mit der rechten Maustaste auf den gewünschten Song und wählen den Befehl WIEDERGABE. Windows Media Player startet und der Song wird in der aktuellen Wiedergabeliste angezeigt.

Die aktuelle Wiedergabe steuern

Sie können Musik direkt aus der Windows Media Player-Bibliothek abspielen.

Sie können aber auch zu einem kleineren, einfach zu steuernden Player wechseln. Klicken Sie unten rechts auf die Schaltfläche ZUR AKTUELLEN WIEDERGABE WECHSELN, um ein viel kleineres Fenster, das Wiedergabefenster, anzuzeigen (siehe Abbildung 11.2).

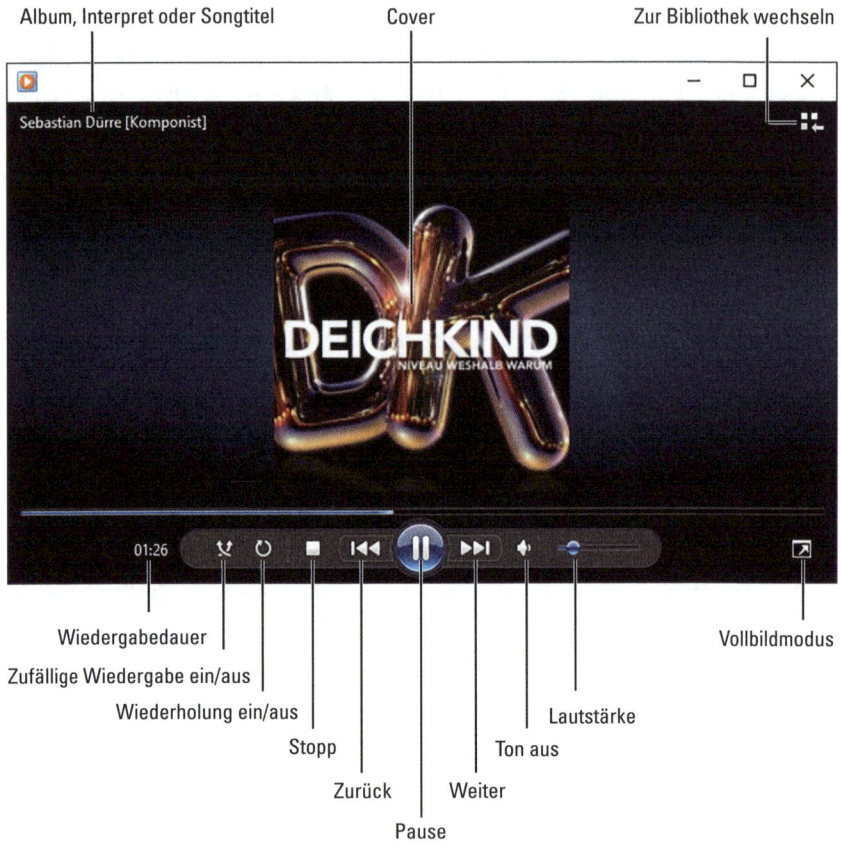

Abbildung 11.2: Die Steuerelementeleiste erinnert an die Steuerungsmöglichkeiten von CD-Playern.

Im etwas minimalistischen Wiedergabefenster wird angezeigt, welches Element der aktuellen Wiedergabeliste gerade gespielt wird. Über die Steuerelementeleiste können Sie vor und zurück blättern, die Lautstärke regeln, auf Pause schalten – alles, was Sie von einem Videorekorder oder einem CD-Player her kennen.

Wenn Sie mehr Steuerungsmöglichkeiten brauchen, klicken Sie mit der rechten Maustaste auf das Wiedergabefenster. Das dann angezeigte Kontextmenü enthält Befehle wie LISTE ANZEIGEN, VOLLBILD, ZUFÄLLIGE WIEDERGABE, WIEDERHOLEN, VISUALISIERUNGEN, SONGTEXTE UND UNTERTITEL, MUSIKEINKAUF FORTSETZEN und noch einige mehr.

 Klicken Sie rechts oben auf die Schaltfläche ZUR BIBLIOTHEK WECHSELN, um wieder zur Bibliothek von Windows Media Player zurückzuschalten.

 Wenn Sie unten in der Taskleiste des Desktops den Mauszeiger auf dem Symbol von Windows Media Player platzieren, werden die Schaltflächen zum Anhalten/Abspielen sowie zum Zurück- und Vorspulen eingeblendet.

 Drücken Sie F7, um Windows Media Player verstummen zu lassen, wenn Sie mal schnell Ruhe brauchen. Mit Strg+P schalten Sie zwischen Pause und Wiedergabe hin und her.

Videos und TV-Aufzeichnungen wiedergeben

Viele Digitalkameras und Smartphones können außer Fotos auch kurze Videos aufnehmen; wundern Sie sich deshalb nicht, wenn in der Kategorie VIDEOS das eine oder andere Video enthalten ist.

Die Wiedergabe von Videos funktioniert genauso wie das Abspielen von digitalen Musikstücken. Sie klicken im Navigationsbereich von Windows Media Player auf VIDEOS und doppelklicken anschließend auf das gewünschte Video, um es abzuspielen.

Sie können die Videos in Windows Media Player in verschiedenen Größen anzeigen. Halten Sie beispielsweise die Alt-Taste gedrückt und drücken Sie die ←-Taste, um das Video im Vollbildmodus wiederzugeben. Drücken Sie die Tastenkombination erneut, um zur vorherigen Anzeigegröße zurückzuschalten.

✔ Damit sich das Video automatisch an die Größe des Windows Media Player-Fensters anpasst, klicken Sie mit der rechten Maustaste auf das laufende Video, wählen im Kontextmenü den Befehl VIDEO und dann den Befehl BEI GRÖSSENÄNDERUNG VIDEO AN PLAYER ANPASSEN.

✔ 🔳 Klicken Sie im Wiedergabefenster auf die Schaltfläche VOLLBILDMODUS, damit das Fenster den gesamten Bildschirm ausfüllt.

✔ Wenn Sie Videos im Internet anschauen, bestimmt die Verbindungsge-schwindigkeit die Qualität der Bilder. Breitbandverbindungen können in der Regel mit HD-Videos ganz gut umgehen. Langsamere Verbindungen oder langsame Rechner haben damit so ihre Schwierigkeiten.

Digitale Fotoschätze

In diesem Kapitel

▶ Digitale Fotos auf den Computer kopieren

▶ Fotos mit der Kamera am Computer aufnehmen

▶ Mit der Fotos-App arbeiten

▶ Fotos mit Windows-Fotoanzeige anschauen

*I*n diesem Kapitel erfahren Sie, wie Sie Ihre digitalen Fotoschätze von der Kamera auf den Computer kopieren, im Freundes- und Familienkreis mit Ihren Fotos angeben und wie Sie Ihre Fotos an einem sicheren Ort aufbewahren können.

Ihr Computer – der digitale Schuhkarton

Windows verfügt über eine integrierte Software, mit der es Fotos aus nahezu jedem digitalen Kamera- oder Smartphone-Modell herausziehen kann. So können Sie beispielsweise die Fotosessions auf Ihrer Kamera in verschiedene Ordner verteilen und entsprechende Namen vergeben.

Die folgenden Schritte funktionieren gut bei den meisten Digitalkameras und Android-Smartphones. Besitzer von iPhones müssen aber den Weg über iTunes nehmen, um ihre Fotos auf den Rechner zu kopieren.

Um die Fotos aus der Kamera oder vom Smartphone auf Ihren Rechner zu beamen, gehen Sie wie folgt vor:

1. **Schließen Sie die Kamera oder das Smartphone an Ihren Computer an.**

   Die meisten Digitalkameras haben zwei Übertragungskabel: eines für den Anschluss an das Fernsehgerät und ein zweites für den Rechner. Für das Kopieren der Fotos brauchen Sie das Kabel, das in den Anschluss an Ihrem Rechner passt. (Beim Smartphone erledigt das USB-Ladekabel den Job.)

    Sollten Sie ein Android-Handy angeschlossen haben, muss es sich im Kameramodus und nicht im Gerätemodus befinden.

2. **Schalten Sie die Kamera beziehungsweise das Smartphone ein und warten Sie darauf, dass der Rechner das Gerät erkennt.**

   Rechts unten informiert Sie das kleine Benachrichtigungsfenster darüber, dass ein Wechseldatenträger angeschlossen wurde.

3. **Klicken Sie rechts unten auf die Benachrichtigung und im dann angezeigten Menü auf den Eintrag BILDER ANZEIGEN.**

   Die App Fotogalerie meldet sich mit dem ersten Foto der Kamera zu Wort.

   Alternativ dazu können Sie im Menü auch auf den Eintrag FOTOS UND VIDEOS IMPORTIEREN klicken, um Ihre Bilder mithilfe der Fotos-App auf Ihren Rechner zu übertragen.

4. **Klicken Sie links oben in der Fotogalerie auf die Schaltfläche BEARBEITEN, ANORDNEN ODER TEILEN.**

   Das Dialogfeld FOTOS UND VIDEOS IMPORTIEREN macht sich auf dem Bildschirm breit (siehe Abbildung 12.1).

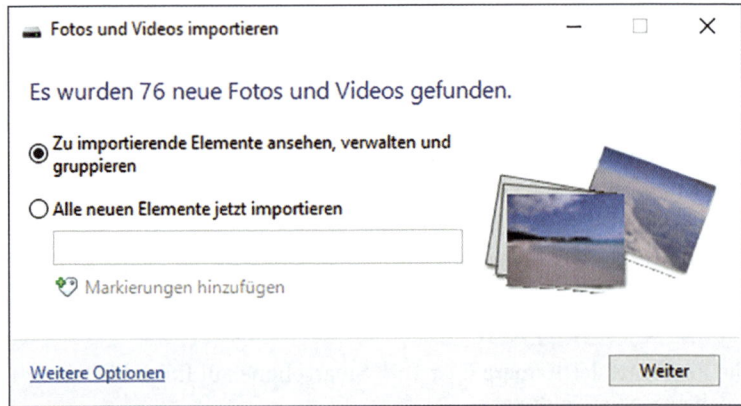

Abbildung 12.1: Das Fenster »Fotos und Videos importieren« bietet Ihnen freundlich an, alle Bilder und Videos von der Kamera oder vom Smartphone auf den Rechner zu importieren.

- **Die Elemente prüfen, gruppieren, importieren:** Das ist Ihr Weg, wenn die Fotos und Videos auf Ihrer Kamera aus verschiedenen Sessions stammen, die natürlich auch in verschiedenen Ordnern abgelegt werden sollen. Sortieren Sie die Fotos und Videos in Gruppen und kopieren Sie jede Gruppe in einen anderen Ordner. Wenn Sie sich für diesen Weg entschieden haben, fahren Sie mit Schritt 8 fort.

- **Alle neuen Elemente importieren:** Diese simple Methode kopiert alle Fotos und Videos auf der Kamera in einen Ordner. Wenn Sie sich für diesen Weg entschieden haben, fahren Sie mit Schritt 7 fort.

  Klicken Sie links unten (siehe Abbildung 12.1) auf WEITERE OPTIONEN, um den Ort zu ändern, an dem Windows die Fotos ablegt. Außerdem können Sie entscheiden, ob Windows nach dem Importieren die Fotos auf der Kamera oder auf dem Handy löschen soll.

5. **Wählen Sie die Option zum Importieren aller neuen Elemente, geben Sie eine kurze Beschreibung als Tag oder Markierung ein, nach der Sie später suchen können, und klicken Sie dann auf WEITER. Fertig!**

   Windows kopiert nun alle Fotos in den Ordner, der mit dem Datum versehen ist und diesen Namen trägt. Um Ihre Fotos anzuzeigen, wechseln Sie zum BILDER-Ordner und werfen einen Blick in den neuen Ordner.

6. **Klicken Sie auf ZU IMPORTIERENDE ELEMENTE ANSEHEN, VERWALTEN UND GRUPPIEREN und dann auf die Schaltfläche WEITER.**

   Windows prüft die Zeit und das Datum der Fotos und versucht, sie in Gruppen zu unterteilen, die aber noch von Ihnen genehmigt werden müssen (siehe Abbildung 12.2).

7. **Passen Sie die Zeit- und Datumsgruppen bei Bedarf an, um zusammengehörige Bilder zusammenzuhalten.**

   Ihnen gefällt die Einteilung von Windows nicht? Dann ziehen Sie den Regler zum Anpassen der Gruppen nach links oder nach rechts. Ziehen Sie nach links, um kleinere Gruppen zu definieren, beziehungsweise nach rechts, um größere Gruppen zu erstellen. Wenn Sie ganz nach rechts ziehen, hätten Sie auch gleich alle Elemente in einen Ordner übernehmen können.

 Sie wissen nicht mehr, welche Fotos sich in einer Fotogruppe befinden? Klicken Sie links neben der Gruppe auf ALLE X ELEMENTE ANZEIGEN, um alle Fotos in der Gruppe aufzulisten.

8. **Übernehmen Sie die angezeigten Gruppen, benennen Sie die Gruppenordner, fügen Sie beschreibende Markierungen hinzu und klicken Sie dann auf IMPORTIEREN.**

   Nach dem Importieren zeigt Windows den oder die Ordner mit den neuen Bildern und Videos an.

Abbildung 12.2: Windows bietet auf Datum und Zeit basierende Bildergruppen an, die Sie vor dem Importieren prüfen und ändern können.

Fotos mit der Kamera-App aufnehmen

Die meisten Notebooks, Tablet-PCs und manche Desktopcomputer verfügen über eine eingebaute Kamera, auch *Webcam* genannt. Diese winzige Kamera kann keine hochauflösenden Nahaufnahmen machen. Aber für den schnellen Schnappschuss eines Profilfotos für das Konto auf Ihrem Rechner, für Facebook oder andere Websites ist sie immer gut.

Um schnell ein Foto mit der Webcam und der Kamera-App zu schießen, gehen Sie folgendermaßen vor:

1. **Klicken Sie im Startmenü auf die Kachel Kamera.**

2. **Wenn die App fragt, ob es wirklich okay ist, die Kamera und das Mikrofon einzuschalten, erlauben Sie das großzügig.**

   Diese höfliche Nachfrage ist eine Sicherheitsvorkehrung, damit keine hinterhältige App Sie ohne Ihr Wissen ausspionieren kann.

Unter Umständen fragt die App auch nach, ob sie Ihren Standort auf Ihre Fotos stempeln darf. Das ist ganz praktisch, wenn Sie auf Reisen sind, aber es verletzt die Privatsphäre, wenn Sie zum Beispiel Fotos im Haus eines Freundes machen.

Nachdem Sie durch Klicken auf JA die Erlaubnis erteilt haben, wird die App geöffnet und zeigt genau das, was die Kamera gerade sieht, nämlich Ihr Gesicht.

3. **Verfügt Ihr Computer oder Tablet-PC gar über zwei Kameras, klicken Sie auf die Schaltfläche KAMERA WECHSELN, um zwischen den beiden hin und her zu schalten.**

   Klicken Sie auf die Schaltfläche KAMERA, um ein Foto aufzunehmen, oder auf die Schaltfläche VIDEO, um mit der Aufzeichnung eines Videos zu beginnen. (Klicken Sie erneut auf die Schaltfläche VIDEO, um die Videoaufzeichnung zu beenden.)

 Die Kamera-App speichert Ihre Fotos und Videos im Unterordner EIGENE AUFNAHMEN des Ordners BILDER. Wenn Sie sich beim Einrichten Ihres Microsoft-Kontos für OneDrive entschieden haben, landen die Fotos aus der Kamera oder vom Smartphone automatisch auf OneDrive. (Mehr zu OneDrive finden Sie in Kapitel 4.)

Fotos in der Fotos-App anschauen und bearbeiten

Auch in der digitalen Fotowelt stellt Windows zwei Wege zum Anzeigen von Fotos zur Verfügung: mit der *Fotos*-App und mit einem Desktopprogramm, der guten alten Windows-*Fotoanzeige*.

Microsoft zeigt eindeutig Präferenzen. Die Fotos-App ist in Windows 10 standardmäßig für das Anzeigen Ihrer Bilder zuständig. Das geht ziemlich schnell und einfach. Sie haben nach dem Starten der App zwei Darstellungsmöglichkeiten: Sammlung und Alben.

Fotosammlungen anzeigen

Um Ihre Fotos in der Fotos-App anzuzeigen und zu bearbeiten, führen Sie die folgenden Schritte aus:

1. Klicken Sie im Startmenü auf die Kachel Fotos.

Die Fotos-App meldet sich zu Wort (siehe Abbildung 12.3). Sie sucht im Bilder-Ordner auf Ihrem Rechner und auf OneDrive nach Fotos und zeigt sie als eine Gruppe nach Datum geordnet an.

Wenn Sie auf ein Foto auf dem Desktop oder im Explorer doppelklicken, wird die Fotos-App ebenfalls geöffnet.

Abbildung 12.3: Die Fotos-App präsentiert die Fotos auf Ihrem Rechner und auf OneDrive.

2. Navigieren Sie in der Liste zu dem Foto, das Sie anzeigen oder bearbeiten wollen.

Die Fotos-App reiht geduldig die Fotos nach Datum sortiert an. Sie nennt das *Sammlung*. Ganz oben finden Sie die neuesten Fotos und ganz unten die ältesten.

3. **Klicken Sie auf das gewünschte Foto, damit es sich in der App breitmachen kann, und wählen Sie dann eine der Bearbeitungsoptionen aus (siehe Abbildung 12.4).**

Sollten Sie keine Leiste mit Schaltflächen und Symbolen in der App sehen, klicken oder tippen Sie auf das Foto, um oben eine Leiste mit Schaltflächen und Symbolen anzuzeigen. Damit können Sie die App und die Bearbeitung der Fotos steuern:

Abbildung 12.4: Mit diesen Schaltflächen und Symbolen haben Sie die Fotos-App und Ihre Fotos im Griff.

- **Zum vorherigen/nächsten Foto wechseln:** Sobald Sie die Maus in das Foto bewegen, werden links und rechts zwei kleine Schaltflächen angezeigt, mit denen Sie links zum vorherigen und rechts zum nächsten Foto wechseln können.

- **Zurück zur Sammlung:** Mit diesem kleinen Pfeil links oben in der Fotos-App schalten Sie zur Sammlung zurück, in der alle Bilder in der Reihenfolge ihrer Aufnahme aufgelistet werden.

- **Teilen:** Klicken Sie auf diese Schaltfläche, um das Foto mit Apps zu teilen, die damit etwas anfangen können. (Die Chancen stehen gut, dass sich die Mail-App meldet und anbietet, das Foto per Mail zu verschicken.)

- **Diashow:** Damit wird die gesamte Bildersammlung als Diashow angezeigt. Alle fünf Sekunden ist das nächste Bild dran. (Durch Klicken auf ein beliebiges Foto stoppen Sie die Show.)

- **Verbessern:** Wird die Schaltfläche in Farbe angezeigt, hat die Fotos-App Ihr Foto aufgehübscht. Klicken Sie auf die Schaltfläche, wenn Sie die natürliche Schönheit Ihres Fotos behalten wollen. Die Schaltfläche verliert dann ihre Leuchtkraft, genauso wie Ihr Foto.

- **Bearbeiten:** Ein Überraschungsmenü! Wenn Sie auf eine Schaltfläche am linken Bildschirmrand klicken, zum Beispiel auf die Schaltfläche Allgemeine Korrekturen, werden auf der rechten Seite die dazugehörigen Einstellungsmöglichkeiten angezeigt. Dasselbe gilt für die Schaltflächen zum Zuweisen von Filtern, Licht, Farben und Effekten.

- **Drehen:** Genau, damit drehen Sie das Foto von links nach rechts.

- **Löschen:** Klicken Sie auf Löschen und weg ist das Foto. Kurz und schmerzlos.

- **Weitere Infos:** Mit den Befehlen in dem Menü, das sich hinter den drei Punkten verbirgt, können Sie das Foto kopieren, drucken, für den Sperrbildschirm übernehmen und Details über das Bild (Name, Größe, Auflösung etc.) anzeigen.

- **Zoom:** Klicken Sie auf das Plus- oder das Minuszeichen, um die Darstellung des Fotos auf dem Bildschirm zu vergrößern beziehungsweise zu verkleinern.

4. **Um die Fotos-App zu verlassen, klicken Sie rechts oben auf das kleine »x«.**

Die Fotos-App wird geschlossen.

Fotoalben anzeigen

Jeder macht gerne Fotos. Aber ich kenne niemanden, der gerne stundenlang Fotos nach Zusammengehörigkeit sortiert und die nicht gelungenen Werke eliminiert.

Und genau für diese unbeliebte Aufgabe stellt sich der ALBEN-Modus der Fotos-App freiwillig zur Verfügung. Er wirft sein elektronisches Auge auf alle Ihre Fotos, sortiert die Duplikate aus, findet ein besonders beeindruckendes Foto für das Albumcover und benennt die Alben nach dem Datum der Fotosession.

Und so sehen Sie sich Ihre Fotoalben an:

1. **Klicken Sie im Startmenü auf die Kachel FOTOS.**

   Die Fotos-App wird geöffnet, wie weiter vorn in Abbildung 12.3 zu sehen.

2. **Wählen Sie links in der Fotos-App die Schaltfläche ALBEN.**

   Die Fotos-App legt gleich los und sortiert die Fotos einer jeden Fotosession, die es für die besten hält, in Alben. Verschwommene Bilder und Duplikate werden erst gar nicht aufgenommen.

Abbildung 12.5: Klicken Sie auf »Alben«, damit die Fotos-App Ihre Fotos in Alben sortiert.

Danach können Sie mehrere Dinge tun:

- **Klicken Sie auf die Kachel Camera Roll:** Damit werden die mit dem Smartphone aufgenommenen Fotos angezeigt und automatisch auf OneDrive hochgeladen. Duplikate werden nicht aussortiert. Eine einfache Methode, Ihr Leben durch das Objektiv Ihres Smartphones darzustellen.

- **Klicken Sie auf eine Kachel mit Datum:** Die Fotos-App sucht sich die Fotos für die Alben aus der Sammlung nach Datum zusammen. Wenn Sie auf ein Datum klicken, zeigt Ihnen die Fotos-App die Fotos, die es für die besten des jeweiligen Tages hält.

3. Klicken Sie im gewählten Album auf ein Foto, um es anzuzeigen.

Aber was weiß schon die Fotos-App? Vielleicht hängen Sie an einem überbelichteten Werk ganz besonders. Deshalb können Sie selbstverständlich weitere Fotos in die Alben aufnehmen. Dazu blättern Sie in einem Album ganz nach unten und wählen dort den Eintrag Fotos hinzufügen oder entfernen. Und sofort werden alle anderen Fotos aus der entsprechenden Fotosession angezeigt, die die Fotos-App Ihnen bisher im Album vorenthalten hat. Aktivieren Sie bei allen Fotos, die Sie in das Album aufnehmen wollen, die entsprechenden Kontrollkästchen.

Fotos mit Windows-Fotoanzeige anschauen

Mit der Fotos-App können Sie Ihre Fotos blitzschnell anzeigen und sortieren. Manchen Benutzern ist aber dennoch das gute alte Desktopprogramm Windows-Fotoanzeige lieber. Leider hat Microsoft es versteckt. Sie finden es weder im Startmenü noch in der Taskleiste.

Um Ihre Fotos mit Windows-Fotoanzeige anzuzeigen, führen Sie die folgenden Schritte aus:

1. Klicken Sie auf die Schaltfläche Start und dann im Startmenü auf den Eintrag Explorer.

2. Doppelklicken Sie links im Navigationsbereich auf den Eintrag Dieser PC, damit er darunter die dort enthaltenen Unterordner auflistet, und dann auf den Unterordner Bilder.

Im rechten Bereich werden alle im Bilder-Ordner abgelegten Bilder aufgelistet.

3. Öffnen Sie einen Ordner, dessen Bilder Sie anschauen möchten. Klicken Sie mit der rechten Maustaste auf ein Bild und wählen Sie den Eintrag ÖFFNEN MIT und dann WINDOWS-FOTOANZEIGE in der Liste der verfügbaren Programme.

Windows-Fotoanzeige wird geöffnet und zeigt das gewählte Foto an, wie Abbildung 12.6 beweist.

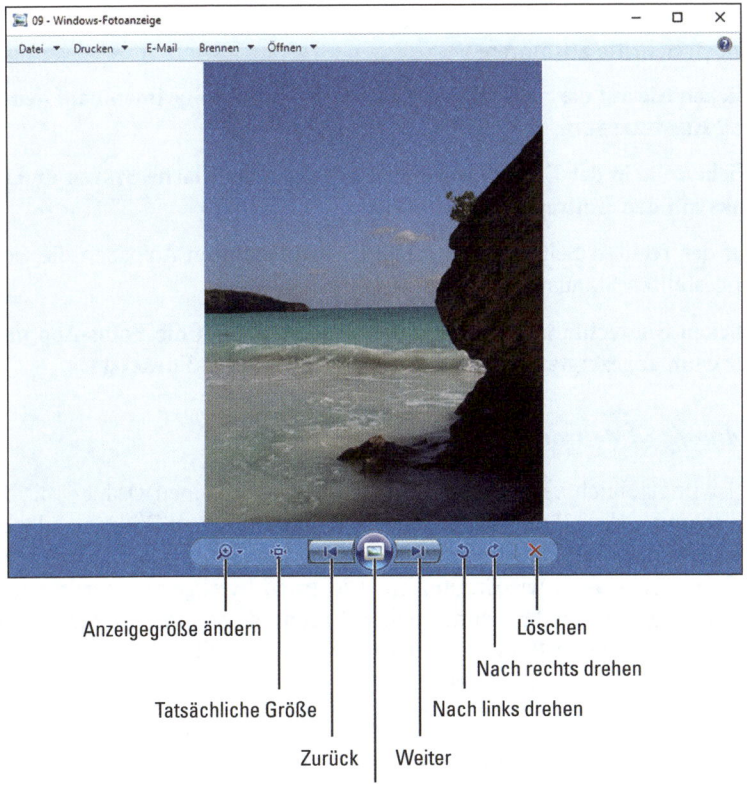

Abbildung 12.6: Die Windows-Fotoanzeige bietet mehr Steuerungsmöglichkeiten als die Fotos-App.

Windows-Fotoanzeige als Standardprogramm für Fotos einstellen

Ach, du meine Güte! Sie doppelklicken auf dem Desktop auf ein Foto und wo landen Sie? In der Fotos-App! Genau das wollten Sie doch eigentlich vermeiden, oder? Damit das Programm Windows-Fotoanzeige auf dem Desktop zum Zug kommen kann und die Fotos-App erst einmal außen vor bleibt, müssen Sie die folgenden Schritte ausführen:

1. **Klicken Sie auf die Schaltfläche START und dann im Startmenü auf den Eintrag EINSTELLUNGEN.**

2. **Klicken Sie in der Einstellungen-App auf die Schaltfläche SYSTEM und dann links auf den Eintrag STANDARD-APPS.**

   Auf der rechten Seite werden für die verschiedensten Aufgaben die aktuell eingestellten Standard-Apps angezeigt.

3. **Klicken Sie rechts im Fenster unter BILDANZEIGE auf die Fotos-App und in der dann angezeigten Liste auf den Eintrag WINDOWS-FOTOANZEIGE.**

Ordnung in den digitalen Fotos halten

Es ist unglaublich verführerisch, im BILDER-Ordner einen Ordner mit der Bezeichnung NEUE BILDER zu erstellen und dort alle neuen Bilder abzulegen. Wenn Sie aber kurze Zeit später ein bestimmtes Foto suchen, werden Sie Probleme haben, es wiederzufinden. Die Importwerkzeuge von Windows sind da gescheiter und benennen jede Fotositzung nach Datum und Markierung. Die folgenden Punkte unterstützen Sie ebenfalls dabei, Ordnung in Ihren digitalen Fotos zu halten:

✔ Weisen Sie Ihren Fotos ein paar Markierungen – auch Tags genannt – zu, beispielsweise Zuhause, Reisen, Verwandtschaft oder Urlaub. Damit findet bereits eine Grobeinteilung Ihrer Fotos statt.

✔ Windows weist die gewählten Markierungen den frisch importierten Fotos zu. Investieren Sie nach dem Importieren etwas Zeit und weisen Sie jedem Foto weitere Markierungen zu. (Trennen Sie mehrere Tags jeweils durch Semikolon.)

Teil V

Der Top-Ten-Teil

 Besuchen Sie uns auf www.facebook.de/fuerdummies!

In diesem Teil ... Die Top Ten der nervigsten Windows-Funktionen
(und was Sie dagegen tun können)

Die Top Ten der nervigsten Windows-Funktionen (und was Sie dagegen tun können)

13

In diesem Kapitel

▶ Die Kacheln im Startmenü entfernen

▶ Die ständige Kennworteingabe umgehen

▶ Die Berechtigungsanfragen umgehen

▶ Bildschirmabbildungen anfertigen

▶ Die Windows-Version herausfinden

Sie werden sich vielleicht öfter bei dem Gedanken ertappen: »Wie toll wäre Windows, wenn da nicht ...« (Vollenden Sie den Satz nach Belieben.)

Wenn Ihnen dieser Gedanke immer wieder durch den Kopf schießt, sollten Sie dieses Kapitel lesen. Hier finden Sie nicht nur die Top Ten der nervigsten Windows-Features, sondern auch Wege, sie zu ignorieren, zu umgehen oder zu beseitigen.

Weg mit den Apps

Wenn Ihnen die Kacheln im Windows 10-Startmenü eher unheimlich als hilfreich erscheinen, können Sie sie einfach entfernen und auf das Arbeiten mit den Apps verzichten.

Apps aus dem Startmenü und vom Rechner entfernen

Klicken Sie mit der rechten Maustaste auf eine Kachel und wählen Sie im Kontextmenü den Befehl VON "START" LÖSEN. Wiederholen Sie diesen Schritt für alle Kacheln, und sie sind weg!

Um noch einen Schritt weiterzugehen und die Apps endgültig vom Rechner zu werfen, führen Sie die folgenden Schritte aus:

1. **Klicken Sie auf die Schaltfläche S**TART** und dann im Startmenü auf den Eintrag E**INSTELLUNGEN**.**

2. **Klicken Sie in der Einstellungen-App auf die Schaltfläche S**YSTEM** und dann links auf den Eintrag A**PPS **& F**EATURES**.**

   Auf der rechten Seite werden alle Apps & Feature-Optionen angezeigt (siehe Abbildung 13.1).

    Um ältere Apps und Programme ausfindig zu machen, klicken Sie auf den Pfeil des zweiten Drop-down-Listenfelds und wählen dort den Eintrag N**ACH **I**NSTALLATIONSDATUM SORTIEREN**.

3. **Klicken Sie auf die unerwünschte App oder auf das nicht mehr benötigte Programm und dann auf die Schaltfläche D**EINSTALLIEREN** oder V**ERSCHIEBEN**.**

   Sobald Sie in der Liste auf eine App oder ein Programm klicken, werden die Schaltfläche D**EINSTALLIEREN** und manchmal auch die Schaltfläche V**ERSCHIEBEN** angeboten:

   - D**EINSTALLIEREN**: Damit entfernen Sie das Programm vollständig von Ihrem PC. Sie müssen die Deinstallation noch einmal bestätigen, aber dann sind Sie die App oder das Programm endgültig los.

   - V**ERSCHIEBEN**: Wenn Ihnen langsam, aber sicher der Festplattenspeicher ausgeht, können Sie mit dieser Option eine App oder ein Programm auf die Speicherkarte Ihres Tablet-PCs verschieben und so Festplattenspeicher freischaufeln.

   Windows entfernt die App von Ihrem Rechner und auch gleich die dazugehörige Kachel im Startmenü. Achtung: Sie können nicht alle Apps deinstallieren. Wenn die Schaltfläche D**EINSTALLIEREN** für eine App abgeblendet dargestellt wird, müssen Sie sie behalten.

   Sie sollten bei dieser Aktion mit Bedacht vorgehen. Wenn Sie ein Programm gelöscht haben, ist es weg. Es wandert *nicht* in den Papierkorb. Sie können es nur dann erneut installieren, wenn Sie die Installationsdateien besitzen. Eine versehentlich gelöschte App können Sie meistens im Windows Store wiederfinden und erneut installieren.

    Entfernen Sie ein Programm stets mithilfe der Einstellungen-App. Das einfache Löschen der Programmordner und -dateien reicht hier nicht aus. Im Gegenteil, Sie verwirren Windows damit und es gibt dann vielleicht seltsame Fehlermeldungen aus.

Abbildung 13.1: Klicken Sie auf den Namen der App und dann auf »Deinstallieren«.

Desktopprogramme statt Apps für das Öffnen von Dateien bestimmen

Manche Leute haben nichts gegen Apps, solange sie sich nicht ungefragt einmischen und Aufgaben übernehmen, die bisher von Desktopprogrammen erledigt wurden. In Windows 10 gibt es Apps, die unbedingt Desktopdateien öffnen wollen. Wenn Sie beispielsweise auf eine Musikdatei auf dem Desktop doppelklicken, wird sie von der Musik-App abgespielt und nicht vom Windows Media Player. Das müssen Sie sich nicht gefallen lassen. Führen Sie die folgenden Schritte aus:

1. **Klicken Sie auf die Schaltfläche Start und dann im Startmenü auf den Eintrag Einstellungen.**

   Die Einstellungen-App wird geöffnet.

2. **Klicken Sie in der Einstellungen-App auf die Schaltfläche System und dann links auf den Eintrag Standard-Apps.**

   Im rechten Bereich Standard-Apps auswählen werden die aktuellen Einstellungen angezeigt.

3. **Wählen Sie für die angezeigten Bereiche die Programme aus, mit denen die entsprechenden Dateien geöffnet werden sollen.**

Klicken Sie beispielsweise im Bereich MUSIKPLAYER auf das Symbol des aktuell dafür vorgesehenen Programms. Windows bietet Ihnen flugs eine Liste mit verfügbaren Apps und Programmen, die die Aufgabe, nämlich das Abspielen von Videos, erledigen können. Wenn Ihnen das Desktopprogramm Windows Media Player lieber ist, wählen Sie es hier aus.

Wiederholen Sie diesen Schritt bei Bedarf für die anderen Kategorien: alle Apps raus und alle Desktopprogramme rein.

Ich will kein Microsoft-Konto

Microsoft will, dass sich jeder mit einem Microsoft-Konto in Windows anmeldet. Und ich muss zugeben, Windows 10 ist viel einfacher in den Griff zu bekommen, wenn man ein Microsoft-Konto hat. Für die Nutzung vieler Dienste brauchen Sie ein Microsoft-Konto. Ohne Microsoft-Konto kein OneDrive und auch keine Mail- oder Kalender-App. Und wenn Ihr Kind nicht über ein Microsoft-Konto verfügt, können Sie seine Computeraktivitäten auch nicht kontrollieren (worüber Ihr Kind sicherlich nicht allzu traurig sein wird).

Aber wenn Sie wirklich ohne Microsoft-Konto auskommen wollen, ist das selbstverständlich auch möglich. Dann melden Sie sich einfach mit einem lokalen Konto an. Damit beschränken Sie sich und Ihre Arbeit auf den Desktop, was für die meisten völlig okay ist.

Mit einem lokalen Konto können Sie den Desktop und Ihre Desktopprogramme nutzen. Das ist so, als würde Windows 7 oder eine noch ältere Windows-Version auf Ihrem Rechner laufen. Warum nicht!

In Kapitel 9 zeige ich Ihnen, wie Sie lokale Konten und Microsoft-Konten erstellen.

Weg mit der Kennworteingabe beim Sperrbildschirm

Das energiebewusste Windows zeigt einen schwarzen Bildschirm an, sobald sich längere Zeit nichts auf der Tastatur oder mit der Maus tut. Und wenn dann wieder Action ist, Sie eine Taste drücken oder mit der Maus klicken, wird der Sperrbildschirm angezeigt. Und um diese Sperre zu überwinden, müssen Sie sich erneut mit Ihrem Kennwort anmelden.

Die einen wissen diese Sicherheitsvorkehrung durchaus zu schätzen. So kann niemand heimlich an ihre Daten, wenn sie nur schnell ein Schwätzchen mit der Kollegin in der Teeküche halten. Den anderen ist diese Sicherheitsmaßnahme einfach lästig – sie wollen nur so schnell und direkt wie möglich wieder zurück zu ihrer Arbeit gelangen.

Wenn Sie Windows davon abhalten wollen, nach jeder etwas längeren Pause nach dem Kennwort zu fragen, führen Sie die folgenden Schritte aus:

1. **Klicken Sie auf die Schaltfläche S**TART **und dann auf E**INSTELLUNGEN**.**

   Die Einstellungen-App meldet sich zum Dienst.

2. **Klicken Sie auf K**ONTEN **und auf der Kontenseite auf A**NMELDEOPTIONEN**.**

3. **Öffnen Sie die Drop-down-Liste W**ANN SOLL WINDOWS NACH ABWESENHEIT EINE ERNEUTE ANMELDUNG ANFORDERN **und wählen Sie in der Liste den Eintrag N**IE**.**

Jetzt ist Windows viel zugänglicher. Wenn Sie Ihren Rechner aus seinem Mittagsschläfchen wecken, können Sie sofort dort weitermachen, wo Sie aufgehört haben. Kein lästiges Kennwort mehr!

Allerdings ist Windows jetzt auch viel unsicherer. Jeder, der gerade zufällig an Ihrem Rechner vorbeikommt, kann in Ihre Daten schauen.

Wenn Ihnen dieser Zustand doch etwas zu heikel ist, führen Sie die obigen Schritte erneut durch und wählen in Schritt 3 die Option BEI BEENDIGUNG DES STANDBYMODUS DES PCS.

Die Taskleiste soll nicht verschwinden

Die Taskleiste ist ein wichtiges Hilfsmittel auf dem Desktop mit nützlichen Programmsymbolen und Schaltflächen. Wenn sie nur nicht ständig wandern oder gar ganz verschwinden würde! Dem können Sie abhelfen.

Wenn sich die Taskleiste plötzlich auf die rechte Bildschirmseite verkrümelt – oder gar ganz nach oben –, ziehen Sie sie wieder dorthin, wo Sie sie haben wollen. Das ist in der Regel am unteren Bildschirmrand. Ziehen Sie dabei nicht an einer Ecke, sondern packen Sie die Taskleiste in der Mitte und zerren Sie sie nach unten, wo sie dann beleidigt einrastet.

So halten Sie die Taskleiste vom Wandern und Verschwinden ab:

✔ Damit die Taskleiste an Ort und Stelle bleibt und nicht an einen anderen Bildschirmrand wandert, klicken Sie mit der rechten Maustaste auf eine freie Stelle in der Taskleiste und wählen im Kontextmenü den Befehl TASKLEISTE

FIXIEREN. Denken Sie aber daran, dass Sie diese Fixierung später aufheben müssen, wenn Sie irgendwelche Änderungen an der Taskleiste vornehmen wollen.

✔ Wenn die Taskleiste verschwindet, sobald Sie nicht mehr mit der Maus darauf zeigen, klicken Sie mit der rechten Maustaste auf eine freie Stelle in der Taskleiste und wählen im Kontextmenü den Befehl EIGENSCHAFTEN. Deaktivieren Sie dann im Dialogfeld TASKLEISTEN- UND NAVIGATIONSEIGENSCHAFTEN das Kontrollkästchen TASKLEISTE AUTOMATISCH AUSBLENDEN, um die Taskleiste immer anzuzeigen.

Fenster nebeneinander ausrichten

Mit dem ganzen Arsenal an Ziehen-und-Ablegen-Methoden ist es in Windows wirklich ziemlich einfach, Daten aus einem in ein anderes Fenster zu verschieben oder zu kopieren.

Die Schwierigkeit liegt nicht im Kopieren oder Verschieben der Daten, sondern im Anordnen der zwei Fenster auf dem Bildschirm.

Windows weiß, wie ungeschickt man sich dabei anstellen kann, und stellt daher eine einfache Methode zum Anordnen von Fenstern zur Verfügung:

1. **Ziehen Sie ein Fenster an den linken oder den rechten Bildschirmrand.**

   Wenn der Mauszeiger gegen den Bildschirmrand stößt, sieht man regelrecht die Wucht des Aufpralls und das Fenster füllt den halben Bildschirm aus.

2. **Ziehen Sie das andere Fenster an die gegenüberliegende Seite.**

   Die beiden Fenster füllen je eine Bildschirmhälfte aus und Sie haben genügend Platz, Daten aus einem Fenster in das andere zu ziehen.

 Wenn Sie in Windows 10 ein Fenster mit ein bisschen Gefühl in eine Ecke ziehen, übernimmt es ein Viertel des Bildschirms. Wenn Sie vier Fenster in jeweils eine Ecke ziehen, ist der Bildschirm gefüllt und aufgeräumt.

Alternativ dazu verkleinern Sie alle Fenster zu Symbolen in der Taskleiste, nur die zwei Fenster nicht, die Sie ausrichten möchten. Klicken Sie dann mit der rechten Maustaste auf einen leeren Bereich in der Taskleiste und wählen Sie im Kontextmenü den Befehl FENSTER NEBENEINANDER ANZEIGEN. Auch hier funktioniert die Ausrichtung perfekt und präzise.

Probieren Sie die Verfahren aus und finden Sie heraus, wie Sie Ihre Fenster am besten auf dem Bildschirm anordnen.

Die lästigen Berechtigungsanfragen

Windows ist wirklich ziemlich pingelig, wenn es darum geht, wer welche Aufgaben auf dem Rechner durchführen darf. Es gibt in der Regel einen Boss mit einem Administratorkonto. Diese Person richtet für alle anderen Benutzer jeweils ein Standardkonto ein. Und was bedeutet das? Nun, nur der Administrator darf die folgenden Aufgaben auf dem Rechner ausführen:

✔ Programme installieren

✔ Benutzerkonten erstellen oder löschen

✔ Internetverbindung herstellen

✔ Hardware wie Digitalkameras oder MP3-Player einrichten

✔ Aktionen durchführen, die andere Benutzer auf dem Rechner betreffen

Alle anderen mit Standardkonten sind viel eingeschränkter in ihren Möglichkeiten. Sie dürfen aber immerhin Folgendes:

✔ installierte Programme starten

✔ Profilbilder und Kennwörter für ihre Benutzerkonten ändern

Wenn Windows sagt, dass nur ein Administrator etwas auf dem Rechner tun darf, haben Sie zwei Möglichkeiten: Sie finden den Administrator, der das Kennwort eingibt und die Aktion damit autorisiert, oder Sie überzeugen den Administrator, Ihr Benutzerkonto zu befördern und zu einem Administratorkonto zu machen (siehe auch Kapitel 9).

Welche Windows-Version habe ich denn?

Wie Sie inzwischen vielleicht erfahren haben, gibt es verschiedenste Windows-Versionen. Und Sie wissen nicht, mit welcher Sie arbeiten. Windows hält sich damit auch etwas bedeckt. Aber wenn Sie wissen, wo Sie nachschauen müssen, ist alles kein Problem.

Um herauszufinden, mit welcher Version Ihr Rechner arbeitet, klicken Sie mit der rechten Maustaste auf die Schaltfläche START und wählen im Kontextmenü den Befehl COMPUTER oder MEIN COMPUTER und dann EIGENSCHAFTEN. Im Fenster SYSTEM-EIGENSCHAFTEN steht die Windows-Version und Sie erfahren auch gleich noch, ob Sie mit einem 32- oder 64-Bit-Betriebssystem arbeiten. Hat das geklappt? Ich wette, Sie arbeiten mit Windows 7 oder älter. Woher ich das weiß? COMPUTER oder MEIN COMPUTER gibt es in den neueren Windows-Versionen gar nicht mehr.

Wenn das Startmenü den ganzen Bildschirm ausfüllt, heißt es auch nicht Startmenü, sondern Startseite und ist ein Indiz dafür, dass Sie mit Windows 8 oder Windows 8.1 arbeiten. Sehen Sie in der linken unteren Ecke eine START-Schaltfläche, ist es Windows 8.1, ansonsten Windows 8.

Sehen Sie den Desktop und die Schaltfläche START und wird durch Klicken auf die Schaltfläche START ein Startmenü angezeigt, das sich bescheiden im linken unteren Bereich aufhält, dann arbeiten Sie mit Windows 10.

Die Taste »Druck« will nicht

Im Widerspruch zur Tastenbezeichnung schickt die ⌈Druck⌋-Taste den Bildschirminhalt nicht an den Drucker, sondern in die Zwischenablage von Windows. Von dort können Sie ihn in ein Programm einfügen, beispielsweise in Paint oder in Word, und dann an den Drucker senden.

Wenn Sie den Bildschirminhalt direkt in einer Datei speichern möchten, drücken Sie die Tastenkombination ⌈⊞⌋+⌈Druck⌋.

Windows erstellt daraufhin einen Schnappschuss des Bildschirms und speichert die Datei im Ordner BILDER in einem separaten Ordner mit dem Namen SCREEN-SHOTS. Die angefertigten Bildschirmabbildungen heißen alle Screenshot und werden mit einer fortlaufenden Nummer versehen: Screenshot, Screenshot (2), Screenshot (3) ... Windows verwendet für die Bildschirmabbildungen das gängige PNG-Format, das von quasi allen Grafikprogrammen geliebt wird. Die Abbildungen zeigen sogar den Mauszeiger.

Um eine Screenshotdatei zu drucken, klicken Sie mit der rechten Maustaste auf den betreffenden Dateinamen und wählen im Kontextmenü den Befehl DRUCKEN.

Bei manchen Tablets funktioniert das anders: Knopf für die Lautstärke zusammen mit der integrierten ⌈⊞⌋-Taste drücken oder so ähnlich. Lesen Sie bei Bedarf im Handbuch nach, wie Sie Bildschirmabbildungen erstellen können.

Den Bildschirm drehen

Die meisten Tablet-PCs sind darauf ausgerichtet, horizontal gehalten zu werden. Wenn Sie das Gerät aber senkrecht halten, dreht sich der Bildschirm automatisch, damit Sie sich nicht den Hals verrenken müssen. Ein guter Service, der aber manchmal auch nerven kann.

Das automatische Drehen ist beispielsweise praktisch, wenn Sie ein digitales Buch lesen. Das Hochformat entspricht mehr dem herkömmlichen Buchformat als das Querformat. Wenn der Bildschirm aber immer wieder unerwartet rotiert, nur weil Sie beim Beineübereinanderschlagen den Tablet-PC leicht gedreht haben, nervt diese gut gemeinte Funktion.

 Die meisten Tablet-PCs haben in der Nähe des Ein/Aus-Schalters einen weiteren Schalter, mit dem das automatische Drehen ein- und ausgeschaltet werden kann.

Wenn Ihr Tablet-PC keinen solchen Schalter am Gehäuse hat, können Sie das Bildschirmkarussell folgendermaßen deaktivieren:

1. **Klicken Sie rechts unten auf dem Bildschirm auf die Schaltfläche INFO-CENTER.**

   Oder wischen Sie mit dem Finger vom rechten Bildschirmrand nach innen. Das Info-Center wird angezeigt.

2. **Klicken oder tippen Sie unten in der Leiste auf den Eintrag ERWEITERN.**

   Statt einer Reihe mit vier Schaltflächen werden weitere Schaltflächen angezeigt.

3. **Klicken Sie auf die Schaltfläche ROTATIONSSPERRE.**

   Wird die Schaltfläche farbig dargestellt, rotiert der Bildschirm nicht mehr automatisch. Wird die Schaltfläche Grau in Grau angezeigt, dreht sich der Bildschirm automatisch.

Wiederholen Sie die obigen Schritte, um das Bildschirmkarussell wieder einzuschalten.

Stichwortverzeichnis